Sylvie Doré

Huna

Le Secret Hawaïen en action

Initiez-vous aux miracles par le savoir ancestral
à la source du Ho'oponopono

Le Dauphin Blanc

À ma fille,

à tous mes proches

et à toutes les personnes

qui ont jalonné ma route

me permettant d'évoluer

dans le partage d'expériences.

Table des matières

Glossaire

Aumakua (mot hawaïen)	Soi suprême unifié à la Source, Soi divin, intuition, supraconscient, « parents divins ».
Aka (mot hawaïen)	Forme éthérique ; corps aka : corps éthérique ; fil aka : « corde d'argent », cordon éthérique.
Dieu	Concept personnel qui renvoie à la perfection ultime, à la conscience unique, à la Source de toute Création, en dehors de toute croyance religieuse.
Formes-pensées (*thought forms*)	Ensemble de pensées mises en relation qui se structurent en grappes et se transmettent le long des fils aka.
Ha (mot hawaïen)	Particule accompagnant un mot qui renvoie à une forte affirmation, à une puissance de la pensée ; nombre quatre.
Respiration Ha (Ha *Breath*)	Puissante expulsion d'air ; force mystique par la respiration ; souffle de vie.
Prière Ha (Ha *prayer*)	Demande soutenue par la respiration Ha ; requête adressée à aumakua.
Ho'oponopono (mot hawaïen, *Ho'o* : « faire, apporter » ; *pono* : « correction, ordre parfait ; droiture »)	Ancienne thérapie familiale hawaïenne visant à nettoyer les pensées en circulation. Processus de purification des énergies.
Huna (mot hawaïen)	Secret ; ce qui est invisible, gardé à l'abri ; sagesse, savoir protégé.

Kahuna (mot hawaïen, à Tahiti, *tahuna*; en Nouvelle-Zélande *tohunga*; chez les Berbères *quahine*)	Gardien du secret.
Kapu (mot hawaïen)	Système religieux hawaïen fondé sur des restrictions émanant des grands prêtres et des chefs ; rendre sacré.
Kino (mot hawaïen)	Corps ; substance ; forme.
Mana (mot hawaïen)	Force vitale ; pouvoir surnaturel ; force surhumaine.
Mana-mana (mot hawaïen)	Subdivision, embranchement de la force vitale.
Mana loa (mots hawaïens)	Force vitale la plus puissante.
Poa aumakua (mots hawaïens)	Regroupement de supraconscients, communion extrêmement puissante.
Uhane (mot hawaïen)	Esprit conscient, volontaire, responsable et réfléchi ; esprit créatif qui pense et agit.
Unihipili (mot hawaïen, diminutif : *uni*)	Subconscient ; ego, enfant en soi ; centre des émotions ; gardien des mémoires.

Prononciation des mots hawaïens

L'accent tonique des mots hawaïens est toujours placé sur l'avant-dernière syllabe, par exemple unihi**pi**li (unihipili). Dans le cas d'un très long mot, on retrouve également l'accent tonique sur la première ou la deuxième syllabe, par exemple **Ho**'oponopo**po**no.

Les voyelles des mots hawaïens se prononcent comme en français, sauf en ce qui concerne le « u ». Ce dernier se prononce « ou ». Quant au « e », il peut être prononcé comme un « é ». Puis, le « h » est aspiré. Ainsi, on prononcera « ou-ni-hi-**pi**-li » (unihipili), « ou-**ha**-né » (uhane) et « a-ou-ma-**kou**-a » (aumakua) pour désigner les trois plans de conscience.

Avant-propos

Le « Huna[1] » s'est révélé à moi dans des circonstances bien particulières. Tout a commencé le jour où j'ai décidé de vivre plutôt que de survivre et d'agir plutôt que de subir. Je me posais des questions. Je suis partie à la quête de réponses.

À l'hiver 1993, je n'avais plus de vie

Depuis plus d'un an, j'étais suivie hebdomadairement pour un problème d'hypoglycémie qui m'amenait à préparer chaque soir mes repas du lendemain prévus sous forme de collations spécifiquement équilibrées, à manger aux deux heures et demie. Je devais les planifier en tenant compte de la multitude d'allergies alimentaires qui ne cessait d'augmenter d'une semaine à l'autre. Comme il est souvent ardu de vérifier la teneur de tout ce que l'on ingère, je vomissais deux à trois fois par semaine. Étant très affaiblie par cette situation, j'en vins à ne plus être apte à faire mon travail. On me donna congé pour une période indéterminée. Ayant consulté d'éminents spécialistes de problèmes d'allergies, je me suis fait dire que la médecine avait ses limites et que je devais apprendre à vivre avec cette situation.

Ça ne pouvait plus durer! Je n'acceptais plus de **survivre**. Je n'envisageais plus que deux options : **vivre** ou **mourir**. Francine Gareau, la naturopathe qui m'accompagnait, me suggéra une lecture de Dan Millman et m'invita à explorer

1. Mot hawaïen qui signifie « secret ; ce qui est invisible, gardé à l'abri ; sagesse, savoir protégé ».

d'autres ressources à une librairie de la région. Découragée par de sombres pronostics, maigrissant à vue d'œil, je fus enfin prête à m'ouvrir à un univers tout à fait nouveau. C'est dans cet état d'esprit que je me décidai à franchir le seuil de cette librairie spécialisée, peu avant la fermeture. À cette époque, pour moi, ces endroits faisaient partie d'un monde parallèle un peu étrange. Intriguée, du coin de l'œil, j'examinai Daniel, le commis derrière le comptoir, et me rassurai. Je me hasardai donc à feuilleter certains livres. De plus en plus curieuse et attirée par l'atmosphère chaleureuse qui régnait à cet endroit, je revins régulièrement faire mon tour, m'imprégnant de l'énergie bienfaisante que je ressentais chaque fois. Peu de temps après, devant l'urgence de mon état de santé qui empirait, je m'informai pour savoir si l'on pouvait m'orienter vers des cours en guérison. J'étais prête à aller plus loin ! Suzanne, la copropriétaire de la librairie, considéra ma demande, prit mon nom et me rappela quelques semaines plus tard pour m'annoncer la bonne nouvelle. Elle avait eu vent d'un tel cours, donné par une naturopathe de Sherbrooke pendant deux fins de semaine intensives en avril et en mai. J'ai pris les coordonnées des sessions et me suis inscrite sur-le-champ. Excitée sans savoir pourquoi, j'attendais cette formation comme le dernier recours. Feuilletant le dépliant d'information, mes yeux étaient toujours rivés sur le contenu proposé le samedi après-midi, 3 avril 1993, portant sur les « kahunas[2] » d'Hawaï. Était-ce l'exotisme qui m'attirait ? Au fond de moi-même, je croyais à la sagesse des peuples autochtones, mais de là à réagir avec autant d'enthousiasme...

Dans ce cours, j'ai minutieusement pris des notes sur l'approche proposée par les grands prêtres kahunas et formulé une requête de guérison. Dans les jours qui suivirent, je me suis investie totalement dans mon projet en me mobilisant sur une seule chose : la guérison. Chaque jour, comme j'étais en congé de maladie, toutes mes pensées et mes activités se concentraient, avec l'énergie de l'ultime recours, vers la pratique proposée par les kahunas. Le savoir auquel j'avais eu accès était bien mince,

2. Mot hawaïen qui signifie « grands prêtres ».

c'est-à-dire que je ne comprenais pas les fondements qui le sous-tendaient, mais je me suis fait confiance et j'ai improvisé intuitivement des approches pour amplifier ma volonté de guérir et de vivre enfin.

Une semaine plus tard, je ressuscitais

Le 11 avril 1993, jour de Pâques, je me suis réveillée en forme, pleine d'énergie, étonnée de ne pas ressentir un malaise familier et propre aux hypoglycémiques. Contrairement à mon habitude, je ne ressentais pas l'urgence de manger. Étonnée, je me suis demandé si je n'étais pas guérie !

Pour valider ma perception, je décidai d'attendre jusqu'au début de l'après-midi pour prendre ma première bouchée de la journée. Moi qui avais l'habitude de me nourrir avec de la « bouffe » maison préparée essentiellement à base d'aliments biologiques, je poussai l'audace jusqu'à feuilleter les pages jaunes du bottin téléphonique à la recherche des pires restos de *junk food*. Quitte à régurgiter mon repas, autant en avoir le cœur net !

Après avoir sélectionné avec plaisir le menu m'apparaissant comme le plus indigeste, quelle ne fut pas ma surprise de me sentir parfaitement en équilibre. Excitée par l'expérience, je décidai de me nourrir ainsi pendant trois jours consécutifs en faisant fi des horaires et des allergies qui m'avaient autrefois conditionnée.

C'était bien vrai, j'étais définitivement guérie !

De retour au travail, quelques semaines plus tard, j'ai eu une nouvelle preuve de guérison. En entrant dans ma voiture, je me suis assise sur une guêpe et je me suis fait piquer à trois reprises. Antérieurement, dans la même circonstance, dangereusement enflée sur le plan des voies respiratoires, j'aurais dû recevoir sur-le-champ une injection d'urgence. Je pouvais maintenant « balancer » mon EpiPen puisque je n'avais eu aucune réaction significative.

Quant à la maladie récurrente qui m'affligeait depuis l'âge de 25 ans, le temps me révélerait ce qui en était. J'avais régulièrement été hospitalisée pour des méningites aseptiques à répétition et des recherches avaient été menées à l'Hôtel-Dieu de Montréal pour établir un diagnostic. Comme les cas de récidives sont très rares et que j'avais eu quatorze méningites, on avait établi après des années de recherches intensives que je souffrais du syndrome de Behçet, un problème du système immunitaire manifesté par une maladie neurologique qui variait dans sa forme d'un patient à l'autre. Les médecins considéraient qu'affligée de méningites à une telle fréquence, j'avais un avenir sombre, d'autant plus que j'avais frôlé la mort de très près lors du sixième épisode.

Malgré tout, j'étais foncièrement convaincue que tout était entré dans l'ordre et je me mis à faire des projets !

Alors, tout était possible !

Une idée se mit à germer dans ma tête. Et pendant ce temps, un **souffle de vie** prenait forme dans le ventre d'une maman chinoise...

J'entrepris donc des démarches pour réaliser le plus grand rêve de ma vie, convaincue que ma santé dans son ensemble était rétablie. Le choix de me tourner vers l'adoption internationale pour aller à la rencontre de ma fille allait marquer le début d'un tournant majeur.

C'est dans cet esprit de grande confiance que je profitais de mille et un plaisirs, mettant en pratique l'approche positive héritée des kahunas.

Toutefois, j'étais fort curieuse d'en savoir un peu plus sur ce processus de guérison expérimenté avec succès, mais mes recherches pour trouver de la documentation sur le sujet s'avéraient vaines. Aucun livre ni aucune publication n'était connu des libraires au Québec. Aussi, lors d'un voyage en Nouvelle-Angleterre, j'en ai profité pour fureter dans les boutiques à la recherche d'une piste dans la littérature de langue anglaise.

Quelle ne fut pas mon excitation lorsqu'à Woodstock, j'ai déniché un tout petit livre faisant référence au Huna. À son dos, on trouvait les coordonnées d'un organisme de recherche, le Huna Research, dirigé à l'époque par le Dr Otha Wingo, anthropologue de formation et professeur à l'université du Missouri. La journée même, je faisais un appel pour m'enquérir d'une formation plus poussée sur le sujet et c'est ainsi que j'ai découvert **comment** et **pourquoi** l'approche du Huna fonctionne.

À la suite de sessions de cours plus poussés, après avoir fait des liens entre la pratique qui m'apportait des succès et la théorie qui m'en expliquait les conditions, j'ai commencé à partager mon savoir et mon expérience, incitée par l'équipe de la petite librairie de mon patelin. Ces personnes qui m'avaient manifesté de la compassion et qui m'avaient permis d'identifier le cours qui m'a initiée au Huna ont été les témoins de première ligne du changement de mon état de santé. Elles m'ont convaincue d'apporter mon témoignage, ce que j'ai fait selon ma disponibilité depuis ce temps.

Je suis maintenant à la retraite du monde de l'éducation. Comme au fil des années mes expériences se sont enrichies d'exemples des plus variés dans ma vie autant que dans celle des gens de mon entourage, j'ai accepté de diffuser les **ressources pratiques** qui ont favorisé mon apprentissage à partir du début de cette quête pour permettre à d'autres de transformer leur vie. Plutôt que d'insister sur des recettes, je témoigne des moyens que j'ai choisis pour me brancher à ma force intérieure à partir de tout ce qui prenait un sens pour moi. Adaptez ce qui vous sied. C'est l'objet du présent livre.

Dans un processus d'éveil continuel, les moyens changent pour atteindre la pleine conscience. C'est un ajustement de chaque instant. À la lecture de ce partage, peut-être penserez-vous que « c'est impossible de faire tout cela, je ferme ce livre ! ». Au début de l'éveil de conscience, il est fréquent de vouloir nous appuyer sur des moyens concrets pour **faire** quelque chose afin d'avancer et d'avoir besoin de témoignages prouvant que ça fonctionne. Avec le temps, nous nous sensibilisons plus aux approches qui nous invitent à **être** autrement avec la conscience de nos fluctuations d'énergie et des pensées qui les ont alimentées. J'invite donc le lecteur à filtrer les témoignages que j'apporte pour **extraire l'essentiel** de ce qui correspond à sa propre démarche.

Je ne prétends pas tout savoir de la tradition apportée par les kahunas d'Hawaï. Je n'affirme pas non plus déterminer où est la source de vérité entre des auteurs qui apportent des nuances ou des points de vue différents. Je crois que chaque personne trouve sa vérité. Plusieurs interprétations convergent, et c'est à la vision partagée que je me suis intéressée pour pousser toujours plus loin mes expérimentations dans le but d'en tirer mes conclusions.

La connaissance approfondie de vos plans de conscience, le subconscient, le conscient et le supraconscient, en vue de les harmoniser vers une même finalité, vous apportera une clé majeure pour transformer votre conscience, l'élever et la maintenir ainsi. Elle vous redonne du pouvoir pour changer votre vie. Cela passe souvent par un changement de pensées et de croyances. On y arrive en libérant des mémoires indésirables, comme avec le rituel du « Ho'oponopono[3] » sous plusieurs formes. La respiration revêt également un rôle fort important pour activer l'énergie qui vous anime.

Enfin, avant même d'être sensibilisée au Huna, j'avais exploré un moyen de communication pour aller chercher des informations auprès de mon subconscient. La naturopathe, qui la première m'avait éveillée à la spiritualité, m'avait incitée à tenir un journal pendant toute l'année qui a précédé ma guérison. À ma demande, elle a accepté de partager des rudiments de kinésiologie pour me permettre d'identifier les composantes de certains aliments en vue de les ingérer sans conséquences. Cela m'a permis d'établir une véritable complicité avec mon subconscient qui m'a toujours donné des réponses justes et vérifiables après coup. Ce que je n'avais pas « testé » était à risque et j'ai pu en mesurer les conséquences.

---

3. Mot hawaïen qui réfère à un processus de purification des énergies.

Un jour, pour me faciliter la vie, j'ai décidé d'abandonner graduellement la kinésiologie, qui reposait sur un test musculaire requérant la participation de deux personnes. L'habileté à aller chercher des réponses auprès de mon subconscient pouvait continuer de se développer d'une autre façon... Pourquoi pas la radiesthésie ? Je venais de trouver une clé pour communiquer de façon autonome avec mon subconscient, échange que j'ai élargi ultérieurement à la communication avec mon supraconscient.

J'avais enfin un accès facile à mes différents plans de conscience !

Un autre tournant majeur se dessinait. J'ai pensé vous communiquer mon expérience de la radiesthésie tout comme mon approche du Huna. Je ne garantis pas une guérison à quiconque puisque cette transformation repose essentiellement sur votre détermination à changer, sur la foi en vos pouvoirs et sur votre amour de la vie. Je partage tout simplement la façon dont j'ai exploité certains volets du Huna, les plus signifiants pour moi. J'ai pensé à regrouper et à expliquer l'ensemble des pratiques qui m'ont été utiles en cours de cheminement, au cas où l'une d'elles vous inspire. Comme il s'agit d'un savoir qui vous ouvre à de multiples possibilités, en en comprenant les fondements, vous pouvez faire des transferts dans plusieurs situations de vie. Votre créativité vous amènera à explorer les infinies ressources de vos plans de conscience, ayant découvert **pourquoi** et **comment** ça fonctionne. Laissez-vous guider par votre voix intérieure et vous ferez intuitivement les bons choix en vue d'être complètement autonome pour votre parcours.

« La connaissance du Huna est comparable à l'apprentissage d'un alphabet de la psychologie. Tout se place tellement mieux quand nous avons compris pourquoi chaque pas doit être fait » (Long, 1958).

Remerciements

L'idée d'écrire un livre sur le Huna aurait pu rester une idée. Ce projet a pu se concrétiser grâce au soutien de toutes les belles personnes qui m'entourent. Le coup de pouce, les encouragements et le respect qu'elles ont démontré en acceptant que l'écriture mobilise mon temps m'ont beaucoup touchée. Puis, les gens que j'ai eu le privilège d'accompagner dans l'exploration de ces ressources et les témoignages qu'ils ont partagés ont nourri ma réflexion tout au long de ce processus.

C'est avec beaucoup de gratitude que j'ai accueilli l'offre de Lucie Heppell et de Thérèse Papineau, qui ont bien voulu relire mon manuscrit et m'apporter leur expertise en me suggérant des améliorations fort intéressantes. Leur vision m'a éclairée sous plusieurs aspects.

Sur le plan du soutien technique, j'ai réellement apprécié la précieuse collaboration de Diane Bergeron et de Daniel Chevalier, qui ont généreusement répondu à mes appels à l'aide. Ils m'ont grandement facilité la vie par rapport à la maîtrise de l'informatique.

Quels beaux cadeaux d'amitié !

Première section

LE SECRET HAWAÏEN

Première partie

APERÇU GLOBAL DU HUNA

Chapitre 1

Un peu d'histoire

Voici un aperçu des sources possibles du Huna pour ceux qui sont férus d'histoire.

Le Huna renvoie à un très ancien savoir, fondé sur une connaissance approfondie de nos différents plans de conscience, en vue de les harmoniser dans un état d'unité pour mieux exploiter les possibilités illimitées de réalisation qui s'offrent à l'humain. La pensée positive est au cœur des fondements du Huna et les façons de l'exploiter amènent à considérer que les miracles sont possibles. Peu importe la perspective historique des auteurs qui ont documenté cette tradition, cette ressource inouïe s'adaptera aisément dans votre vie quotidienne.

On a pu « retracer », il y a plus de sept mille ans, l'existence d'un groupe de gens ayant la connaissance de techniques et de principes associés à la pensée positive. On sait par ailleurs qu'ils détenaient un savoir leur permettant de réaliser ce que l'on peut considérer comme des miracles, telle la guérison instantanée. Leurs connaissances allaient même au-delà de ces manifestations en offrant une philosophie de vie. C'est ce qui a amené autant des chercheurs en anthropologie qu'en psychologie à s'y intéresser.

Certains chercheurs, comme Serge Kahili King, situent l'origine de ce savoir en Lémurie pour ensuite en retrouver des manifestations en Atlantide puis en Égypte où des légendes racontent que l'utilisation de cette sagesse aurait contribué à la construction de la grande pyramide. D'autres se réfèrent principalement aux « Douze Tribus d'Israël » pour mieux documenter la source du Huna. Il semblerait que ces tribus vivaient paisiblement dans ce qui est maintenant le désert du Sahara, à l'époque où cette contrée était verdoyante et luxuriante. La terre commençait toutefois à s'assécher; les sages doués d'habiletés en précognition entrevoyaient une période sombre à venir. Ayant comme mission de guider leur peuple vers des contrées plus fertiles, ils ont utilisé leurs pouvoirs psychiques pour déterminer une direction à prendre. C'est ainsi qu'ils ont entrevu des possibilités de migrer en toute sécurité en se dirigeant vers les îles du Pacifique.

Les tribus ont donc quitté l'Égypte à bord de très larges canots doubles à la recherche d'un endroit de choix pour conserver en toute quiétude leur mode de vie. Emportant des spécimens de plantes et d'animaux, elles ont navigué à travers les océans en se fiant aux étoiles et en profitant de courants océaniques et d'autres phénomènes naturels.

Tandis que la majorité d'entre elles se dirigeait vers l'est, un groupe s'est retiré plus à l'ouest, dans les monts Atlas, là où l'on retrouve maintenant les Berbères, au nord de l'Afrique. Parmi les onze autres tribus, l'une a obliqué au sud jusqu'à l'île de Madagascar, tandis que d'autres se sont arrêtées en Inde puis en Chine. L'ensemble d'entre elles a continué le périple à travers l'océan Indien, débouchant sur Java et Sumatra. Les dernières se sont développées en Océanie et dans les îles du Pacifique, dont Tahiti, les Fidji, Samoa, Tonga, l'île de Pâques et Hawaï.

Peu importe les écoles de pensée quant aux mouvements migratoires, elles convergent toutes vers la conservation d'un même savoir concernant les plus anciens secrets du monde. À Hawaï, les grands prêtres, que l'on nomme « kahunas », étaient chargés d'initier certains membres d'un clan héréditaire à toutes ces connaissances et pratiques millénaires. L'initiation d'un kahuna se faisait dès l'enfance par un parent naturel ou adoptif. La transmission orale rigoureuse de cette sagesse ancestrale de même qu'un accompagnement très serré pour le développement d'habiletés ont contribué au développement de l'expertise de chaque génération de grands prêtres. Rien n'a été légué par écrit, d'où l'importance d'une grande discipline pour les aspirants kahunas. Dans la langue polynésienne, le mot *kahuna* signifie « gardien du secret » en référence à un prêtre, à un ministre ou à un shaman respecté pour sa connaissance et reconnu pour ses pouvoirs. Cette appellation a inspiré le chercheur Max Freedom Long, qui a choisi de désigner leur savoir ancestral comme étant le *Huna*, mot signifiant « secret », en référence à ce qui est caché et difficile à percevoir.

Avec les migrations, la connaissance du Huna s'est répandue dans divers coins de la planète. Toutefois, comme plusieurs des territoires où se sont retrouvées les tribus étaient déjà occupés, leur sagesse ancestrale a été teintée au fil du temps par l'apport des cultures déjà en place. L'endroit où le savoir est resté le plus intact est l'archipel d'Hawaï. Inhabitées avant l'arrivée des indigènes, les îles ont hébergé un peuple dont la culture exprimait une grande richesse de langage, de poésie, de chant et de danse. La vie quotidienne s'y déroulait selon un ordre social complexe et structuré fondé sur le « kapu[4] ». Les kahunas avaient contribué à établir des lois morales, des approches religieuses ainsi que des méthodes de guérison qui en constituaient l'essence.

Quand le capitaine James Cook s'arrêta à Kauai en 1778, ce fut le début de bouleversements sociaux et politiques sans précédent. La supériorité technologique des embarcations, des

4. Mot hawaïen qui signifie « système religieux hawaïen fondé sur des restrictions émanant des grands prêtres et des chefs; rendre sacré ».

armes et des machines utilisées par ces arrivants impressionna vivement les insulaires, qui ont considéré ces étrangers comme des dieux. Graduellement, des remises en question de tous ordres ont ébranlé les anciennes croyances. Le kapu, ensemble de lois qui assurait la cohésion sociale, économique et religieuse, fut ouvertement contesté.

C'est donc dans ce vacuum que se sont installés les missionnaires jésuites, en 1820, en vue d'implanter le christianisme, avec l'assentiment des gens en place, ouverts à une nouvelle vision des « miracles ». Toutes les autres pratiques furent considérées comme païennes, étant donné qu'à cette époque les missionnaires ne pouvaient pas concevoir le concept de différents plans de conscience. Ainsi, tout ce qui relevait du Huna fut frappé d'interdiction. Les enfants ont été scolarisés en anglais, la langue hawaïenne a perdu de sa vigueur et les kahunas continuant de transmettre leur savoir étaient passibles de peines d'emprisonnement. Malgré tout, on continuait en cachette de faire appel à leurs services. Certains d'entre eux se sont donc révélés de véritables gardiens du secret dans un contexte où leur culture se diluait graduellement.

Ailleurs dans le monde, on a pu repérer des traces marquant le passage des autres tribus exilées à différentes époques, ce qui a permis de recouper des informations dignes d'intérêt. Les similarités entre les hiéroglyphes égyptiens et les dessins que l'on retrouve sur les embarcations des peuplades de l'archipel polynésien originaires du continent donnent à penser que leur migration vient de l'Égypte ancienne. Par ailleurs, plusieurs concepts du Huna reliés à la théorie de l'évolution à travers la réincarnation ressortent dans le culte d'Osiris pratiqué par les Égyptiens il y a six mille ans. De nombreuses références au code secret du Huna dans les écrits de l'Ancien Testament ont étonné Max Freedom Long, qui a établi des liens intéressants entre les fondements de plusieurs religions et le Huna.

Sur le continent asiatique, on note une corrélation entre les pratiques du yoga, principalement en ce qui concerne les techniques respiratoires et l'approche du Huna, qui place la respiration au cœur du processus d'élévation des vibrations. En Inde, on retrouve plusieurs traces du mode de pensée Huna tandis que l'héritage de la langue chez les Berbères en Afrique, dans une large partie de Madagascar et dans les îles du Pacifique met en évidence de nombreuses similarités.

Enfin, chez les Maoris de la Nouvelle-Zélande, la découverte d'une statuette illustrant avec précision les trois plans de conscience de l'homme comme établis dans le savoir original du Huna a suscité la curiosité des anthropologues puisqu'elle permet d'établir avec évidence des liens entre les croyances des « tohungas[5] » et celles des kahunas*. De plus, il apparaît que leurs anciens chants indiquaient la direction maritime à partir de la Nouvelle-Zélande vers Hawaï.

L'étude de ce système psychoreligieux s'est tout de même concentrée à Hawaï au début du siècle dernier. En 1917, Max Freedom Long, diplômé en psychologie et passionné par les études religieuses et les sciences psychiques, arriva à Hawaï en tant qu'enseignant. Témoin de phénomènes hors du commun dans le milieu où il intervenait, il s'est tout de suite intéressé à cet héritage tenu secret par la force des choses.

La rencontre de Max Freedom Long avec le Dr William Tufts Brigham, conservateur du musée Bishop, à Honolulu, depuis 1881, fut déterminante. Intrigué par les histoires que l'on racontait et interpellé par des expériences vécues, le Dr Brigham avait cumulé des observations depuis plus de quarante ans. Il

5. Mot néo-zélandais qui signifie « gardien du secret ».

* Tiré du livre *Huna, The Ancient Religion of Positive Thinking* par William R. Glover, Éditions Huna Research.

a donc documenté minutieusement ses données sur les pouvoirs des kahunas: marche pieds nus sur la lave brûlante, guérisons multiples, contrôle de la météorologie, appel des requins sur la plage, etc. Comme le Dr Brigham souhaitait former une relève intéressée à une approche scientifique des phénomènes, les deux hommes ont partagé leur vision pendant quatre ans, jusqu'au décès du conservateur en 1921. Puis, avec le soutien des quelques relations de son prédécesseur, Max Freedom Long, déterminé à mettre à jour le secret des kahunas, s'est penché sur place sur les notes léguées par le vieil homme. Après dix ans de recherches vaines, il quitta les îles tout en poursuivant en Californie le mandat qu'il s'était donné.

Ce n'est qu'en 1934 qu'il mit à jour une clé permettant de dévoiler le secret si bien gardé. Son premier livre, *Recovering the Ancient Magic*, paru en 1936, fait état de ses observations sur la langue hawaïenne dont chaque mot renvoyait à plusieurs significations. La compréhension à un premier niveau de langage rejoignait l'ensemble des gens tandis que le même message était compris plus subtilement par les initiés. Dès lors, à l'aide du dictionnaire précédemment élaboré par les missionnaires, Max Freedom Long s'est acharné à la recherche de la racine des mots afin de découvrir le code révélateur. Il en est ressorti des données sur des plans de conscience, sur l'utilisation d'une force phénoménale, le « mana[6] », et sur la substance « aka[7] » permettant à cette force d'agir. Ces informations feront l'objet d'une étude approfondie dans les chapitres suivants ; elles permettent de comprendre la dynamique agissant sur l'humain pour le construire et le reconstruire !

Le partage du résultat de ses recherches par rapport à une découverte aussi stupéfiante lui a attiré de nombreux échanges, dont une lettre beaucoup plus concluante d'un journaliste anglais. En effet, William Reginald Stewart, qui avait été en mesure d'observer des phénomènes similaires pratiqués par une

6. Mot hawaïen qui signifie « énergie dont l'humain a besoin pour vivre, énergie de base ».
7. Mot hawaïen qui signifie « forme éthérique ».

tribu berbère, dans les monts Atlas, en Afrique du Nord, a mis en relief les similarités de mots utilisés par ce peuple pour désigner les mêmes réalités. Après trente ans consacrés à des recherches semblables chez les Berbères, cet Anglais établissait des liens avec les observations faites chez les kahunas d'Hawaï et même avec l'Égypte ancienne. Les mots, les symboles, les croyances… tout menait à un rapprochement pour expliquer ce mystère. William Reginald Stewart avait eu la chance de recevoir un début d'initiation auprès de la dernière « quahine[8] » de la tribu, morte accidentellement avant d'avoir terminé son enseignement. Le correspondant anglais a tout de même pris connaissance d'une légende berbère selon laquelle leur « peuple aurait vécu en Égypte il y a fort longtemps. Il aurait participé à la construction des pyramides utilisant des habiletés paranormales avant de se déplacer vers l'ouest à la recherche d'un nouvel habitat. Au même moment, onze autres tribus du même groupe ont quitté les lieux par la mer Rouge en vue de s'établir dans les îles du Pacifique tel qu'entrevu dans des visions » (Long, 1965, p. 34).

Stewart et Long ont donc mis leurs efforts en commun pour placer les pièces du casse-tête qui prenait forme. La reconstruction de ce savoir devenait suffisamment complète pour être utilisée par quiconque était prêt à y investir du temps pour l'expérimenter.

Encouragé à poursuivre ses recherches, Max Freedom Long publia par la suite de nombreux ouvrages sur le sujet, références de toutes les études qui ont suivi.

De son côté, Serge Kahili King, auteur prolifique entraîné à la tradition hawaïenne, avance que le shamanisme, principalement dans sa version hawaïenne, est désormais fort bien adapté à la vie moderne pour les raisons suivantes :

1. « On peut le pratiquer tout aussi bien seul qu'en groupe.
2. « C'est facile à apprendre et à mettre en pratique, même si certaines habiletés se développent avec le temps.

8. Mot berbère qui signifie « kahuna ».

3. « La pratique peut se faire en tout temps, peu importe le lieu, à la maison, au travail, à l'école, en voyage ou encore lors de loisirs, puisque c'est essentiellement l'esprit qui se met en action.
4. « Sa nature est telle que lorsque vous guérissez les autres, vous participez à votre propre guérison, et que quand vous transformez la planète, vous vous transformez » (King, 1990, p. 16).

Désormais, le Huna n'est plus un secret.

Chapitre 2

La respiration Ha pour créer et projeter de l'énergie mana

Nous évoluons dans un monde où tout est énergie. Qu'on la nomme « prana », « chi », « ki », « mana » ou autrement, cette énergie, nous en avons besoin pour vivre. Par notre réaction aux événements, aux personnes ou aux vibrations des lieux, nous expérimentons sans cesse des baisses et des hausses d'énergie. Idéalement, nous visons à refaire le plein d'énergie sans la soutirer aux autres. Ainsi, nous allons la chercher dans l'air, l'eau, le sommeil bénéfique, l'alimentation saine, le maintien d'un équilibre de vie, etc.

Les kahunas d'Hawaï nous enseignent que par la respiration consciente associée à des pensées positives, il est possible de créer d'importants surplus d'énergie à volonté et d'orienter cette énergie. Le résultat est tellement puissant que l'on peut même en voir l'effet sur les autres sources d'énergie. Ils nomment cette énergie « mana ».

Pour sa part, Serge Kahili King élargit le concept d'énergie associé au mana en le définissant comme un « pouvoir créateur, le pouvoir d'utiliser ou d'influencer n'importe quel type d'énergie [comme une] énergie ciblée et non [comme une] énergie pure » (King, 2011). Cette définition cerne bien la puissance du mana.

L'importance de la respiration

Le développement d'une respiration profonde et rythmée contribue à intégrer une méthode pour accumuler de l'énergie mana. Élevant votre taux vibratoire, cet exercice vous plongera dans un état de grande paix intérieure.

La respiration doit être naturelle. Tout est dans le souffle et dans la détente! **Votre corps « sait » et il trouvera son propre rythme avec le temps.** Respectez-le pour éviter l'hyperventilation. Graduellement, avec un peu d'exercice, vous apprendrez à expulser l'air tout d-o-u-c-e-m-e-n-t en projetant une émotion positive intense. Suivez votre respiration de l'intérieur et écoutez-vous respirer. Prenez le temps de vous bercer sur la vague de vos respirations, dans un mouvement doux et continu qui circule jusqu'aux profondeurs de votre bas-ventre. Sentez le mouvement de l'air qui s'infiltre dans tout votre être, qui rejoint chaque partie, chaque cellule de votre corps et qui est puissamment expulsé.

Tandis que l'inspiration se fait par les narines, l'expiration par la bouche permet d'émettre le son « Ha », une vibration très puissante. Selon William Glover, le mot *Ha* en hawaïen signifie « respirer plus profondément » et sa racine renvoie au chiffre quatre.

Par plusieurs séries de quatre respirations profondes, vous vous sentirez pénétré par une force vitale universelle qui purifie, recharge et régénère chacune des cellules de vos corps physique et éthérique.

L'accumulation d'énergie

Les propriétés de l'énergie

Avec le temps, vous arriverez à ressentir l'accumulation d'énergie. Vous atteindrez un état de paix et de bien-être, vous aurez l'esprit plus éveillé, vous percevrez plus clairement les messages de votre « Soi » divin et vous attirerez les synchronicités agissant comme des confirmations. Sur le plan physique, il est possible que vous soyez en mesure de sentir une ou plusieurs des manifestations les plus courantes : la chaleur, le picotement, la densité, l'élasticité. Même si cette sensibilité diffère d'une personne à l'autre, les effets n'en sont pas moins grands.

L'exercice suivant est susceptible de vous aider à percevoir ces effets. Faites des respirations Ha comme indiqué dans la procédure pendant une longue période en visualisant que l'énergie accumulée se concentre dans vos mains. Quand vous pensez en avoir accumulé suffisamment, rapprochez vos deux mains lentement jusqu'à deux millimètres l'une de l'autre, distancez-les un peu avant de les rapprocher encore, et ainsi de suite, en étant attentif aux sensations que vous éprouvez. Vous pouvez palper l'énergie qui se présente sous la forme d'une boule très malléable que l'on étire et condense à volonté. Après avoir exploré ses propriétés, utilisez votre pensée pour diriger l'énergie que vous tenez dans vos mains. Servez-vous-en pour un traitement dans une zone spécifique du corps ou encore nommez l'utilisation que vous voulez en faire. Dès qu'une fonction lui aura été attribuée par votre esprit conscient, votre subconscient l'activera selon votre volonté.

Si vous n'avez rien ressenti encore, continuez la respiration Ha pendant quelques minutes. Sinon, la façon la plus rapide d'expérimenter ce phénomène est de construire de l'énergie en groupe. Chaque personne envoie l'énergie dans ses mains et quand tout le monde est prêt, à tour de rôle, chacun fait le geste de déposer sa boule d'énergie entre les mains d'un seul des membres du groupe. Celui-ci, en recueillant tout le mana qui a été construit, est à même de développer ses perceptions. Une fois qu'il a senti quelque chose, il remet la concentration d'énergie à quelqu'un d'autre, et ainsi de suite, jusqu'à ce que tous aient eu la chance de la palper. Le dernier à la recueillir l'achemine par la pensée selon l'intention qui a fait préalablement le consensus.

Les lieux et les personnes « énergisants »

Vous avez tous expérimenté que certains lieux sont plus énergétiques que d'autres. Par exemple, lors de promenades en milieu naturel, sur le bord d'un ruisseau, en forêt ou encore à la mer, vous vous sentez tellement « énergisé ». Que se passe-t-il? Le regard que vous avez posé tout autour de vous, appréciant la beauté avec gratitude, vous a tout simplement empli d'une énergie bienfaisante. Au fil des saisons, l'adaptation aux changements ainsi que l'harmonie avec les rythmes naturels conduisent à l'équilibre. Le Dr David Servan-Schreiber, regrettant d'avoir négligé cet aspect dans sa lutte pour recouvrer la santé, témoigne de l'importance d'une communion avec la nature pour retrouver le calme intérieur et l'équilibre. Ces moments de ressourcement sont d'une importance capitale : « Je suis intimement persuadé que la fréquentation d'un bois, d'une montagne, d'un rivage apporte quelque chose de formidablement ressourçant, peut-être parce qu'elle nous permet de nous caler sur le rythme des saisons, ce qui doit contribuer à l'équilibre et à la guérison de l'organisme. Je ne connais pas d'études scientifiques qui étayent cette intuition. Mais l'idée que l'harmonie avec la nature soit un des moyens de nourrir la santé du corps est cohérente avec toute une série de vérités établies » (Servan-Schreiber, 2011, p. 64).

L'expérience peut se vivre à d'autres niveaux, à partir d'éléments de la nature présents dans tous les milieux habités tels un ciel étoilé, une fontaine d'eau, un arbre, une fleur ou encore une flamme apaisante. En vous émerveillant devant la beauté, vous pourrez même développer votre habileté à voir l'aura.

Voici une technique qui aiguisera vos perceptions tout en augmentant votre taux vibratoire. Le moment idéal se situe au début ou en fin de journée lorsque la luminosité est moins intense. Choisissez un arbre majestueux, au port élancé si possible, et de préférence un conifère, si c'est l'hiver. Ces spécificités vous sont suggérées tout simplement pour augmenter vos chances de succès une première fois.

Fixez votre attention au centre de l'arbre, vers le haut, là où il se détache bien contre un ciel de couleur unie. Ne détachez jamais votre regard du point précis que vous avez choisi. Votre vision d'ensemble vous permet quand même de vous imprégner de la beauté qui s'offre à vous. En même temps, faites des respirations Ha avec l'intention simple de vous recharger en énergie. En ressentant beaucoup de gratitude pour ces beaux moments au fur et à mesure que vous élevez votre taux vibratoire, vous percevrez un halo bleu très lumineux autour de l'arbre. Votre vision périphérique vous permet de percevoir l'aura tant et aussi longtemps que vous fixez le même point central. Dès que votre regard se détourne, votre perception s'efface puisque c'est la vision périphérique de votre œil qui vous donne accès à cette lumière étincelante qui s'élargit graduellement. Cette expérience engendre l'émerveillement, source d'enthousiasme et de gratitude.

Une fois que vous maîtrisez bien cette technique, vous êtes en mesure de l'appliquer pour apprécier d'autres expressions de la beauté qui vous entoure, comme celle des **humains**. Quand vous regardez une personne en fixant votre attention sur ce qu'il y a de plus beau en elle, sa lumière se révèle à vos yeux. Il est possible qu'avec le temps, vous découvriez son aura. Peu importe que l'on perçoive son énergie lumineuse avec les yeux ou pas, dans tous les cas, l'appréciation de la beauté avec amour et gratitude est source d'élévation. Le regard que vous portez sur les autres devient une source d'énergie expansive de part et d'autre. Inconsciemment, les gens ressentent une augmentation d'énergie quand vous voyez le meilleur d'eux. En élargissant votre vision de l'autre, vous élevez votre qualité vibratoire et celle de la personne avec laquelle vous êtes en relation. Toutes les relations empreintes de cette énergie d'accueil et d'amour contribuent à créer le paradis ici et maintenant. Commencez dès maintenant à changer de perspective en créant une ouverture du cœur chaque fois que vous y pensez. Vous aurez envie de répéter l'expérience.

Qu'advient-il du paradis dont vous rêvez quand vous êtes seul, entouré de béton, de voitures et de bruit ? En tout temps et en tout lieu, vous avez le pouvoir de créer un état de bien-être total par le choix de vos pensées. Rien de ce que vous vivez n'est attribuable à ce qui vient de l'extérieur. Tout est en vous, où que vous soyez. Dans un monde chaotique et imprévisible, vous avez le pouvoir d'instaurer une stabilité intérieure par le choix de vos pensées. **Peu importe l'environnement où vous vous trouvez, vos pensées vous suivent et déterminent à chaque instant votre aptitude au bonheur.** Dès que vous reliez votre bonheur à une condition, vous le reportez à plus tard. Dégagez-vous des limitations qui semblent s'imposer et amplifiez votre lumière intérieure pour créer votre propre magie. Par exemple, en prenant l'habitude de sourire, vous activez des muscles du visage qui produisent des pensées agréables. Appréciez avec **gratitude** tous les détails qui contribuent à votre bien-être : le souffle d'une brise chaude, l'éclat d'une couleur, la beauté d'un insecte, la texture d'une feuille d'arbre, la contribution de tous les humains qui ont participé à la fabrication de l'objet que vous tenez entre les mains. Rendez grâce pour tous ces cadeaux ! C'est un pas vers la transformation qui illumine vos journées et qui entraîne l'abondance.

« La gratitude est un outil extrêmement puissant. Non seulement elle améliore l'humeur, mais elle permet la fusion avec l'essence même du Divin » (Vitale, 2011, p. 124).

L'importance de la pensée

Quand vous vous réappropriez votre respiration, vous attirez fortement l'attention de votre subconscient. Normalement, c'est lui qui a la responsabilité de vous faire respirer. Lorsque vous prenez le contrôle à sa place, il est intrigué par la situation et se mobilise pour suivre votre pensée. Comme vous avez toute son attention, c'est le temps de lui communiquer clairement ce que vous voulez.

Amorçant un cycle de détente, vous vous mettez graduellement en ondes de programmation. Chaque pensée qui traverse votre esprit est donc d'une grande importance. **Activez votre filtre pour laisser passer uniquement ce qui est positif.** Profitez-en pour vous nourrir de vibrations élevées et pour guider adéquatement votre subconscient, unihipili. Gardez le *focus* sans pour autant vous culpabiliser pour les égarements de votre attention.

Quand vos respirations conscientes visent à appuyer une transformation de pensées et de croyances, **mettez votre attention sur l'objectif positif à atteindre**. Quand vous faites votre lessive, avant l'opération, vous êtes en contact avec la réalité, vous observez que la saleté a atteint les tissus. Vous observez et accueillez cet état de fait. Vous êtes prêt à agir pour le transformer. Une fois que vous enclenchez le processus de nettoyage, vous savez que la transformation s'opère et que vos vêtements en ressortiront nettoyés. Votre pensée est déjà axée sur le résultat positif considéré comme réglé.

Au début, vous êtes en mesure de produire un certain pourcentage de pensées positives et, avec l'exercice, vous en augmenterez la proportion. Il en sera de même pour les milliers de « formes-pensées[9] » qui effleurent votre esprit chaque jour. Restez positif et félicitez-vous pour vos progrès.

La pensée positive, au cœur de l'approche du Huna, ne signifie aucunement la fuite de la réalité, mais votre positionnement quant à ce que vous avez accueilli et observé avec conscience.

Si vous éprouvez des difficultés à maintenir votre attention sur une pensée positive, je vous suggère de vous appuyer sur des renforcements comme la visualisation, l'émotion, l'image ou les suggestions pour concentrer votre énergie pendant votre cycle respiratoire.

Si jamais votre côté ombrageux prend le dessus avec la peur, la colère ou l'anxiété, accueillez ces émotions en les considérant comme des messages d'éveil plutôt que comme des afflictions. Elles colleront moins et perdront peu à peu leur caractère insistant, obsessionnel (Chopra, 2008, p. 176). Vous les considérerez avec gratitude, comme des manifestations qui vous guident vers le nettoyage que vous êtes invité à faire.

9. Ensemble de pensées mises en relation qui se structurent sous forme de grappes et se transmettent le long des fils aka (traduction de l'anglais *thought forms*).

Les associations de pensées, pourvu qu'elles soient signifiantes, amplifient l'énergie. Pour leur part, dans une région où l'eau est omniprésente, les kahunas d'Hawaï utilisaient ce symbole pour capter mentalement une énergie puissante. Ils aimaient visualiser l'accumulation d'énergie mana en l'associant à l'eau qui monte d'une fontaine de plus en plus haut, se répandant en une pluie de manifestations bienfaisantes.

En vue d'amplifier l'impact des respirations conscientes auprès de votre subconscient, vous pourriez orienter vos pensées comme suit. Saisissez la suggestion qui vous rejoint le mieux! Vous l'adapterez au fil de vos expériences selon la puissance que vous ressentirez.

VOTRE PENSÉE PENDANT LE CYCLE RESPIRATOIRE

CRÉATION DE SURPLUS D'ÉNERGIE

Pendant l'inspiration, faites le plein d'énergies dont vous ressentez fortement la puissance. Appréciez la beauté de votre environnement ou encore visualisez un lieu hautement inspirant. Allez puiser l'énergie du soleil, des étoiles, des galaxies, du cosmos, de l'Univers. Élevez-vous dans une vibration d'amour. En fait, baignez dans la lumière, imprégnez-vous de sentiments nobles et élevés. Enfin, faites tout ce qui vous amène à **ressentir votre puissance créatrice**. Guidé par vous, esprit conscient, votre subconscient élèvera son énergie. En établissant ainsi une communion entre vos plans de conscience pour atteindre l'unité, vous goûtez également au bonheur d'être réunifié avec votre identité divine.

CIRCULATION DE L'ÉNERGIE

Pendant la petite pause, ressentez que tout ce que vous avez inspiré fait partie de vous, circule librement et pénètre tous vos corps d'énergie.

PROJECTION DE L'ÉNERGIE

Enfin, **pendant l'expiration**, soufflez avec conviction, projetant une puissante pensée positive dans l'Univers. C'est à cette étape que vous canalisez l'énergie. Chaque souffle, chaque apport d'énergie contribue à entraîner une transformation. Vous pouvez acheminer cette énergie où bon vous semble en nommant mentalement votre intention : un état d'âme que vous voulez ressentir, une courte affirmation libellée sans négation, le titre de votre requête, un Ho'oponopono à connotation positive, l'activation d'un chakra spécifique, etc. Pour éviter les dérapages, utilisez toujours des mots ayant une portée élevée et visualisez des **images incontestablement positives**.

PHASE PRÉPARATOIRE

Un nouveau cycle respiratoire s'amorce. Avec gratitude, préparez-vous à recevoir de belles vibrations encore et encore.

En intégrant régulièrement les respirations Ha pour soutenir la pensée positive, vous augmenterez l'activité psychique en vue de vous réapproprier des capacités latentes qui ne demandent qu'à émerger.

La procédure

Un cycle complet correspond à quatre temps : pause, inspiration, pause, expiration Ha. Si vous éprouvez de la difficulté à intégrer les pauses, faites-les très brèves au début jusqu'à ce que vous soyez à l'aise de les allonger. Les durées suggérées pour chacune des phases invitent à établir graduellement une proportion entre elles. **C'est à vous de déterminer le rythme qui vous convient.** La vitesse à laquelle vous comptez doit être adaptée à vos capacités respiratoires. Dès que vous aurez intégré votre rythme, vous n'aurez plus jamais besoin de compter. Prenez votre temps !

LE CYCLE RESPIRATOIRE

Avant de commencer un cycle de quelques respirations conscientes, poussez un **long soupir en faisant le son « Ha »** pour nettoyer votre système :

1. **Retenez votre respiration pendant quatre temps** (1 et 2 et 3 et 4) en vous préparant à recevoir un surplus d'énergie vitale.
2. **Inspirez lentement par le nez pendant quatre temps** (1 et 2 et 3 et 4). Orientez consciemment votre pensée en visualisant quelque chose de beau et de positif qui vous élève. Comme chaque inspiration attire de l'énergie en vous, vous ressentirez graduellement l'accumulation d'énergie bénéfique.
3. **Retenez votre respiration pendant quatre temps** (1 et 2 et 3 et 4). **Ressentez l'énergie bénéfique qui circule en vous.**
4. **Expirez lentement par la bouche en émettant le son « Ha »** pour une durée beaucoup plus longue.

Tendez vers une expiration environ deux fois plus longue que l'inspiration. C'est à cette étape que vous canaliserez l'énergie en y associant une intention positive.

Le bon moment

En réalité, vous expérimenterez de grands bénéfices en commençant chaque journée par des respirations conscientes. À l'aube, avec l'émergence de la lumière, orientez votre subconscient vers ce que vous voulez intégrer dès le départ. Imprégnez-vous de la **perfection de l'instant présent**. En centrant votre attention sur l'ici-et-maintenant, vous faites l'expérience de votre divinité.

Avant d'aller au lit, ces respirations auront un effet très calmant, propice au sommeil. Si votre nuit se ponctue de périodes d'insomnie, profitez-en pour respirer calmement et vous serez tout aussi régénéré qu'avec les bénéfices du sommeil.

Comme il est primordial de maintenir votre énergie élevée, ne vous en tenez tout de même pas uniquement à ces moments privilégiés. Au travers de vos activités quotidiennes, appréciez tous les moments de calme, saisissez-les, si courts soient-ils, pour investir dans votre harmonie. Vos journées sont ponctuées de nombreux espaces libres d'attention : la douche, l'autobus, la file d'attente, certaines activités physiques, un concert de musique inspirante, une promenade, etc. Profitez de tous ces temps dits morts pour accumuler des surplus d'énergie par la respiration Ha. Les personnes qui mènent une vie trépidante trouveront toujours un peu de temps... au petit coin.

Il est probable que, dans une foule, votre concentration soit moindre et que vous soyez plus discret. Peu importe ! Tous les petits moments bien investis se cumulent tout de même pour élever votre taux vibratoire et rappeler vos priorités à votre subconscient. Certains contextes favoriseront une accumulation d'énergie très rapidement, tandis qu'en d'autres circonstances, vous aurez à investir plus longuement avant d'en retirer des bénéfices équivalents.

Vous êtes constamment cocréateur de l'Univers. **Par vos respirations conscientes, vous créez des surplus d'énergie qui contribuent à élever vos vibrations et, par le fait même, celles de vos groupes d'appartenance qui réagissent à ce que vous dégagez.**

L'application au quotidien

Les bénéfices d'une intégration de la respiration Ha sont nombreux. Il s'agit de saisir toutes les occasions d'amplifier votre énergie pour en appliquer les effets dans différentes circonstances. En élevant votre taux vibratoire par la respiration consciente, vous dégagez votre canal pour laisser circuler l'énergie avec fluidité. En plusieurs occasions, vous gagnerez à vous charger de mana. Voici des exemples de contextes :

- pour être réunifié avec votre partie divine ;
- pour remercier chacun de vos plans de conscience ;
- pour canaliser la communication avec des énergies élevées ;
- pour transcender une expérience ;
- pour accueillir et apprécier l'occasion opportune qui vous fait grandir ;
- pour accompagner une personne dans le respect de son cheminement ;
- pour capter l'inspiration ;
- pour méditer ;
- pour être éclairé dans la préparation de votre requête ;
- pour intégrer un état d'âme, une vertu, une énergie angélique ;
- pour harmoniser vos chakras ;
- pour communiquer efficacement avec votre subconscient ;
- pour reprogrammer votre subconscient ;
- pour ressentir la protection ;
- pour amplifier des affirmations ;
- pour soutenir une visualisation ;
- pour interpréter des rêves ;
- pour trouver une ressource ;
- pour préparer une entrevue ;
- pour réussir un examen, des tests ;
- pour augmenter et rééquilibrer votre énergie ;
- pour pratiquer une nouvelle habileté ;
- pour développer vos perceptions extrasensorielles ;
- pour magnétiser votre nourriture ;
- pour recharger votre aura ;

- pour traiter une partie du corps en la concentrant dans vos mains;
- etc.

La liste s'allongera d'elle-même. Vous expérimenterez sans cesse de nombreux autres contextes bénéfiques.

Chapitre 3
Les fondements du Huna

Les dix éléments de base

Les fondements du Huna reposent sur une connaissance approfondie des dix éléments présentés ici afin de vous permettre d'exploiter au maximum les possibilités infinies de votre conscience. Ceux-ci se réfèrent à chacun de vos plans de conscience, à l'énergie qu'ils utilisent et au corps éthérique qui leur correspond lors d'une incarnation dans un corps physique.

Les dix éléments traitent donc de trois aspects pour les trois esprits qui vous animent. Comprendre toutes les particularités inhérentes à chacun vous donnera un pouvoir énorme sur votre vie. Au quotidien, cette compréhension vous permettra d'explorer les mécanismes qui gouvernent votre vie et de trouver de nouvelles façons d'entrer en relation avec vous-même pour vous libérer et attirer ce qui vous convient le mieux.

Tableau 1

Les dix aspects de l'incarnation

Les 3 plans de conscience	SUBCONSCIENT **1-Unihipili (ou-ni-hi-pi-li)**	CONSCIENT **2-Uhane (ou-ha-né)**	SUPRACONSCIENT **3-Aumakua (a-ou-ma-kou-a)**
Les 3 corps AKA	04-KINO-AKA	05-KINO-AKA	06-KINO-AKA
Les 3 niveaux d'énergie	07-MANA	08-MANA-MANA	09-MANA-LOA
10-LE CORPS PHYSIQUE			

Chaque personne est dotée de trois esprits: l'esprit subconscient, l'esprit conscient et l'esprit supraconscient (1, 2 et 3) considérés comme les *low*, *middle* et *high selves*, en référence à leur degré d'évolution et à la localisation de leur corps éthérique. En fait, chaque plan de conscience se manifeste dans un corps invisible composé d'une substance éthérique que les Hawaïens appelaient les corps « kino[10]-aka » (4, 5 et 6). Une puissante force énergétique (7, 8 et 9) agit à travers ceux-ci; son voltage est différent selon l'esprit qui l'utilise.

Lors de votre incarnation, planifiée de concert avec votre âme, vous empruntez un véhicule parfait pour expérimenter les défis d'incarnation que vous avez choisis: votre corps physique (10). Tout est en place pour stimuler votre accomplissement dans des domaines qui exigent un perfectionnement ou encore pour explorer de nouvelles avenues favorisant l'expansion de votre âme.

10. Mot hawaïen qui signifie « corps; substance; forme ».

La théorie de l'évolution

D'après les kahunas, il existe plusieurs niveaux d'évolution comme l'illustre le tableau qui suit. Leur croyance en la réincarnation les amène à considérer que nous aurions expérimenté successivement les éléments de la création de façon progressive pour en arriver à ce qui compose l'humain en trois plans de conscience distincts.

Tableau 2
L'évolution selon le Huna

La Source

⇧

[plans supérieurs de conscience]

⇧

AUMAKUA, le supraconscient

⇧

UHANE, le conscient

⇧

UNIHIPILI, le subconscient

(AUMAKUA, UHANE, UNIHIPILI : corps physique)

⇧

[le règne animal]

⇧

[le règne végétal]

⇧

[le règne minéral]

⇧

[infimes éléments de la Création]

Lors du processus d'éveil, « les animaux, les plantes et les minéraux de notre planète s'éveillent aussi à leur propre niveau évolutionnaire. Ils existent dans une octave de conscience dimensionnelle différente de la nôtre, mais ils sont tous un aspect de l'âme unique de notre plan de réalité universel » (Mara, 2010, p. 61).

L'issue de votre vie est de graduer au niveau de plans de conscience supérieurs à travers vos nombreuses incarnations. Au début d'une série d'incarnations, le subconscient est fraîchement issu du monde animal. Il est amené à évoluer pour se dégager de comportements primaires et devenir éventuellement un esprit conscient. Il en sera ainsi à la suite de très nombreuses expériences permettant à l'esprit conscient de jouer activement son rôle d'éducateur pour guider lucidement son subconscient vers le prochain niveau de conscience. Ce faisant, il s'élèvera lui-même et deviendra un supraconscient dont la tâche est d'assister et d'inspirer le conscient vers des vibrations plus élevées. Comme un nouveau trio est formé, l'ancien supraconscient quittera le monde incarné et continuera son ascension pour accéder à des plans de conscience supérieurs que nous ne pouvons même pas imaginer. L'évolution continue, mais l'âme n'a plus besoin de renaître.

Il n'est absolument pas nécessaire d'identifier chacun de ces plans supérieurs pour évoluer. Votre Soi divin sait comment cheminer dans ce monde selon les situations et joint les énergies les plus appropriées pour vous sans que vous en fassiez la demande. Toutefois, il est important de maintenir le contact avec l'énergie la plus élevée et la plus pure que l'on peut nommer la « Source ».

En fait, ce qui importe, ce n'est pas le nom que l'on utilise, mais le **concept d'une conscience unique qui est à la Source de toute Création**. Selon la culture, les croyances et les traditions qui font partie de vos expériences, le nom prendra d'autres formes. Si, à l'occasion, j'utilise les mots *Dieu, divinité* ou l'adjectif *divin*, cela renvoie tout simplement aux mémoires qui ont modelé mes propres pensées dans le contexte dans lequel j'ai évolué comme enfant. Ma conception actuelle de Dieu considère maintenant cette réalité en dehors de toute religion comme étant l'état de perfection ultime qui sommeille en chacun de nous et dont les attributs ne demandent qu'à être réveillés. La tâche de votre «aumakua[11]» est de vous proposer les décors, les êtres et les contextes les plus propices à l'intégration de vertus. Chaque force qui sera développée est un acquis pour la continuité de votre évolution. C'est pourquoi vous avez parfois l'impression d'être né avec des « cadeaux de naissance », résultats de défis relevés antérieurement.

L'aspect le plus fondamental de cette théorie réside dans le fait que chacun de vos niveaux de conscience a la responsabilité de faire évoluer l'esprit directement placé sous lui.

C'est l'essentiel de ce qu'il y a à retenir de cette vision de l'évolution. Tout au long de ce livre, des exemples concrets illustreront cette approche et vous apporteront des perspectives nouvelles pour sélectionner ce qui vous convient. Vous serez en mesure de choisir ce qui vous sied à partir de la connaissance approfondie des plans de conscience qui composent votre « trio personnel incarné dans un corps physique ». Au fur et à mesure, votre compréhension s'affinera, vous permettra de mieux pénétrer les pensées enfouies dans la mémoire de votre subconscient et de connaître ses véritables motivations.

Ce faisant, vous aurez des ressources pour procéder au nettoyage des mémoires et des pensées mal ajustées qui bloquent votre énergie. Ainsi, vous utiliserez votre pouvoir pour libérer votre esprit inférieur des pensées sombres de l'ego et transformer ses croyances, ses réactions et ses émotions. Lors de circonstances qui provoquent un déséquilibre, vous serez en mesure d'intervenir auprès de votre subconscient pour le ramener vers l'unité. Faisant confiance à l'inspiration émanant de votre supraconscient, aumakua, vous capterez les messages qu'il vous envoie et accueillerez avec plus de confiance les expériences

11. Mot hawaïen qui signifie « supraconscient ».

qu'il vous propose pour progresser. Cette ouverture entraîne un changement de perspective des plus bénéfiques, engendre de nouvelles attitudes et vous fait vibrer à des fréquences plus subtiles.

L'harmonisation des plans de conscience de chaque personne signifie que les trois esprits incarnés dans un même corps tendent dans l'unité à élever leur fréquence. Cela contribue à élever, par l'abondance de sentiments nobles, non seulement les esprits des individus, mais aussi ceux de l'ensemble de leurs groupes d'appartenance : famille, travail, ville, province, pays, planète, en résonance avec eux.

« Quand vous remportez une petite victoire, ceux qui vibrent à la même fréquence que vous ont également l'occasion d'avancer… Le plus merveilleux de cette loi, c'est que plus votre vibration est élevée, plus la fréquence est captée facilement par ceux qui sont au même niveau » (Mara, 2010, p. 74-75).

Quiconque a choisi de s'incarner à cette période d'éveil de conscience est venu ici avec l'intention de contribuer à l'éveil planétaire.

Une clé majeure, le circuit de communication entre vos plans de conscience

La collaboration entre vos plans de conscience est une source de grand plaisir ! Elle vous ouvre à une communication plus fluide, vous permettant de saisir qui vous êtes et ce que vous avez hébergé en vue d'évoluer à partir de bases beaucoup plus solides.

Pour que la communication soit libre, il faut considérer la nature du circuit qui lie vos plans de conscience, et c'est là une clé majeure dans la compréhension de votre fonctionnement.

Votre conscient, uhane, n'a accès à votre Soi divin, aumakua, que par l'intermédiaire de votre subconscient, unihipili.

Unihipili filtre votre communication avec aumakua à partir de ses propres résistances et des perceptions qui ont modelé ses croyances. Quand votre ego s'enlise dans des peurs, de la culpabilité, de la négation, des schémas de pensée négatifs, votre communication vers le haut est refusée. Votre subconscient est comme le réceptionniste d'une entreprise qui filtre les appels uniquement à partir de l'information disponible à son niveau et de ses impressions basées sur l'effet provoqué par une demande de contact. Ainsi, selon la nature de l'échange que vous souhaitez avoir avec votre Soi supérieur, si votre subconscient ne se sent pas contrarié ou menacé, la voie est libre pour vous, esprit conscient. Dans le cas contraire, toute communication se verra refusée tant et aussi longtemps que les blocages qui la freinent ne sont pas accueillis et traités. Vous devrez procéder à un nettoyage de vos pensées, de vos croyances ou de vos souvenirs reliés à certains aspects de votre vie. C'est souvent ce qui entre en ligne de compte dans le cas de prières qui semblent vaines. L'illustration suivante parle d'elle-même. William Glover a illustré ce réseau de communication en comparant votre corps physique à une maison sise sur le haut d'une montagne dans laquelle logent vos trois plans de conscience, chacun à leur niveau :

1. Votre subconscient, unihipili, habite dans un sous-sol sans fenestration. Toutefois, il est branché à l'ordinateur qui lui donne accès à toutes les mémoires que vous avez programmées dans des temps et des espaces infinis, souvent sous le coup des émotions. L'aspect d'une mémoire aussi phénoménale impressionne bien des gens qui, sans réfléchir, accordent à leur subconscient un jugement qui lui fait défaut. Unihipili est chargé de votre réseau de communication interne et externe.

2. Votre esprit conscient, uhane, occupe le rez-de-chaussée, ouvert sur l'extérieur à plusieurs endroits. Cela lui permet d'observer, de réfléchir, d'évaluer et de prendre toutes les décisions à partir de ce qu'il perçoit. Sa vision est tout de même limitée par l'environnement extérieur. Son accès à l'information détenue par votre unihipili complète ses données, parfois très subjectivement.

3. Aumakua, votre conscience supérieure, jouit d'une vision illimitée, au faîte de la maison. Il est abondamment éclairé par la lumière. Comme ses horizons s'étendent à l'infini, il est en mesure de vous inspirer et de vous guider judicieusement. Les messages qu'il vous achemine sont toujours interceptés par votre unihipili qui en dispose selon sa propre programmation.

Cette compréhension vous amènera à jouer votre rôle et à prendre les moyens pour établir en tout temps une excellente communication avec votre subconscient en vue d'assainir votre réseau de communication dès que vous identifierez des « virus ».

La qualité de votre attention et de vos interventions apportera des résultats à coup sûr !

Tableau 3
Circuit de communication entre les plans de conscience

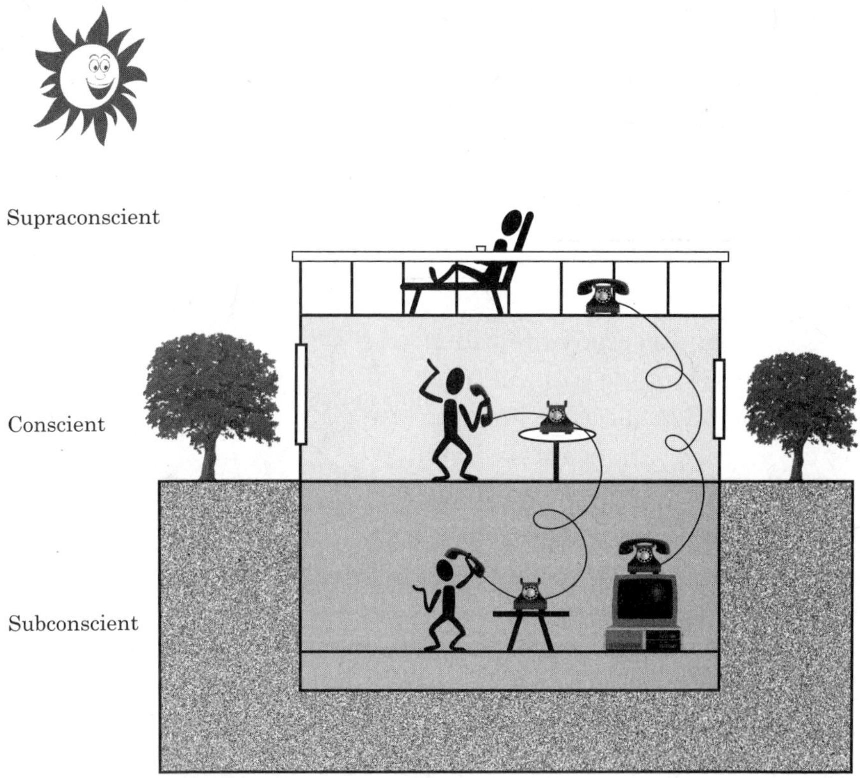

Un parallèle avec l'évolution du cerveau

« Le cerveau n'est pas la pensée. C'est seulement le lieu de convergence des pensées » (Lewis, 1984, p. 152). Tout de même, le point de vue des kahunas m'amène à établir des liens avec l'évolution du cerveau humain. Ce dernier est composé de trois couches successives en communication permanente, mais disposant de spécificités propres.

Les caractéristiques propres à chacune des parties du cerveau

Le **cerveau reptilien**, le premier à s'être formé, répond à vos besoins primaires en vue de garantir la survie de votre corps incarné. Il assure votre sécurité. C'est ce cerveau instinctif, voire animal, qui vous protège en sonnant l'alarme en cas de danger. Il est à l'origine de certains comportements de base liés au territoire et à sa défense, aux réflexes conditionnés, au conformisme.

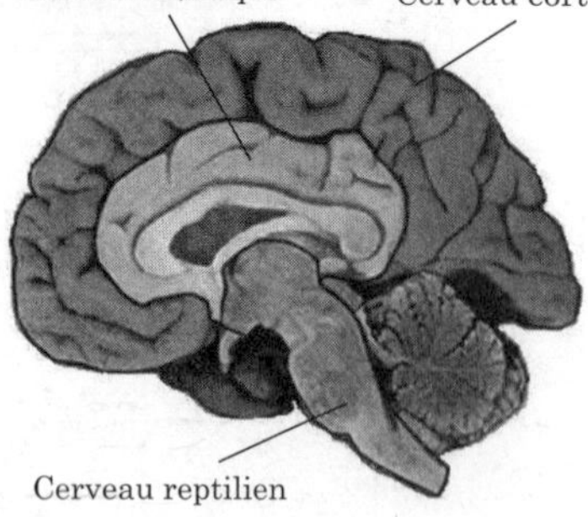

Le **cerveau limbique**, apparenté à votre esprit subconscient, unihipili, s'est développé par la suite autour du cerveau reptilien, se différenciant de l'animal par une sensibilité accrue lui donnant accès à un éventail inouï d'émotions, ce qui a transformé la nature de ses relations avec ses pairs et son environnement. Il est le centre des motivations, plus sensible aux intentions captées qu'aux discours. Les informations y sont filtrées par les organes des sens et emmagasinées en mémoire, déformées par le contexte.

Puis, le **cerveau cortical** est apparu, accélérant l'évolution de l'espèce humaine avec l'apport d'une intelligence réfléchie, logique, créatrice, dont les caractéristiques sont apparentées à celles de votre esprit conscient, uhane.

Enfin, l'**intuition** qui guide vos vies apparaît comme une source d'inspiration très présente. Elle semble venir de l'extérieur et veiller sur vous, tout comme aumakua, votre esprit supraconscient.

Le cours d'une vie humaine passe par les mêmes étapes que celui de l'évolution de l'espèce. Comme pour les peuples primitifs, au début de sa vie, le poupon a d'abord besoin de satisfaire ses besoins primaires et de se sentir en sécurité. Puis, comme l'humain qui a commencé à socialiser, il entre graduellement en relation avec les gens qui l'entourent, affichant un spectre d'émotions de plus en plus subtiles. Enfin, il développe un intérêt pour des apprentissages gagnant en diversité et en complexité au fur et à mesure qu'il élargit sa conscience sur l'environnement. Finalement, en parallèle avec la tendance sociale actuelle, il est en quête de sens par rapport à tout ce qu'il expérimente.

L'enseignement qui tient compte du cerveau

Dans mon expérience pédagogique, j'ai compris qu'il est impensable d'aider un enfant à gérer ses émotions s'il se sent menacé par une situation de crise, à la maison comme à l'école, s'il n'a pas mangé ou dormi suffisamment, etc. Dès que ses besoins primaires sont satisfaits, son cerveau reptilien se calme. Ainsi, il devient réceptif à l'affection qu'on lui prodigue et apte à exprimer plus adéquatement ce qu'il vit, en contact avec son cerveau limbique.

L'apaisement sur le plan du cerveau limbique apparaît comme une condition essentielle pour stimuler son cerveau cortical, celui qui contribue à ses apprentissages. Les recherches ont démontré que le processus de fonctionnement du cerveau va de bas en haut et non de haut en bas. L'activité mentale passe donc par la satisfaction des besoins des deux premiers niveaux. L'équilibre entre ses trois cerveaux est l'atout majeur du cheminement scolaire de chaque enfant. La responsabilité première d'un bon enseignant sera donc de contribuer à créer un espace de réceptivité en assainissant le climat pour qu'il soit favorable à l'apprentissage. Les moyens pour y arriver lui viendront aisément dès qu'il sera ouvert à accueillir ce qui se présente à sa conscience et à écouter son intuition, sa guidance intérieure.

Vous êtes l'enseignant de votre subconscient

Pourquoi ce parallèle avec l'école? Parce que vous, esprit conscient, êtes l'enseignant de votre petit unihipili qui pense comme un jeune enfant.

Lors de votre cheminement spirituel, vous devez libérer vos plans de conscience inférieurs de leurs limitations. Ainsi, l'énergie des plans supérieurs s'activera efficacement.

Votre chemin de vie s'apparente à un parcours scolaire. Chaque année, les mêmes disciplines reviennent à l'horaire avec des exigences plus élevées vous permettant de prendre appui sur vos acquis. L'éveil à de nouvelles perspectives et le nettoyage récurrent de vos pensées et croyances dans différents contextes feront partie de toutes les étapes qui jalonneront votre chemin de vie. Dès lors, la communion harmonieuse entre vos plans de conscience vers un même but vous dynamisera et facilitera l'intégration de vos leçons de vie.

Vous êtes aussi le guide de vos enfants. Envisagez donc une façon de préparer vos jeunes à développer leur conscience. Quel bel héritage à leur léguer !

Si seulement, de nos jours, on enseignait à nos enfants et à nos adolescents à se connaître, à saisir la dynamique du trio qui les anime par rapport aux défis qu'ils affrontent de même que dans leurs relations avec les autres, ils seraient en mesure de reprendre du pouvoir sur eux-mêmes beaucoup plus tôt et d'activer positivement le moteur de leur propre évolution au fur et à mesure que leur maturité le permet.

Deuxième partie

VOTRE IDENTITÉ

La nature et la fonction de chaque plan de conscience

Les caractéristiques propres à chaque plan de conscience[12] ont été révélées principalement à travers les recherches entreprises par Max Freedom Long. Dans les années 1990, j'ai eu le privilège de rencontrer des chercheurs universitaires qui ont poursuivi la mission du fondateur au sein du Huna Research. Ils ont continué à expérimenter et à valider des données, partageant les résultats de leurs découvertes lors de séminaires internationaux. De plus, l'enseignement que m'a prodigué Loretta Grabowski, professeure accréditée par cet organisme, m'a permis d'établir des liens que j'ai pu valider au cours de ma pratique. Je vous livre ici comment j'ai intégré cette connaissance qui sert de référentiel pour une meilleure compréhension des rituels hawaïens. Vous aurez probablement à vous y référer

12. NDE : Caractéristiques regroupées par Mme Loretta Grabowski et développées par l'auteure.

pour personnaliser votre démarche. Vous comprendrez pourquoi et comment cette approche donne des résultats aussi étonnants.

Chapitre 4

Unihipili, votre esprit subconscient (ou-ni-hi-pi-li)

La nature de votre unihipili

Votre esprit subconscient, unihipili, est considéré comme le *low self spirit* en référence à son degré d'évolution. En jumelant les caractéristiques d'un jeune enfant d'âge préscolaire éminemment émotif à celles d'un ordinateur, on s'approche d'une description qui en couvre les principales caractéristiques.

Sur le totem illustrant les trois plans de conscience de tout être incarné, que vous avez vu au chapitre précédent, unihipili emprunte une figure animale au niveau le plus bas, rappelant ainsi ses origines.

Il est d'une extrême importance de considérer l'envergure de ses possibilités tout en étant conscient de ses limites et de ses croyances pour interagir efficacement avec votre enfant intérieur. **Vous pouvez éduquer votre subconscient!** C'est l'objectif que je poursuis en vous familiarisant avec sa nature. Voici treize caractéristiques qui vous permettront de mieux le saisir. Il est utile d'en prendre connaissance pour mieux comprendre certaines démarches qui impliquent sa participation ou encore pour expliquer certains résultats.

1. **Votre subconscient est l'esprit le moins évolué du trio qui vous identifie.**

En tant qu'entité distincte, votre subconscient pense différemment de votre conscient et de votre supraconscient. C'est ce qui apporte la confusion dans vos pensées. Il est donc primordial de le comprendre pour le dégager et le guider vers une pensée unifiée divinement inspirée.

Il lui arrive d'avoir des réactions de survie non adaptées, vestiges du monde animal dont il est issu, quand il interprète un contexte à partir de mémoires non rationnelles. La haine, la peur, l'hostilité envers ceux qui appartiennent à des groupes différents du sien, le besoin de marquer son territoire, la sensation d'être toujours menacé, les réflexes de défense inadéquats apparaissent comme des manifestations de comportements plus primitifs. En évoluant à travers ses expériences, il sera à même de faire face et de s'adapter graduellement à des situations de plus en plus complexes.

Vous pouvez surtout comparer votre unihipili à un jeune enfant que vous, sur le plan conscient, avez la responsabilité d'éduquer. Selon son degré d'évolution à travers une série plus ou moins longue d'incarnations avec vous, il peut être comparé à un jeune enfant de zéro à sept ans en ce qui concerne le développement. C'est une clé majeure à considérer dans le type de relation que vous entretiendrez avec lui. Prenez du recul, observez objectivement ses réactions et enseignez-lui à ajuster ses pensées, ses croyances et ses émotions quand vous sentez une perte d'énergie. Vous devez développer une grande qualité d'attention en ne perdant jamais de vue qu'il s'agit d'un enfant, d'où l'expression « l'enfant intérieur » à laquelle on fait souvent référence. C'est à vous d'orienter ses réactions en étant très pédagogue à son égard. Votre esprit conscient, étant le plus évolué des deux, ne doit jamais agir sous l'emprise de votre subconscient. Ce serait comme remettre votre pouvoir entre les mains d'un enfant.

Vous éprouverez un réel plaisir à construire une relation saine avec votre subconscient en apprenant à l'observer, à l'interroger, à décoder son langage, à l'aimer, à le comprendre, à le rassurer et à le motiver à avancer avec confiance dans la direction que vous lui proposerez. C'est un monde de découvertes parsemé d'essais et d'erreurs qui provoque beaucoup d'enthousiasme à chaque succès. Pour ce faire, il vous faudra l'accueillir tel qu'il est, accepter son point de départ, adapter vos interventions et prendre le temps qu'il faut. Ça rapporte !

2. Votre subconscient est incapable de raisonner logiquement.

Tout comme un ordinateur, il est inapte à juger d'une situation ou à lire entre les lignes. Toute communication avec lui est interprétée au pied de la lettre, sans nuances. Lorsque vous lui donnez de nouvelles instructions ou que vous affirmez ou visualisez de nouvelles conditions, vous ne devez faire aucune place à de l'interprétation. Les phrases courtes gagnent en efficacité pour garder son attention. Précisez toujours vos critères et placez-les vous-même par ordre d'importance quand vous intervenez auprès de lui. Voyez à ce qu'aucune phrase n'en contredise une autre et surtout évitez de changer d'idée sans cesse. Les hésitations neutralisent le mouvement que vous voulez enclencher et sèment la confusion.

Vous devez aussi vous exprimer clairement et sans ambiguïté sur le plan de la structure de phrases ou dans le choix des termes que vous employez. Votre subconscient s'attarde principalement aux mots-clés dans une phrase. Il ignore souvent les négations, d'où l'importance de formuler vos pensées ou vos affirmations positivement. Par exemple, quand vous lui dites : « Je ne veux pas être malade », il capte la commande : « Je... malade » et cherche avec enthousiasme à vous faire plaisir ! J'ai fait l'expérience d'une situation analogue avec mes élèves du préscolaire quand je leur avais dit : « À la récréation, je ne veux pas que vous alliez dans le trou d'eau ! » Ils ont tous marché dans l'eau en filtrant le message pour en extraire les grandes lignes seulement : « Récréation... trou d'eau ! » Quand l'occasion s'est présentée à nouveau, j'ai appris à m'adresser différemment à mon groupe d'enfants : « À la récréation, je veux que vous longiez la clôture pour vous rendre à votre carré de jeu. » La consigne a été retenue efficacement.

3. Votre subconscient enregistre constamment vos mémoires.

C'est de façon automatique que vous utilisez la mémoire essentielle à votre fonctionnement quotidien. Voilà un exemple de coopération presque parfaite entre votre subconscient et votre conscient. Par contre, les souvenirs collés à des mémoires enregistrées sous le coup d'émotions plus ou moins fortes apportent une distorsion de réactions que vous arriverez difficilement à expliquer dans certains contextes. C'est par le recul et la vision globale des événements qui ont ponctué votre vie que vous retrouverez le fil conducteur de votre parcours. Cela vous guidera pour interroger votre subconscient à l'aide d'approches qui seront proposées un peu plus loin dans ce livre.

Unihipili met automatiquement à jour votre banque de données à partir d'informations captées à son insu ou en toute conscience. L'ampleur des mémoires qu'il peut joindre est impressionnante, ce qui amène certaines personnes à le placer inconsidérément à un niveau supérieur. Donneriez-vous à votre ordinateur le pouvoir de choisir à votre place ? Votre subconscient est pourtant inapte à interpréter, à porter un jugement. Il peut seulement ramener à la surface vos mémoires enregistrées consciemment ou inconsciemment. Il est capable d'aller chercher autant vos souvenirs que ceux de l'Univers. En vous entraînant régulièrement à communiquer avec votre subconscient, vous amorcerez une démarche de recadrage des pensées que vous hébergez. Vous en arriverez graduellement à faire la lumière sur vos programmations antérieures comme individu ou comme membre de groupes d'appartenance. Par exemple, dans votre famille, la répétition de schémas non réglés d'une génération à l'autre vous donnera une piste sur ce que vous avez capté.

Comme en fait mention Allen P. Lewis, « toutes les pensées et toutes les conversations qui ont circulé dans l'environnement du fœtus comme du jeune bébé, plus spécifiquement celles de sa mère et de son père, ont été captées » par le subconscient en formation. À ce stade, les émotions émanant des proches imprègnent fortement le petit ; l'être vulnérable dont on a la responsabilité baigne dans l'énergie de son entourage, d'où l'importance d'être conscient de l'environnement qu'on lui propose (Lewis, 1984, p. 153).

4. Votre subconscient vit dans le moment présent.

Il ignore le concept de temps. Lorsqu'elles sont rappelées par le conscient, toutes les mémoires emmagasinées depuis la nuit des temps peuvent être ravivées à nouveau par votre subconscient comme si elles étaient actuelles. Un événement présent peut entraîner des réactions tout à fait inadéquates quand il rappelle émotivement une situation similaire vécue dans le passé. Par exemple, mon subconscient ne fait pas la différence entre ma situation en tant que femme aujourd'hui et mon vécu en tant que petite fille dans l'enfance, quand le contexte qui déclenche une réaction inappropriée chez moi est similaire. La difficulté de joindre une mémoire n'est aucunement rattachée à l'éloignement dans le temps, mais à la charge émotive qui y est reliée. Les mémoires enfouies, proches ou lointaines, entraînent parfois des résistances, des blocages ou des peurs inconsidérées. Votre subconscient s'accrochera à l'occasion à des idées et à des croyances non rationnelles emmagasinées dans sa mémoire. Il vous appartient en tant qu'esprit conscient de les cerner et d'en juger en vue de le libérer de ses limites.

5. Votre subconscient apprend par la répétition.

C'est entre autres la répétition de contextes, d'expériences et de messages captés en boucle qui a permis d'installer des pensées et des croyances dans votre esprit subconscient. Lors de votre cheminement, vous apprendrez à faire un nettoyage de formes-pensées inadéquates. Dès lors, vous pourrez également utiliser la répétition pour installer de nouvelles conceptions, des affirmations, des demandes. Chaque idée nouvelle gagne à être présentée à plusieurs reprises et sous le plus grand nombre de formes possibles pour impressionner votre unihipili qui, soit dit en passant, adore les rituels.

Vos pensées doivent être cohérentes en tout temps pour éviter de neutraliser l'effet recherché. Les contradictions que vous affichez, les affirmations que vous répétez, les chansons que vous écoutez et fredonnez, les lectures que vous choisissez, les actions que vous faites, les réactions que vous produisez, les attitudes que vous adoptez et surtout le langage que vous utilisez doivent conjointement témoigner de l'orientation que vous choisissez.

Votre unihipili cherche à vous faire plaisir comme un petit enfant cherche à plaire à ses parents. Devant des incohérences, ne sachant trop à quoi adhérer, il fait de son mieux! Si vous adoptez sans cesse des expressions telles que « c'est l'enfer », ne vous surprenez pas du résultat. Si vous choisissez toujours des films violents, examinez la place de l'agression sous toutes ses formes dans votre vie. Si vous écoutez fréquemment des chansons tristes ou défaitistes, observez vos émotions et vos réactions aux événements.

Personnellement, ayant le goût du risque, j'avais l'habitude inconsciente de m'identifier comme casse-cou. Une amie m'a fait remarquer le lien avec les deux hernies discales au cou qui me donnaient souvent l'impression d'avoir le cou cassé! Dès que nous prenons conscience du vocabulaire que nous empruntons, et c'est bon de nous faire aider par nos proches pour y arriver, nous annulons cette pensée en poussant notre bouton de commande imaginaire EFFACER tel qu'illustré au point suivant.

Tous vos choix répétés consciemment ou non ont contribué à installer des mémoires indésirables. C'est donc avec la conscience de vos pensées de chaque instant que vous installerez votre nouvelle programmation par la répétition.

6. Votre subconscient est de nature psychique.

Il reçoit constamment des impressions par l'entremise de ses cinq sens et les emmagasine dans sa mémoire. Tout, mais absolument tout ce qui a été perçu par votre *uni* est enregistré. Que ce soit directement, à la télévision, aux nouvelles, sur Internet, dans une chanson, au cours d'une lecture, au sein d'une foule, dans une conversation captée à votre insu, dans l'autobus ou dans le ventre de votre mère, tout ce qui a été porté à l'attention de votre subconscient est classé par votre « enfant » selon l'importance qu'il y accorde. Votre subconscient, par sa nature sensible et impressionnable, enregistre d'abord l'émotion, puis l'image et enfin les paroles entendues. Quand la charge émotive d'un événement extérieur est familière, il peut réagir comme si ça lui appartenait. Ses pensées et ses croyances sont donc nourries en permanence par ce qu'il laisse entrer. C'est ainsi qu'il héberge des mémoires empruntées.

En ce qui concerne le passé, vous êtes en mesure de faire un nettoyage selon des techniques que j'expliquerai dans la quatrième partie. À partir de maintenant, je vous suggère plutôt de prendre le temps de cerner l'importance de vos choix courants. Faites l'inventaire de ce qui occupe régulièrement votre esprit. Notez le temps que vous y accordez. De quoi nourrissez-vous votre esprit? Qui fréquentez-vous? Quels types de conversations entretenez-vous? Quels sont vos choix de films, d'émissions, de lectures, de chansons? En tout temps, l'objet de votre attention est un bon indicateur de ce qui tend à se développer dans votre vie parce que votre unihipili interprète tous vos choix comme des désirs. Faites un tri. Vous y gagnerez.

Si, toutefois, vous êtes consciemment témoin de peurs, de mensonges, d'agressions, de paroles négatives ou de tout autre message indésirable, vous pouvez désormais empêcher votre subconscient de les enregistrer.

Voici comment j'ai fait pour intensifier mes programmations. Cela pourrait simplement vous inspirer pour créer vos codes abrégés de communication.

Considérant que mon subconscient fonctionne comme un ordinateur, j'ai pris en mains ma programmation. Certains boutons lui sont très familiers, dont ENTRER et SUPPRIMER. En toutes circonstances, j'emprunte ce code connu en pensant mentalement au bon bouton, appuyant sur lui parfois par un geste discret en faisant le choix des messages que je laisse entrer. La première fois, je prends la peine de clarifier mon code. Mon subconscient ne faisant pas la différence entre la fiction et la réalité, il suivra mes directives sans s'interroger.

La consigne est expliquée une fois, mais peut être répétée au besoin. Dans n'importe quel contexte où j'intègre volontairement des messages bénéfiques, je peux choisir d'intensifier puissamment une programmation. Par exemple, quand j'assiste à une conférence fort intéressante, j'appuie mentalement sur ENTRER pour lui signifier que cette mémoire est importante pour moi. S'il y a un dérapage de quelques minutes, dans la façon d'aborder une quelconque réalité, j'appuie sur mon bouton EFFACER imaginaire pendant toute la durée de la séquence à éliminer. Cette procédure est applicable dans de nombreuses circonstances.

Votre uhane peut entraîner votre unihipili à retrouver ou à développer des habiletés psychiques en vue d'accéder à un grand répertoire d'information. L'initiation à la radiesthésie en est un exemple que je développe au dernier chapitre de ce volume. De nombreux auteurs, comme Barbara Ann Brennan avec *Le pouvoir bénéfique des mains*, offrent d'autres excellentes stratégies pour exploiter une multitude de dons qui ne demandent qu'à émerger. Choisissez de développer ce qui vous attire le plus si vous désirez motiver votre *uni*. Là encore, je vous conseille de prendre le temps d'établir une excellente collaboration avec votre enfant intérieur, de noter ses progrès et de l'encourager avec amour, patience et persévérance au cours de son entraînement. Combien de temps vous a-t-il fallu pour apprendre à marcher ? Avez-vous fait des chutes ? Vous êtes-vous relevé ? S'il avait fallu que les bébés se jugent et se découragent aux premiers essais, il n'y aurait pas beaucoup d'humains capables de se tenir debout. Tout apprentissage exige que l'on y accorde temps et énergie.

7. Votre subconscient est sujet aux suggestions d'ordre hypnotique.

Il a été programmé intensivement de l'extérieur pendant votre tendre enfance, à l'âge où l'enfant est très perméable aux formes-pensées qui circulent dans son environnement. À cette époque, vous avez enregistré de nombreuses scènes qui se sont jouées devant vous. À votre insu, les personnes qui ont fait partie de vos milieux de vie (les membres de votre famille, de votre milieu de garde, vos amis) ont eu une influence marquante sur vos pensées et sur vos croyances. Plus tard, les messages véhiculés par les médias, la société, les gouvernements, les églises, etc., ont continué de vous imprégner. C'est en partie ce qui est à l'origine de certains comportements inexplicables comme des peurs, des phobies, des limitations ou des aversions qui guident vos réactions de tous les jours malgré votre désaccord. C'est relié au fait que le jeune enfant, contrairement à l'adulte, se trouve plus souvent dans l'état de conscience des ondes alpha, celles du cerveau favorables à la programmation.

En vieillissant, les ondes alpha s'activent plus spécifiquement dans la phase transitoire de détente qui précède le sommeil ou encore l'éveil. C'est un moment de choix pour amorcer de nouvelles programmations. On peut aussi atteindre cet état consciemment par le yoga comme par la respiration Ha mentionnée au deuxième chapitre.

Par ailleurs, si vous décidez de transformer les données de votre « programme » pour orienter différemment votre vie, cela implique que vous irez chercher la collaboration de votre unihipili. Celui-ci jouera un rôle primordial dans l'impression de nouvelles formes-pensées par des approches telles que l'hypnose, l'autohypnose, les affirmations, etc.

8. Votre subconscient confond facilement le réel et l'imaginaire.

Pour capter son attention, privilégiez les effets de surprise, de nouveauté et d'originalité. Il est prêt à croire tout ce que vous lui dites, surtout si vous vous montrez persuasif. J'en ai fait l'expérience en mars 1993, au moment où je me suis improvisé un placebo en situation d'urgence.

Au volant de ma voiture, sur l'autoroute 15, je me mis à faiblir dangereusement. L'hypoglycémie qui n'était pas encore guérie faisait des siennes et je n'avais absolument rien à me mettre sous la dent. Me garant sur le côté, je savais que je devais faire appel à la collaboration de mon subconscient pour régler la situation. Tenant compte du fait que celui-ci, tel un jeune enfant, ne faisait pas la différence entre la réalité et la fiction, j'ai décidé de « jouer au docteur ». L'inspiration m'est venue de lui faire une prescription et de l'appliquer d'urgence. Vite, je tirai de mon sac à main un crayon et saisis un agenda vierge. J'en fis mon livret de prescriptions en vue de l'impressionner.

À la recherche d'effets susceptibles de saisir mon subconscient, j'ai accueilli les images saugrenues qui m'inspiraient. Tout s'est passé à la vitesse de l'éclair. J'ai associé diabète et injection, médicament et bonbon puis j'ai pensé à intégrer la lumière, énergie puissante ! Je me suis dit que ça prenait une ordonnance et j'ai commencé à inscrire des données en écrivant aussi vite qu'un médecin :

Injection de lumière rose marbrée ayant les propriétés suivantes :

- *équilibrer le taux de sucre dans le sang;*
- *donner l'énergie requise sur-le-champ.*

J'ai aussitôt informé mon subconscient de la prescription reçue du médecin en cas d'urgence, en précisant que ça fonctionne instantanément. J'ai fait semblant de prendre une seringue dans mon sac. Puis, j'ai imité tous les gestes de circonstance en me pinçant le bras pour qu'il ressente la faible douleur de l'aiguille tout en sachant qu'il réagirait positivement aux jolis coloris de l'injection. À ma grande stupéfaction, j'ai immédiatement retrouvé mes pleines capacités de vigilance sur la route. Je venais de découvrir une belle voie de collaboration avec mon subconscient !

Cela n'est pas une recette, mais une source d'inspiration à adapter selon votre imagination et vos croyances, dans une situation d'urgence. Le succès d'une telle procédure repose sur la relation établie avec votre subconscient et sur vos succès antérieurs qui renforceront votre foi dans les résultats attendus.

9. Votre subconscient s'improvise comme étant « votre conscience ».

Il agit et réagit en accord avec les mémoires, les croyances, les idées et la morale qui ont été programmées. Votre petit unihipili a capté sans discernement les messages portés à son attention, que cela lui appartienne ou pas, et il n'est pas apte à en juger. Ne faisant aucun tri, il baigne parfois dans un état de confusion dont seul vous, esprit conscient guidé par votre supraconscient, pouvez le sortir.

Depuis votre conception, votre subconscient a constamment enregistré les pensées courantes et les convictions qui ont circulé dans votre environnement. Il les a faites siennes à votre insu, élaborant ainsi un référentiel qui vous fait penser et agir. Tant et aussi longtemps que vous êtes resté dans l'inconscience, vous avez imprimé des formes-pensées très souvent contradictoires. Cela est à la source de toutes ces « prières » non exaucées.

Il est primordial d'intervenir sur votre conscience en vue d'établir les bases de vos croyances profondes sous l'éclairage bienveillant de votre aumakua. Selon la ténacité de votre subconscient par rapport à certaines limitations bien ancrées, il faudra parfois effacer votre ancien programme avant de lui en proposer un nouveau. C'est ce que nous explorerons au neuvième chapitre.

10. Votre subconscient est le siège de vos émotions.

Il est à la source de toutes vos émotions. Réagissant comme un enfant, votre unihipili a un grand besoin d'accompagnement de votre part, du fait qu'il doit apprendre à gérer ses émotions. La conscience des déclencheurs vous donnera en tant qu'esprit conscient le privilège de choisir vos réactions dans une situation donnée.

En toutes circonstances, vous avez toujours un choix ultime, celui de votre réaction. Cette transformation s'active par un changement de perspective inspiré par votre Soi divin. Calmez votre subconscient et incitez-le à vous suivre dans cette direction.

Plusieurs stimuli, un contexte, un son, une odeur, une vision, peuvent, en tant que rappels, entraîner des réactions des plus inattendues. Unihipili peut vous amener à verser des larmes, à manifester des réactions instinctives, à ressentir une puissante attraction, etc. Il vous apporte ainsi de l'information sur vos émotions profondément enfouies. Remerciez-le.

Votre subconscient héberge votre ego, l'ego apparaissant comme la partie sombre de vous-même demandant à être reconnue pour mieux diriger vos interventions. Le ressentiment, la peur, la culpabilité, l'envie et la colère tout comme la joie, l'enthousiasme, l'excitation, l'engouement et le désir sont des émotions de votre esprit subconscient. Selon l'état de mal-être ou de bien-être qu'elles produisent, vous inviterez votre petit *uni* à les transformer ou encore à les amplifier. Les réactions négatives sont activées par des événements non réglés de votre passé qui prouvent que des résidus émotionnels persistent. Il vous appartient de les nettoyer.

Votre subconscient exprime ses souffrances ou ses blessures de différentes façons. Souvent, craignant d'affronter la réalité, il se retire dans la négation et érige un puissant système de défense. À d'autres occasions, se sentant menacé dans sa survie, il se met en position d'attaque, alimentant sans cesse des conflits. Il lui arrive aussi de se dévaloriser, de se rejeter et d'adopter des comportements qui vont attirer l'abandon.

En vous reliant avec ouverture aux motivations profondes qui vous font réagir d'une façon inadaptée, vous serez éclairé sur les mémoires erronées qui ont orienté votre parcours de vie. Si vous souhaitez sincèrement modifier votre trajectoire, votre aumakua vous proposera des événements-chocs susceptibles de vous réveiller. Remerciez-le de vous aider à reconnaître le fil conducteur des schémas répétitifs qui ont jalonné votre vie. Dans les mêmes circonstances, vous avez maintenant le pouvoir de choisir avec discernement une réaction éclairée et libératrice.

Soyez attentif, car unihipili vous parle souvent à l'aide de codes ou de symboles. Il peut même vous attaquer psychiquement ou physiquement pour signaler son besoin d'aide. Il s'exprimera à travers une dépression, une maladie ou encore un accident. La force de mes résistances a attiré toute une foule de manifestations de cet ordre dans ma vie. C'est ce qui m'a finalement amenée à m'interroger, à chercher les causes du déséquilibre en moi et à me libérer avec détermination.

11. Votre subconscient ne dort jamais.

Il est toujours éveillé même lorsque vous êtes sous anesthésie ou dans le coma. J'en ai fait l'expérience auprès d'une femme qui était dans le coma. Ses visiteurs croyaient qu'elle ne pouvait nous entendre et discutaient de sujets variés à son chevet, supposant qu'elle n'entendait rien. Je me penchai donc vers elle et mis mon doigt dans sa main et lui demandai de le serrer si elle m'entendait. Ravie de sentir la pression de sa main, j'ai invité ses proches à en faire l'expérience. Elle n'était désormais plus seule.

Cette idée m'était venue en repensant à ce que je me rappelle avoir vécu lors de mon hospitalisation à l'Hôtel-Dieu de Montréal pour une sixième méningite. Alitée sur une civière, à l'urgence, je me sentais partir. L'intensité de la douleur était la plus forte que j'avais expérimentée. J'avais l'impression que si je respirais trop fort, mon thorax épais comme du papier de soie allait déchirer. Les yeux fermés, je sentais la présence de mon petit frère, de mon père et de ma mère à mes côtés. Puis, je me suis délivrée de la souffrance, prenant de l'expansion sous une autre forme. Je sortais tout doucement de mon enveloppe corporelle par le haut de la tête et m'élevais au-dessus de mon corps inerte, voyant, entendant et surtout ressentant les émotions de mes proches. J'ai tenté en vain de les apaiser pour leur dire à quel point je me sentais bien maintenant. C'était peine perdue ! Si nous avions pu communiquer à l'aide d'un code entendu, comme je l'ai fait avec la personne dans le coma, ils auraient pu me poser des questions et savoir que tout était tellement extraordinaire ! J'ai tout de même continué mon ascension en les observant, impuissante, quittant le monde physique vers la lumière pour ensuite revenir sur la terre et terminer ma vie.

Je n'avais que 28 ans. Une vie riche d'expériences des plus variées faisait partie de mon plan de vie. Allez, hop ! J'ai continué.

12. Votre subconscient est le gardien de votre corps.

Il détient le plein contrôle de toutes les fonctions de votre corps à l'exception de vos muscles volontaires qui relèvent de l'intervention de votre conscient. Il a la capacité de vous guérir comme de vous rendre malade, selon sa programmation. Il utilise souvent le véhicule du corps pour s'exprimer. Lorsque vous avez bien saisi les messages que l'on veut vous faire comprendre, vous avez le pouvoir d'influencer et de diriger adéquatement votre subconscient. Vous pouvez le ramener à l'équilibre.

Le pouvoir de guérison vous appartient dès que vous vous engagez activement dans votre propre libération.

Avancez avec foi, entraînant votre subconscient et laissant agir votre Soi divin. Fini les résistances, les tiraillements et les désordres ! Soyez à l'écoute de votre intuition et vous saurez comment cheminer. Des exemples de requêtes au septième chapitre sont susceptibles de vous éclairer. Vous êtes invité à passer de la dualité à l'unité, à concentrer toutes vos énergies vers un objectif commun avec détermination. Ainsi, vos trois plans de conscience s'harmoniseront vers une même finalité liée à votre santé. Ils manifesteront vos formes-pensées dans votre corps, dans votre vie !

13. Votre subconscient agit comme messager entre votre conscient, uhane, et votre Soi divin, aumakua.

Il possède la capacité de joindre votre supraconscient par l'entremise du cordon aka, aussi appelé « corde d'argent ». L'énergie mana et les requêtes acheminées à votre aumakua nécessitent toujours sa collaboration. Vous devez prioritairement aller chercher son accord pour accéder à votre Soi divin, d'où l'importance de le calmer, de le rassurer et même de nettoyer ses pensées et ses croyances selon la nature des entretiens souhaités.

Tableau 4
Votre esprit subconscient

1. Votre subconscient est l'esprit le moins évolué du trio qui vous identifie.
2. Votre subconscient est incapable de raisonner logiquement.
3. Votre subconscient enregistre constamment vos mémoires.
4. Votre subconscient vit dans le moment présent.
5. Votre subconscient apprend par la répétition.
6. Votre subconscient est de nature psychique.
7. Votre subconscient est sujet aux suggestions d'ordre hypnotique.
8. Votre subconscient confond facilement le réel et l'imaginaire.
9. Votre subconscient s'improvise comme étant « votre conscience ».
10. Votre subconscient est le siège de vos émotions.
11. Votre subconscient ne dort jamais.
12. Votre subconscient est le gardien de votre corps.
13. Votre subconscient agit comme messager entre votre conscient, uhane, et votre Soi divin, aumakua.

L'énergie mana, l'énergie de base

La force vitale reconnue par les kahunas a trois niveaux de puissance équivalant à trois voltages différents. Unihipili, votre subconscient, prend en charge toute la gestion de votre énergie, à moins que vous n'interveniez consciemment pour l'orienter selon votre volonté. Il construit l'énergie mana de base et la transforme en ce qui concerne le voltage pour l'utilisation de chacun de vos trois plans de conscience.

Il utilise votre énergie vitale d'abord pour vous maintenir en vie puis emmagasine sa réserve de mana dans son propre corps éthérique en attendant que celle-ci soit utilisée par votre uhane sous forme de « mana-mana[13] » ou par votre aumakua sous forme de « mana loa[14] », comme nous le verrons plus loin.

Lorsque votre esprit conscient nécessite un apport d'énergie pour approfondir une réflexion, par exemple, votre subconscient partage et ajuste son énergie en mana-mana automatiquement.

L'énergie mana circule constamment entre les gens. Si vous n'êtes pas vigilant, vous pouvez vivre des fluctuations importantes de votre énergie dans vos interactions avec les autres. C'est ce qui se produit lorsque, mené par vos émotions et vos croyances, vous êtes en réaction à des événements ou à des personnes. Dans *La prophétie des Andes*, James Redfield et Carol Adrienne offrent des exemples éloquents de ces mouvements d'énergie lors de conflits humains.

On peut implanter le mana de bas voltage dans des matériaux poreux à l'aide de formes-pensées comme la protection, l'amour, la guérison. Il est amusant de constater qu'à Hawaï, les kahunas aidés de femmes entraînées à cette tâche se tenaient derrière les combattants pour charger en énergie mana les bâtons qui servaient d'armes défensives. Quand ceux-ci touchaient leurs assaillants, ces derniers s'effondraient sans connaissance, neutralisés par la charge d'énergie (Glover, 1983, p. 15). Les aborigènes d'Australie avaient une pratique semblable sous la forme de boomerangs qui revenaient au lanceur après avoir frappé l'adversaire (Long, 1958, p. 15).

D'après les expériences de Max Freedom Long, il semble que certains bois, la pierre, le papier et différents tissus sont propres à retenir l'énergie pour un certain temps. Celui-ci avance également que l'apport d'énergie mana à la nourriture retarde son

13. Mot hawaïen qui signifie « subdivision, embranchement de la force vitale ».

14. Mot hawaïen qui signifie « force vitale la plus puissante ».

vieillissement tandis que l'eau en est revitalisée (Long, 1948, p. 70 et 99).

Le corps éthérique kino-aka de votre subconscient

La substance aka

Votre subconscient emmagasine le mana, votre énergie vitale, dans son kino-aka, son propre corps éthérique formé d'une substance que l'on identifie en hawaïen comme la substance aka. Ce corps se moule parfaitement à votre corps physique. Unihipili possède le contrôle entier de la substance aka, qui forme le corps éthérique particulier de chacun de vos autres plans de conscience.

Selon Edgar Cayce, la masse du corps éthérique est de trois grammes. Ce corps d'énergie entoure et imprègne chaque cellule, tissu, muscle, organe et fluide de votre corps physique. Tout en occupant l'intérieur de celui-ci, il a aussi la capacité de se glisser à l'extérieur de votre enveloppe corporelle comme dans un voyage astral. Dans ce dernier cas, c'est le corps éthérique du subconscient qui se déplace, tandis que le corps physique se repose au lieu de départ.

Très dense et fortement adhérente, la substance aka s'accroche à tout ce qu'elle joint et l'enregistre en mémoire. Plusieurs expériences de perceptions extrasensorielles sont fondées sur l'utilisation de la substance aka. Les cinq sens étant reproduits dans le corps éthérique de votre subconscient, celui-ci a la possibilité de s'en servir pour de multiples fonctions comme pour émettre et recevoir en télépathie, pour faire un voyage astral, pour faire circuler des formes-pensées, pour fixer des mémoires ou encore pour se rappeler les souvenirs.

En télékinésie, la substance aka pourra être étendue comme une tige pour déplacer des objets. Dans les cas de matérialisation spontanée, les médiums se servent de cette même substance, communément connue sous le nom d'« ectoplasme ».

Lors d'expériences de mort imminente ou de régression tout comme dans un voyage astral, votre cordon aka maintient le lien avec votre corps physique. Vous êtes ainsi en mesure d'y revenir aisément.

Les circuits de communication

Depuis toujours, votre subconscient enregistre constamment et sans filtre toutes les pensées et les stimuli qui se présentent. Il les classe à mesure dans votre « disque dur » à l'intérieur de la substance aka de votre cerveau.

« À chaque pensée qui surgit se rallient de nouvelles pensées et d'autres encore, en relation avec ces dernières. Celles-ci se structurent en grappes que l'on appelle des "formes-pensées" » (Long, 1948, p. 128).

C'est à partir de la matière aka que votre subconscient fabrique des formes-pensées et des fils de liaison. Ceux-ci étant comparables à des fils électriques le long desquels voyagent les formes-pensées et les perceptions, c'est le long de ces fils que le contact entre deux personnes s'établit. Avec votre capacité à établir des liens par le fil aka, vous faites partie d'un réseau inimaginable qui se développe à l'infini. Votre subconscient sait comment joindre une personne, un lieu, une réalité, et ce, sans égard aux limites de l'espace ou du temps. En télépathie, votre pensée suit instantanément le bon circuit pour joindre la personne visée. Votre subconscient localisera son interlocuteur où qu'il soit plus facilement qu'on ne le fait avec un cellulaire ou avec le réseau de communication Internet puisqu'il n'a pas besoin d'antennes ou de satellites.

L'énergie mana sert à faciliter la transmission de toutes vos formes-pensées qui empruntent essentiellement deux circuits de communication :

1. Un circuit intrapersonnel par l'entremise du cordon aka, souvent appelé « corde d'argent », qui relie vos trois plans de conscience, unihipili, uhane et aumakua. Ce circuit a été clairement illustré au troisième chapitre.
2. Un circuit interrelationnel vers le cosmos, vers l'environnement humain, animal, physique. Votre subconscient navigue aisément dans l'espace et dans le temps. Il dirige le mana le long des fils aka, qui transportent aussi les formes-pensées. Cette immense toile permet de tout capter.

Ce constat vous montre qu'un lien unit finalement tous les humains entre eux.

Cessez de voir les autres comme des étrangers puisque vous êtes issu de la même Source. Cessez de percevoir votre environnement comme extérieur à vous. Nous évoluons dans un monde de relations où ensemble nous ne formons qu'un. Les parties sont indissociables du tout. La séparation et la compétition provoquent le déséquilibre tandis que l'unité rétablit l'harmonie. Pour avoir un impact sur le tout, chaque personne n'a qu'à agir sur elle-même, sur ses propres formes-pensées orientées vers l'unité entre ses plans de conscience.

Chapitre 5

Uhane, votre esprit conscient (ou-ha-né)

La nature de votre uhane

Votre uhane renvoie à votre partie adulte, consciente, apte à raisonner et à prendre des décisions. Il représente la partie intermédiaire de votre Soi qui, se laissant imprégner par la sagesse de votre supraconscient, voit à faire évoluer votre subconscient. Sur la statuette retrouvée en Nouvelle-Zélande, uhane occupe naturellement la partie centrale et se présente avec un visage humain dont les bras et les jambes entourent parfois le cou de son unihipili. Voici donc cinq caractéristiques du conscient :

1. **Votre conscient reflète votre conditionnement passé et présent.**

Puisque votre subconscient capte vos pensées et vos croyances depuis toujours et que votre vie témoigne de celles-ci, vous devez sans cesse affronter le résultat de cette programmation. Pour bien cerner ce qui s'est imprimé dans votre conscience, soyez à l'écoute de vous-même. Attardez-vous aux mots que vous avez utilisés en écrivant spontanément. Écoutez-vous parler, soyez attentif à votre vocabulaire et à vos expressions familières. Regardez-vous agir comme un spectateur de votre vie et observez plus objectivement vos interactions avec les autres. Ce sont toutes des invitations à prendre du recul pour percevoir vos expériences passées sous un autre angle. Avez-vous une petite idée de ce que vous entretenez ?

Si vous avez développé cette ouverture de conscience pour vous-même, avez-vous pensé à inviter vos enfants à cheminer dans le même sens ? Ils sont prêts à le faire dès qu'ils démontrent une aptitude à réfléchir objectivement à leur propre comportement. Si j'étais encore enseignante au primaire, j'aurais une grande motivation à intervenir auprès de mes élèves pour développer cette conscience. Les enfants sont aptes à considérer la nature de leurs échanges avec les autres pour les assainir. Bien guidés, ils prendront du recul et remettront en question leur façon de réagir dans différents contextes en vue de se sentir mieux. Ils seront éveillés plus tôt à considérer ce qu'ils impriment comme message et à remettre en question les croyances qui les poussent à agir. Ils feront des choix conscients. C'est un beau cadeau de croissance à leur faire, à la maison comme à l'école.

Mon ami Denis a saisi l'occasion d'initier sa fille à la démarche d'introspection dès son plus jeune âge. Quand Adèle vivait des conflits, il lui suggérait de considérer sa classe comme une pièce de théâtre et de regarder les autres comme des acteurs. Étaient-ils prévisibles ? Étaient-ils fidèles à leur rôle ? Quelles stratégies utilisaient-ils pour entrer en contact avec elle ? Qu'est-ce qui la faisait réagir ? Pourquoi ? Est-ce que ça lui faisait du bien ? Aurait-elle pu réagir autrement ? Tout ce questionnement avait comme finalité de la conscientiser par rapport à son conditionnement habituel, afin qu'elle réalise qu'elle avait toujours le choix de sa réaction. Elle en est venue à lui raconter spontanément ses journées, au retour de l'école, en lui disant, avant qu'il intervienne : « Il s'est passé cela, j'ai réagi de telle façon, j'aurais dû choisir de réagir comme cela, je me serais sentie mieux. » Les enfants sont en mesure d'observer les réactions susceptibles de nourrir les conflits et les attitudes qui contribuent au vol d'énergie. Chacun peut expérimenter qu'en gérant ses émotions et en modifiant son rôle seulement, il est susceptible d'entraîner un nouvel impact sur le plan du scénario anticipé. Ainsi, nos jeunes se responsabilisent – et non se culpabilisent – dans les expériences qu'ils attirent. Ça n'exclut pas les chutes d'énergie dans certains contextes plus difficiles, mais ça permet de comprendre comment on a contribué aux scénarios qui se présentent et de décider comment on veut agir pour transformer un déroulement prévisible.

2. L'imagination et la visualisation sont du ressort de votre conscient.

C'est à votre esprit conscient qu'il appartient de stimuler votre imagination pour visualiser le futur que vous projetez. Clarifiez l'objectif que vous visez et faites l'inventaire de tout ce qui impressionne normalement votre unihipili. Votre enfant intérieur est fort malléable. Vous devez tout mettre en œuvre pour le faire adhérer à la visualisation que vous choisissez. Agissez à partir d'images pour soutenir votre projection et surtout à partir d'émotions positives que vous pouvez produire à volonté et amplifier tout comme le font les comédiens. Vous êtes l'artiste de votre vie. Soyez imaginatif et convaincant pour engager votre subconscient dans la création de votre futur. Enfin, restez toujours cohérent dans vos choix. C'est ainsi que vous concentrez son attention.

De concert avec d'autres membres d'un groupe d'appartenance, vous pouvez visualiser un projet qui vous tient à cœur. Quand les personnes qui composent une société décident de concrétiser leurs rêves et expriment un désir sincère de sortir de vieux schèmes de pensée en activant leur créativité et en intensifiant leur foi dans un monde meilleur, on assiste à des revirements spectaculaires. Soyez positivement contagieux !

3. Le discernement entre le bien et le mal relève de votre esprit conscient qui a le pouvoir d'exercer son libre arbitre.

La capacité de réflexion du conscient est nettement supérieure à celle du subconscient. Devant un choix à exercer, mobilisez votre attention et prenez vraiment le temps d'observer ce qui se passe en vous et autour de vous. Demandez l'aide de votre aumakua pour décoder les signes que l'on vous envoie, les mettre en relation, discerner ce qui vous convient et faire des choix. C'est à vous de le faire. Votre conscient prendra librement ses décisions à partir de l'observation, de l'analyse, de la logique, du raisonnement, etc., capacités qui lui sont propres, ou encore en se fiant sur son senti et en se laissant guider par son intuition, son supraconscient.

Une bonne décision n'est pas toujours celle qui vous met à l'abri de toute difficulté, mais celle qui est susceptible de vous faire grandir et de vous donner confiance dans vos ressources. Quand vous osez prendre le risque d'avancer dans la bonne direction, celle qui vous libère de limitations, c'est un mouvement décidé par votre esprit conscient qui accepte de plein gré l'inspiration. La volonté et l'engagement à agir de même que le choix de suivre les messages divins relèvent essentiellement de votre uhane.

Prenez les moyens de discerner ce qui est bon pour vous. Pensez à maintenir l'unité entre vos plans de conscience. Il ne tient qu'à vous, esprit conscient, d'apaiser votre unihipili, de rechercher l'inspiration auprès de votre aumakua et de vous laisser guider avec confiance. Mettez-vous en état de réceptivité par la respiration Ha, par des exercices de yoga ou encore par la méditation en vue d'être lucide et éclairé.

Vous êtes responsable de votre évolution.

4. **Votre esprit conscient a des convictions qui lui sont propres.**

Elles ne sont pas nécessairement partagées par chacun des plans de conscience qui forme votre trinité. Vous est-il déjà arrivé de sentir le tiraillement entre votre subconscient qui vous freine avec ses résistances, votre conscient qui cherche une réponse logique à une situation et votre supraconscient qui vous guide vers le lâcher-prise? C'est un état de confusion qui vous enlise. Dans un tel cas, il y a des actions à entreprendre.

La première vous invite à vous détendre en vue d'interroger votre subconscient sur ses croyances et ses émotions. Il est important de maintenir une communication avec lui et de chercher à le comprendre avec compassion pour le faire évoluer. En fermant les yeux, allez en profondeur explorer vos émotions à l'évocation d'un mot, d'un message, d'une visualisation, d'une chanson. Vous trouverez des pistes pour faire monter l'information que vous cherchez. Prenez un crayon et écrivez sans filtre tout ce qui monte. Après quelques pages, votre subconscient se révélera.

Votre conscient doit se ressaisir par rapport aux débordements d'émotions de votre enfant intérieur. Utilisez votre pouvoir pour calmer et rassurer votre subconscient. Invitez-le à ressentir un état d'âme fort agréable en lui décrivant l'effet que vous recherchez. Mettez votre créativité à l'œuvre. Ce rôle d'influence est extrêmement important. Votre conscient a le pouvoir de transformer les perceptions de votre unihipili.

Ensuite, invitez votre petit *uni* à s'ouvrir à la guidance de votre supraconscient, lui expliquant que cela va lui faire tellement de bien. Faites-lui des rappels réguliers sur votre priorité qui est de maintenir le contact avec votre aumakua, source de lumière.

Puis, laissez-vous guider en étant attentif aux signes. Les réponses se présenteront sous les formes les plus variées.

5. Votre conscient doit s'assurer de la collaboration de votre subconscient pour joindre ou fixer des mémoires.

Tout le volet de la mémoire est un processus automatique dont s'occupe constamment votre subconscient. Votre conscient ne peut mémoriser quoi que ce soit de lui-même. Il a absolument besoin de la collaboration de votre subconscient, d'où l'importance d'établir une bonne complicité entre eux. Dès lors, vous pouvez exercer consciemment une influence sur ce que vous acceptez ou rejetez comme programmation.

Il existe plusieurs avenues pour faciliter l'accès de votre esprit conscient non seulement à vos mémoires, mais aussi aux croyances qui tendaient à les cristalliser. Cette compréhension nouvelle vous permettra de mieux cibler vos interventions conscientes avant d'enclencher un processus de changement. À vous de trouver l'accès qui vous convient. Pour ma part, c'est entre autres avec le pendule que j'ai pu aller chercher des nuances d'intensité qui m'ont permis de saisir certaines subtilités fort intéressantes.

6. Le rôle majeur de votre uhane consiste à élever les vibrations de votre unihipili afin de le faire graduer vers le prochain niveau de conscience.

La maturité de votre esprit conscient, comparable à celle d'un adulte, lui confère un rôle de guide auprès de votre subconscient. Comme votre aumakua auprès de vous, vous jouez un rôle parental déterminant en guidant votre unihipili. En étant attentif à ses réactions, aux messages qu'il essaie de vous transmettre, vous serez en mesure de le soutenir à travers les expériences que vous vivez. Vous devez donc démontrer un amour inconditionnel envers votre subconscient, être patient, reconnaître ses progrès et l'en féliciter. Comme nous l'avons vu avec le processus d'évolution des plans de conscience, au troisième chapitre, vous avez la mission de faire « graduer » votre unihipili, de le préparer à devenir uhane éventuellement.

Vous y arriverez graduellement par une présence à ce qui se passe en vous. Conscient des pensées et des émotions produites par votre *uni*, vous lui rappellerez régulièrement de les ajuster divinement, message qu'il saisit parfaitement. Ces interventions contribuent à maintenir l'unité entre vos plans de conscience. Vous cesserez alors d'être divisé entre les résistances de votre subconscient et les messages de votre Soi divin. Cette évolution s'accélère dès que se manifestent des bénéfices tangibles. Vous n'avez tout simplement qu'à commencer l'expérience et vous voudrez vous investir de plus en plus dans la relation consciente avec votre petit *uni*. Prenez le temps. Inspirez-vous des messages de votre supraconscient et adoptez la pédagogie prônée à l'égard de la petite enfance pour ajuster vos interventions parentales avec amour et patience.

Tableau 5
Votre esprit conscient

1. Votre uhane reflète votre conditionnement passé et présent.
2. L'imagination et la visualisation sont du ressort de votre conscient.
3. Le discernement entre le bien et le mal relève de votre esprit conscient qui a le pouvoir d'exercer son libre arbitre.
4. Votre esprit conscient a des convictions qui lui sont propres.
5. Votre conscient doit s'assurer de la collaboration de votre subconscient pour joindre ou fixer des mémoires.
6. Le rôle majeur de votre uhane consiste à élever les vibrations de votre unihipili afin de le faire graduer vers le prochain niveau de conscience.

L'énergie mana-mana de puissance moyenne

En mesurant le voltage de l'énergie utilisée par votre cerveau comparativement à celle du reste de votre corps, on se rend compte que l'activité cérébrale implique une force vitale plus puissante. Mana-mana, l'énergie utilisée par votre uhane, signifie « se diviser, partager le mana ». Cette force, amplifiée avec la collaboration de votre subconscient, est utilisée par votre esprit conscient essentiellement pour des activités cérébrales en lien avec la pensée et la volonté.

- La collecte d'informations, l'analyse, la compréhension, la réflexion, la résolution de problèmes, la prise de décisions et la planification.
- L'utilisation de votre volonté afin de guider, de diriger et de reprogrammer votre subconscient.

- L'utilisation de votre créativité pour motiver votre subconscient.

Le corps éthérique kino-aka de votre conscient

Votre conscient réside dans son propre corps éthérique, occupant une zone située dans et autour de votre tête. Les corps éthériques du conscient et du subconscient s'interpénètrent dans cet espace. C'est près du centre du troisième œil, aussi connu comme le siège de la conscience, que la communication entre vos trois plans de conscience s'effectue.

Le corps éthérique de votre conscient est beaucoup moins dense que celui de votre subconscient et ne semble pas avoir les mêmes qualités adhérentes pour former des fils. La substance aka qui le forme sert de véhicule pour le transport de l'énergie mana-mana requise par votre cerveau à des fins de réflexion et de volonté.

Chapitre 6

Aumakua, votre esprit supraconscient (a-ou-ma-kou-a)

La nature de votre aumakua

Sur le totem illustrant les trois plans de conscience, votre esprit aumakua trône au sommet de la sculpture. Il est évoqué par l'image d'un homme et d'une femme enlacés dans un même corps muni d'ailes, en référence au niveau d'élévation de votre Soi spirituel ou divin. Certaines particularités permettent de mieux saisir la nature de cet esprit supérieur qui correspond à la présence individualisée de l'être suprême en chaque personne :

1. **Une fusion des polarités masculine et féminine caractérise votre esprit supérieur, aumakua.**

Votre supraconscient, symbole androgyne, consiste en deux énergies jointes dans une union parfaite. Il apparaît comme un seul être incarnant l'essence divine des deux pôles qui s'unissent. Les Hawaïens y voyaient le symbole de « parents aimants totalement dignes de confiance », un indicateur de la relation qui unit le supraconscient aux autres niveaux de conscience.

2. C'est sur le plan de votre aumakua que s'établit le contact avec le Créateur et les plans supérieurs.

Vous n'avez jamais besoin de rechercher à qui vous adresser pour obtenir un appui puisque votre supraconscient se réfère lui-même aux sources les plus adaptées en réponse à vos demandes. Il le fait de façon automatique à moins que vous ne manifestiez le désir conscient de joindre telle ou telle énergie dans les plans supérieurs. Dans un tel cas, à la demande de votre uhane, il établit le contact souhaité.

En fait, en assainissant la relation avec votre petit unihipili pour vous laisser guider en permanence par votre aumakua, vous ressentirez la force de l'énergie des plans supérieurs. Nul besoin d'y attacher une étiquette de provenance !

3. L'esprit supraconscient joue parfaitement son rôle parental auprès de vous.

Vous aimant de façon inconditionnelle, il vous accompagne avec sagesse et respect en vous inspirant à tout moment dans votre vie quotidienne. Sachant que vous êtes susceptible de grandir à travers vos propres expériences, il n'interfère pas dans vos choix conscients puisque vous avez toujours le libre arbitre. Avant votre incarnation présente, il a décidé de concert avec vous de l'issue de votre cheminement terrestre. Vous avez le choix de la route, mais vous ne pouvez plus remettre en question la destination. Comme il vous connaît mieux que vous ne vous connaissez vous-même, il vous envoie constamment des messages pour vous rappeler votre cap et orienter votre démarche. En développant votre conscience et en étant prêt à prendre des temps d'arrêt dans le calme, vous serez à même de saisir les signes de votre aumakua en réponse à vos questionnements. Les moments de présence à 100 % ouvrent la voie de l'âme.

Votre Soi divin utilise souvent un langage symbolique pour attirer votre attention. Par exemple, il peut se manifester par des synchronicités au travers d'événements particuliers, par différents personnages qui jalonnent votre parcours, à travers vos rêves ou encore « télépathiquement ». Prêtez attention à votre intuition ! Celle-ci est l'expression de votre aumakua, sous la forme d'une inspiration trop rapidement occultée, pour diverses raisons comme le raisonnement du mental ou les émotions de l'enfant en vous. Laissez-vous plutôt guider par les pulsions du cœur, une envie soudaine d'aller quelque part, de voir tel film absolument, d'ouvrir un livre à telle page, d'accueillir un changement de programme. Cela fait partie de l'ouverture, attitude essentielle pour laisser agir l'énergie de votre supraconscient.

4. La mission de votre Soi divin est de vous accompagner dans le processus d'ascension.

Considéré comme votre ange gardien personnel, il vous accompagne en tout temps, vous protège et vous aide à progresser de sorte que vous puissiez élever votre conscience et « graduer » à un plan supérieur.

Comme vous l'avez vu au chapitre trois, dans le contexte d'une théorie basée sur la réincarnation, les trois niveaux de conscience évoluent ensemble. Votre unihipili et votre uhane sont l'objet d'une attention constante de la part de votre aumakua, qui favorise leur progression sur le plan terrestre en leur soumettant des expériences susceptibles de transformer leur vision et de faire émerger leurs forces. La souffrance qui en découle parfois n'est qu'une étape de transformation vous invitant à vous libérer de vos schèmes de pensée limitatifs et désuets. Le sentiment de paix que vous éprouverez dans des circonstances qui autrefois vous faisaient réagir est le baromètre de votre cheminement. Selon les kahunas, lorsque les progrès de votre subconscient et de votre conscient les élèvent à un autre échelon, votre supraconscient gradue à un niveau supérieur, se libérant ainsi du cycle des incarnations sur terre. Il fera désormais partie des «aku aumakua[15]».

5. Votre supraconscient manifeste l'essence divine qui vous habite.

Cette essence est présente dans chaque être et ne demande qu'à émerger. Elle vous guide à chaque instant. Pour la joindre,

15. Mots hawaïens qui signifient « groupe d'esprits plus élevés non incarnés dans un corps physique ».

vous devez nettoyer tout ce qui émane de votre ego et qui vous tire vers le bas.

Il est facile de reconnaître qu'une pensée est inspirée par votre aumakua. L'abondance de sentiments nobles et élevés qui vous habitent lorsque vous suivez l'inspiration qui monte est le signe d'une communion fluide avec votre supraconscient. La profondeur de ces sentiments guide vos actions et vous plonge dans un état de sérénité et de confiance totale. Ce bien-être indescriptible est une manifestation de l'ouverture de votre cœur dans une communion totale avec votre Soi divin. Vous vous en remettez à lui et le laissez agir avec confiance puisqu'il est constamment branché à la Source.

Comment atteindre ce lâcher-prise? Par vos interventions auprès de votre subconscient puisque c'est lui qui met des embûches sur votre parcours. Par exemple, quand vous laissez votre petit *uni* amplifier une angoisse d'anticipation par rapport à un événement à venir, calmez-le en faisant des respirations Ha pour intégrer la confiance. Après avoir inspiré l'énergie divine de confiance, ressentez sa diffusion dans tout votre être. Pour éviter que votre attention ne s'éparpille, vous pouvez répéter intérieurement une affirmation positive en lien avec ce que vous recherchez pendant votre respiration. En même temps, remerciez votre Soi suprême, visualisant que la place se libère afin de vous sentir entièrement habité par l'énergie choisie. Il m'arrive de réitérer ma volonté de m'élever dans une vibration recherchée pendant plusieurs jours avant de briser les résistances de mon unihipili. Par la suite, celui-ci a parfois besoin de rappels moins intenses parce que les expériences qui ont suivi ces rituels ont déjà réussi à le calmer par le passé.

Ainsi, vous vous verrez évoluer en passant de l'émotion produite par votre subconscient au sentiment propre à votre âme. Cela est très tangible avec le concept d'amour. L'amour vécu sur le plan de l'émotion impose ses limites et ses conditions : il est bienfaisant mais fragile, puisqu'il dépend de l'objet d'amour. L'amour véritable vous habite totalement. C'est une énergie qui vous ressource sans dépendance puisque vous êtes apte à la produire sans cesse. Il s'exprime à travers l'amour de soi et l'amour de la vie. En accueillant avec gratitude les occasions de transformation, de croissance et d'expansion qu'elle vous offre, vous joignez les ressources illimitées de votre supraconscient. C'est ainsi que vous atteignez la plénitude, un sentiment de gratitude pure pour ce qui est et qui élève la conscience à un autre niveau. Il arrive de connaître un tel état de façon ponctuelle. Pour le maintenir avec plus de constance, vous devez être vigilant et nettoyer les vibrations basses de votre ego au fur et à mesure.

6. **Votre Soi divin possède le pouvoir d'annuler complètement toute condition présente ou future déjà programmée pour reconstruire une nouvelle réalité.**

Votre supraconscient reçoit toutes vos pensées et vos demandes par voie télépathique. Il est au courant du passé, du présent et de la partie du futur qui a été projetée par les semences de formes-pensées que vous faites circuler. À la suite de votre requête ou de la requête d'une autre personne, il activera son pouvoir illimité de transformation.

Il y a cependant certaines réserves à ce que votre Soi divin accepte de faire. Quand vous intervenez pour quelqu'un d'autre, il est important de vous assurer que votre demande concernant cette personne soit pour votre bien le plus élevé à tous les deux. Vous devez aller chercher l'accord du « poa aumakua[16] », une collaboration des supraconscients concernés.

Il y a aussi des cas où vous devez vous soumettre à ce qui se présente dans votre vie. Votre aumakua vous refusera toujours son assistance pour des interventions susceptibles de blesser ou de causer du tort à quiconque. William Glover nous fait part de ce type de mises en garde: « Vous ne pouvez pas demander à votre supraconscient de forcer quelqu'un à vous aimer ou d'enlever quelque chose à quelqu'un pour vous le donner. Pour qu'un désir soit considéré comme bon pour vous, votre subconscient doit saisir que c'est bon pour toutes les personnes concernées.

16. Mots hawaïens qui signifient : regroupement de supraconscients orienté vers une communion d'énergies extrêmement puissante.

Vous devez toujours considérer l'impact de vos souhaits sur vos proches, vos amis, vos associés... » (Glover, 1983, p. 47)

Tableau 6
Votre esprit supraconscient

1. Une fusion des polarités masculine et féminine caractérise l'esprit aumakua.
2. C'est sur le plan de votre aumakua que s'établit le contact avec le Créateur et les plans supérieurs.
3. L'esprit supraconscient joue parfaitement son rôle parental auprès de vous.
4. La mission de votre Soi divin est de vous accompagner dans le processus d'ascension.
5. Votre supraconscient manifeste l'essence divine qui vous habite.
6. Le Soi divin possède le pouvoir d'annuler complètement toute condition présente ou future déjà programmée pour reconstruire une nouvelle réalité.

Le poa aumakua, regroupement de supraconscients

Quoique chaque aumakua soit d'abord responsable de ses deux autres niveaux de conscience respectifs, il collabore fréquemment avec d'autres supraconscients. Cette alliance se définit comme le poa aumakua dont la mission commune vise la croissance de l'humanité à travers l'expérience. Des groupes d'individus tendent de plus en plus à se former pour accélérer l'élévation dans une communion d'âmes jointes en poa aumakua. Étant à même de concevoir la puissance illimitée du supraconscient de chaque personne, essayez d'imaginer ce que leur collaboration peut accomplir comme changements à l'échelle planétaire. Ensemble, ils sont en mesure de réaliser les choses les plus inattendues !

« Les événements d'envergure mondiale ou nationale sont prévisibles des centaines, voire des milliers d'années à l'avance, tandis que le futur des individus, à cause de la courte durée de chaque vie humaine ne peut être anticipé qu'en termes de mois ou d'années » (Steiger, 1971 p. 67). Un **effort concerté** peut faire basculer complètement une tendance, d'après Max Freedom Long.

Notre futur collectif se dessine donc essentiellement à partir de l'ensemble des pensées récurrentes des personnes de chaque groupe d'appartenance, que ce soit à l'échelle d'une famille, d'une entreprise, d'une ville, d'une province, d'un pays ou de la planète entière. La pensée étant de l'énergie, quand il y a un méli-mélo de pensées incohérentes constituées de peurs comme de désirs communs, les groupes « se font arriver » des événements symptomatiques des contradictions que vivent ses membres.

Une pensée positive partagée dans un but d'élévation peut atteindre une force inimaginable, d'où l'urgence d'établir une cohésion.

René Egli, dans *Le principe LOL²A*, illustre fort bien cette tendance : « Imaginons la chose suivante : une entreprise a mille employés. Chacun de ses employés pense à quelque chose du matin au soir. La nature des pensées de chacun a donc des conséquences déterminantes sur la réussite de cette entreprise. Additionnées, les pensées de tous ces employés représentent un potentiel énergétique énorme. Si l'addition penche vers le positif, des résultats positifs en découlent. Si l'addition penche vers le négatif, là il en découle des résultats négatifs. La direction peut faire ce qu'elle veut, si la majorité des employés pense de manière négative, il n'y a aucune chance de parvenir au succès. Une entreprise peut véritablement être pensée vers le succès ou vers l'échec ; et cela, non seulement à partir des pensées de la direction, mais aussi à partir des pensées de l'ensemble des employés. C'est de la physique pure. Il s'agit de pensées qui tendent à se matérialiser. En définitive, la gestion d'une entreprise n'est rien d'autre qu'une gestion d'énergie » (Egli, 2002, p. 98).

Il en va de même pour tous vos groupes d'appartenance basés sur l'identité, sur les loisirs, sur les études, sur la spiritualité comme sur votre propre vie.

Ainsi, lorsqu'un groupe de gens se donne un objectif commun bien défini, appuyé par des croyances fortes et qu'il maintient sa foi dans ce qu'il recherche, le résultat se manifestera selon la pensée commune. Figurez que cette volonté partagée est soutenue par un apport d'énergie additionnelle mana loa. La puissance des formes-pensées du groupe peut entraîner des résultats époustouflants. Dans un tel contexte, le mouvement est accéléré par l'apport conscient de l'énergie de chaque personne qui s'ajoute. Il semblerait que l'effet est exponentiel. Avec une telle envergure, chaque renfort est d'une extrême importance pour changer le cours des choses.

À ce propos, Michael Talbot relate une expérience menée par la Dre Helen Wambach de San Francisco, qui a recueilli le récit de deux mille cinq cents personnes s'étant projetées dans le futur à des périodes bien spécifiques. L'ensemble des témoignages a permis de répartir les différentes visions du futur en quatre catégories assez nettes :

1. « Un monde stérile et sans joie où la plupart des gens vivaient dans des stations spatiales [...] et se nourrissaient d'aliments de synthèse.
2. « Les *New Age* revenaient avec le sentiment que l'on y vivrait des vies plus sereines et plus près de la nature, en harmonie l'un avec l'autre, se consacrant à l'étude de son propre développement spirituel.
3. « Les *High-Tech City* parlaient d'un triste avenir robotisé où on allait vivre dans des mégapoles souterraines ou protégées par des dômes.
4. « Les survivants de la catastrophe, peut-être nucléaire, qui allait ravager le monde... » (Talbot, 1994, p. 371-373) allaient habiter des villes en ruine, des cavernes ou encore des fermes isolées.

Ces avenirs potentiels sont tout simplement à l'image des formes-pensées que nourrissent ces personnes. Si chaque humain investissait plus de temps à entretenir une vision positive du futur, nous serions en mesure de nous construire un avenir nettement meilleur. Activons-nous à créer notre destin individuel et collectif dans la bonne direction !

Ce qui se dégage du poa aumakua, c'est que la force des pensées concentrées et dirigées de groupes conscients reliés à l'énergie supérieure dépasse largement celle d'un ensemble d'individus qui s'en tiennent à subir l'influence des soubresauts négatifs de leur subconscient.

L'énergie mana loa, une puissance énergétique incommensurable

Votre énergie mana loa est emmagasinée dans le corps éthérique de votre supraconscient. C'est la puissance énergétique qui sert de soutien aux requêtes (voir les septième et huitième chapitres). Votre Soi divin utilisera le mana loa pour désintégrer des conditions présentes indésirables et créera un nouveau moule à partir de la substance aka de son propre corps éthérique. C'est ainsi qu'un nouveau schème de pensées se manifestera concrètement sur le plan physique.

La puissante force du mana loa, capable de fracasser l'atome selon Max Freedom Long, est à la source de ce que certains considèrent comme des miracles : la guérison instantanée, la marche sur le feu, la matérialisation d'objets, le changement de conditions climatiques, etc. Quand cette énergie est amplifiée dans une communion de pensées en poa aumakua, elle provoque des rebondissements époustouflants.

Le corps éthérique kino-aka de votre supraconscient

Le corps éthérique de votre aumakua, le plus subtil des trois corps, se trouve à l'extérieur de votre corps physique. Il est tellement vaste que son centre se situe un peu au-dessus de votre tête. Votre cordon aka, appelé également *« corde d'argent »*, relie le corps éthérique de votre supraconscient au corps éthérique de votre subconscient et à votre corps physique. Souvenez-vous du circuit de communication illustré au troisième chapitre.

Le corps éthérique de votre supraconscient, le moins dense des trois corps associés à vos plans de conscience, est utilisé par votre Soi suprême pour créer votre futur, en moulant et en manifestant de nouvelles réalités liées à votre cheminement.

Tableau 7
La connaissance de l'être incarné

Trois plans de conscience	**SUBCONSCIENT unihipili**	**CONSCIENT uhane**	**SUPRACONSCIENT aumakua**
	-L'enfant intérieur -Besoin d'être guidé, calmé, etc. -Siège de la mémoire (votre ordinateur) - Centre des émotions -Illogique, capte et interprète tout au pied de la lettre -Sensible aux suggestions, très influençable -Contrôle toutes les fonctions du corps -Relié aux cinq sens -Dirige l'énergie mana -Fabrique et gère les fils aka et les formes-pensées	-L'esprit rationnel -Guide et motive le subconscient -Aucune mémoire (doit se référer au subconscient) -Entraîne les pensées conscientes et réfléchies basées sur l'analyse et la raison -Peut programmer le subconscient à partir de stratégies conscientes (par exemple, imagination dirigée) -Possède le libre arbitre et la volonté et est responsable de ses choix -Force de volonté	-La conscience divine -Guide le conscient -Vision élevée du passé, du présent et de la partie du futur déjà cristallisée -Accompagne l'être dans sa réalisation de vie -L'intuition -Collabore avec d'autres superconscients pour des interventions à plus grande échelle (poa aumakua) -Votre contact avec les niveaux de conscience plus élevés

	-L'intermédiaire entre vous, conscient, et votre aumakua	-Doit activer la « conscience » de ses pensées et de ses émotions -Accède et capte les messages du supraconscient avec la participation du subconscient libéré de résistances	
Trois niveaux d'énergie	**MANA**	**MANA-MANA**	**MANA-LOA**
Utilisation	-Force vitale, force universelle, énergie de bas voltage -Circule au travers des fils aka à l'intérieur du corps ou vers l'extérieur -Rituels automatisés (affirmations; déprogrammation-reprogrammation; Ho'oponopono) .	-Mana de plus haut voltage utilisé pour toutes les activités cérébrales nécessitant la volonté et la réflexion -Rituels avec activation de la volonté	-La forme la plus puissante de mana utilisée pour transformer ou créer de nouvelles conditions, de nouvelles réalités -Requêtes
Trois corps aka	**KINO-AKA**	**KINO-AKA**	**KINO-AKA**
	-Corps dense imprègne tout le corps	-Corps moins dense, situé surtout dans la région de la tête	-Corps très subtil, situé au-dessus du corps physique

LE CORPS PHYSIQUE : véhicule et instrument des trois niveaux de conscience

Deuxième section

L'ACTION

Troisième partie

LA REQUÊTE

La requête, voilà le plus puissant outil qu'il m'ait été donné d'expérimenter. Pourquoi ? Parce qu'elle s'appuie sur une entière collaboration entre vos plans de conscience mobilisés vers une même finalité que pourra concrétiser votre aumakua. Son succès repose sur l'unité.

Les techniques dont je vous fais part ici sont des approches traditionnelles que j'ai apprises auprès de Loretta Grabowski à mes débuts. Chaque détail a sa raison d'être en vue d'établir les bases d'une communication efficace entre vos plans de conscience. J'ai procédé selon ces indications pendant plusieurs années avec grand succès. Avec assiduité et discipline, j'ai amélioré la qualité des contacts entre mes plans de conscience, les motivant ainsi à collaborer plus spontanément. Maintenant, le subconscient me fait souvent cadeau d'une ligne directe, ce que j'apprécie grandement.

1993. Je n'étais jamais allée à Hawaï, mais la force d'attraction que j'avais pour le savoir hawaïen m'a gagnée. Transportée par une foi et une détermination nouvelles, animée par la volonté de me libérer, j'étais fin prête pour **« élaborer »** et acheminer ma première requête, celle qui m'apporterait la guérison. Avant même d'en comprendre tous les fondements, je me suis abandonnée à la force qui me guidait.

2012. Plusieurs requêtes plus tard, et avec la généreuse participation de quelques personnes s'étant investies avec foi dans une issue personnelle chacune à leur façon, je vous livre un aspect concret de cette démarche. Le partage d'expériences vécues par mon entourage et par moi-même de même que ma connaissance de ce volet du Huna sauront peut-être inspirer votre potentiel créatif. Cette ressource extraordinaire a permis la manifestation de changements concrets en maintes occasions dans ma vie, me mettant ainsi en contact avec mon pouvoir de transformation.

Ce qui en reste n'est pas seulement la perfection du résultat, mais la transformation intérieure qui a mené à l'issue projetée. C'est là que se situe le plus beau cadeau.

Chapitre 7

La préparation de votre requête

L'essence d'une requête

1. Le trio en action

Cette procédure consiste en une demande claire adressée à votre supraconscient, aumakua, pour manifester un changement dans votre vie. Elle n'est efficace qu'avec la collaboration entière de votre subconscient, unihipili. En anglais, on s'y réfère sous l'appellation « Ha *prayer* » qui renvoie à la respiration Ha permettant de construire de l'énergie en soutien à votre volonté ferme de changement. Contrairement aux affirmations qui s'adressent essentiellement à votre esprit subconscient, la requête nécessite l'intervention de votre Soi divin ; la puissante énergie mana loa activera la transformation.

Même si elle est transmise à voix haute, la requête repose sur un texte écrit adressé à votre aumakua. Cette trace vous permet de vous y référer en tout temps par la suite afin de saisir toutes les nuances de la pensée qui vous a initialement été inspirée.

Chaque demande implique souvent deux aspects complémentaires, soit désirer le changement et être déterminé à ajuster vos formes-pensées pour le vivre véritablement puisque tout ce qui se manifeste à l'extérieur n'est que le reflet de ce qui est à l'intérieur de vous. Personnellement, je dois m'interroger chaque fois que j'ai la volonté que se produise autre chose dans ma vie: « Suis-je prête à changer? » Comme la dynamique de la requête vous amène à vous en remettre en toute confiance à votre Soi divin en ce qui concerne le cheminement, vous êtes invité à créer de l'ouverture. Tout miracle commence par un changement de pensées et de croyances.

Par la requête, vous détenez le pouvoir énorme d'entraîner des changements de tous ordres. Les résultats s'affichent comme le reflet du miracle intérieur qui s'opère en vous. Vous avez accès à tous les possibles dès que vous décidez de vous y investir. Êtes-vous prêt? Sachez dès maintenant que vous devrez vous engager dans un suivi.

C'est tout de même extraordinaire! Avec la conscience, vous pouvez modifier ce qui fut, ce qui est et ce qui sera. Le temps chronologique n'a plus d'importance.

2. Une requête pour autrui

Vous ne pouvez faire de requête pour une autre personne à moins d'avoir son accord conscient. Dans un tel cas, vous pouvez soutenir sa propre requête. Chacun choisit ses propres leçons de vie afin de développer des forces spécifiques à travers son expérience. En agissant sur quelqu'un d'autre à son insu, vous pourriez interférer dans son cheminement. Avant d'intervenir sur autrui, je vous invite d'abord à vous pencher sur vous-même puisque votre responsabilité première est votre évolution. La meilleure façon de contribuer au bien des autres est d'élever vos propres vibrations. Vous serez ainsi beaucoup plus apte à les soutenir avec compassion dans ce qu'ils choisissent d'expérimenter.

Toutefois, selon Kevin Quinn Avery, la seule exception concerne la relation mère/enfant dans un contexte de guérison. Son rôle permet à la mère d'intervenir seulement avec l'enfant qui habite dans sa maison, sous sa protection. Personnellement, je suis toujours allée chercher l'accord de l'âme de ma fille par un signe entendu avant de m'engager. Il s'est avéré que, dans certains cas, je devais m'abstenir d'agir sur elle puisque ce qu'elle vivait était destiné à transformer mes propres réactions. Dans de telles occasions, j'ai eu à m'interroger sur mon petit côté « sauveur » et j'ai compris que la requête devait porter sur le développement de mes propres attitudes, ressources ou forces.

Par contre, la participation à une **requête collective** où tous les membres d'un groupe s'engagent revêt une dimension spéciale en faisant intervenir un puissant regroupement de supraconscients en poa aumakua. Ce genre d'initiative active les transformations à une autre échelle. La volonté commune de changement pour provoquer des manifestations d'envergure s'appuie sur la force multipliée de l'énergie mana loa de chacune des parties.

3. Votre première requête

Votre issue peut porter sur n'importe quel élément de votre vie, sur ce qui vous inspire dans la recherche d'un mieux-être. Toutefois, pour votre première expérience, il est préférable de **choisir la requête la plus simple possible en vue d'être impressionné par une réussite dans un délai raisonnable**. En expérimentant quelque chose de relativement facile pour vous, mais qui demande un petit coup de pouce, vous serez en contact avec votre pouvoir de transformation, ce qui activera votre foi.

Votre démarche pas à pas

1. La liste de vos désirs

Faites la liste de vos désirs les plus chers. Chaque fois que vous êtes en démarche pour élaborer une nouvelle requête, gardez un calepin de notes sous la main. Le début du processus suppose d'abord une prise de conscience de ce que vous voulez réellement. Dans un premier temps, accueillez tous vos désirs sans les juger. Ils peuvent porter sur un plaisir de la vie, sur votre santé, sur des transactions, sur un apprentissage, sur votre travail, sur la qualité d'une relation, sur votre développement personnel, etc. Prenez quelques jours pour établir cette liste sans filtre. Soyez simplement attentif à votre ressenti avec chaque idée qui prend forme. Chacune vous fera évoluer vers une autre. Continuez d'enrichir votre liste jusqu'à ce que vos idées soient claires. Examinez les motifs qui vous incitent à exprimer un désir et ajustez votre liste.

2. Vos priorités

Dégagez des priorités parmi ces désirs. Au cours de votre vie, après avoir expérimenté des résultats positifs, vous voudrez certainement répéter l'expérience. Toutefois, il est recommandé de ne s'investir que dans une seule requête à la fois. C'est la meilleure façon de mobiliser toute l'attention de votre subconscient. Cette concentration de vos pensées l'impressionne énormément et rend compte de l'importance que vous y accordez. Sinon, la dispersion risquerait de semer la confusion pour votre subconscient, qui se motive plus facilement quand il y a une convergence de vos pensées. Dès que les résultats attendus seront manifestes, vous pourrez en préparer une autre.

Vous êtes maintenant prêt à faire un tri dans les idées que vous avez notées. Concrètement, déterminez **dans l'ordre** les changements les plus importants pour vous, en vue de concentrer votre énergie sur un objectif à la fois.

Vous établirez des liens, vous cernerez l'ampleur d'une demande, vous découvrirez si vous vous sentez fin prêt à vous engager dans telle direction à cette étape-ci de votre vie. **Sélectionnez un seul objectif à atteindre, celui que vous retenez pour la présente requête. Ne cherchez pas à faire un résumé de plusieurs désirs.** Dès que vous aurez obtenu ce que vous voulez, vous aurez l'occasion de faire une autre requête, puis une autre, et une autre encore.

Plusieurs sont tentés d'inclure l'ensemble de leurs vœux les plus chers dans une même requête afin de régler une fois pour toutes les « irritants » de leur parcours pour aller plus vite et passer à autre chose. Ça ne fonctionne pas ainsi. **La transformation implique souvent un cheminement, une démarche où l'on doit prendre le temps nécessaire.** Pour favoriser le recul, déterminez les blocages récurrents dans votre parcours de vie et trouvez le fil conducteur des expériences que vous avez attirées. Cette prise de conscience vous amènera à une vision plus large du sens de vos expériences en vue de vous libérer pour avancer allègrement vers vos buts.

Mieux vous ciblez vos objectifs, plus il est facile de vous mobiliser, de garder un cap. Avec discernement, établissez des priorités spécifiques à chacune des étapes que vous vivez. L'expérience humaine est un voyage intérieur de reconnaissance de votre nature divine. Il est sans cesse jalonné de défis à la mesure de vos forces. Y a-t-il une étape qui devrait en précéder une autre? Croyez-vous vraiment obtenir ce que vous voulez? Y a-t-il un petit plaisir à vous offrir maintenant? Tout est possible. Posez-vous des questions et « priorisez ».

Voyez à ce que votre choix soit l'expression d'un désir constructif suffisamment important pour y consacrer temps et efforts.

3. La participation conjointe dans le trio

Allez chercher la participation de chacun de vos plans de conscience pour élaborer le texte de votre requête. Avant d'écrire, vous êtes invité à rechercher l'unité. Détendez-vous par une méditation ou quelques respirations Ha. La communion entre vos plans de conscience vous apportera la paix, l'inspiration et la lucidité pour joindre ce qui vous habite réellement et ce que vous voulez transformer. C'est un processus qui vous met en situation d'accueillir les messages de votre aumakua pour guider et influencer votre unihipili. Ressentant un état de calme et de bien-être, vous reconnaîtrez que c'est le bon moment pour écrire. Vous êtes dans l'ouverture et la confiance.

Parfois, le subconscient s'agite quand il pressent le changement. Si c'est le cas, invitez-le à **ajuster divinement ses émotions, ses pensées, ses croyances, ses actions, ses réactions** à chaque instant. C'est un message qu'il comprend. Votre conscient joue ainsi pleinement son rôle et reprend son pouvoir. Assurez-vous que vous avez cessé d'être déchiré entre l'ego qui draine votre énergie et la pensée éclairée qui élève vos vibrations.

4. La rédaction du brouillon

Maintenant que l'objet de votre requête est clair, rédigez au brouillon le texte qui soutient le changement demandé. **Vous allez graver une inscription tangible de votre désir.**

* Les détails

Notez les composantes et les détails qui entrent en ligne de compte. Conscientisez avec précision tout ce que cette demande implique. La liste de mots renvoyant à des vertus et à des sentiments élevés présentée au neuvième chapitre peut alimenter votre réflexion. Faites un choix éclairé. Analysez-la en vous penchant sur l'impact de chaque idée et de chaque mot apporté. Allez explorer le deuxième puis le troisième niveau d'un changement souhaité. Est-ce que les détails témoignent de votre lucidité et de la clarté de votre pensée ?

Sinon, les avez-vous ajoutés pour calmer vos insécurités et répondre à votre besoin de contrôle ? Les incertitudes créent le doute et celui-ci freine le mouvement. **Soyez honnête et sondez vos motivations les plus profondes** afin de déterminer ce qui se cache derrière vos désirs : contrôle, peur, fuite, dépendance. Puis, nettoyez d'abord ces énergies négatives. Et focalisez avec émotion sur les vibrations que vous recherchez.

Dans certains cas, en étant moins spécifique, vous créez de l'ouverture et permettez à votre aumakua de puiser dans l'éventail infini de ses ressources. Sachez que votre vœu se réalisera de la façon la plus appropriée sans que vous vous préoccupiez d'en anticiper le « comment ». À partir du moment où votre requête est reçue par votre Soi divin, l'énergie puissante mana loa se met en branle pour favoriser le changement. La transformation s'opère au fur et à mesure que vous accueillez les occasions d'ajuster vos réactions aux événements ou aux personnes qui jalonnent votre parcours quand ce qui est demandé représente un défi.

Les délais

Il en est de même pour le « quand », puisque la rapidité de la manifestation est étroitement liée à l'énergie que vous y investissez et à la foi qui vous habite. Le résultat peut se manifester dans un laps de temps très court ou prendre un peu plus de temps selon le degré d'avancement de votre cheminement en lien avec cette requête précise. Alors, ne mentionnez jamais de délai dans votre texte.

La perception de votre subconscient

Du fait que votre requête repose sur la collaboration de vos plans de conscience, tenez compte des particularités propres à votre subconscient. Vous devez l'impressionner. Je vous suggère donc d'utiliser des termes qui rendent compte de votre détermination comme « j'invoque », « je choisis » ou « je veux ». À mon avis, les « j'aimerais » ou « je souhaite » laissent trop de place au doute dans ce contexte tandis que les verbes comme « j'ordonne » établissent une relation d'autorité plutôt que de complicité avec votre *uni*. Explorez l'impact de vos choix en étant attentif à votre ressenti à l'évocation des mots que vous dites à voix haute. Ceux-ci ont une vibration qui produit des émotions différentes d'une personne à l'autre. Comme un comédien qui trouve sa source d'inspiration, choisissez l'émotion qui vous anime. Elle vous permet de mesurer l'enthousiasme de votre unihipili.

La puissance des mots

De plus, souvenez-vous d'être clair et positif. Comme vous l'aviez compris en explorant la nature de votre unihipili au quatrième chapitre, évitez la confusion produite par l'emploi de termes négatifs et de négations comme « ne » ou « pas ». Le subconscient retient essentiellement les mots-clés. Prenez aussi le temps de trouver et d'intensifier l'aspect positif et percutant de votre message par le choix de mots puissamment évocateurs et générateurs d'émotions. Ce faisant, sentez-vous votre pouvoir ? Certaines des affirmations proposées au neuvième chapitre sont susceptibles de vous guider dans la formulation de votre requête. Ressentez-en l'impact et inspirez-vous-en pour personnaliser votre message.

✽ Le titre

Prenez le temps de bien choisir le titre ! C'est majeur puisque c'est ce titre évocateur qui sera répété dans votre tête lors des respirations Ha en appui à votre requête. Voici quelques indications pour lui donner de la force :

- La longueur : en choisissant un titre bref, vous avez le temps de l'évoquer mentalement pendant la phase d'expiration de la respiration Ha.
- L'action : les verbes d'action invitent au mouvement. Faites partie de l'action en employant « je » ou encore le « nous » en référence à l'action concertée de tous vos plans de conscience.
- L'émotion : choisissez des mots percutants qui évoquent des émotions positives et dynamisantes. Cela excitera votre subconscient.
- L'évocation : le titre doit traduire l'essentiel de votre requête.
- La mélodie : peut-il être fredonné sur une mélodie inspirante à d'autres moments ?

Le tableau suivant témoigne de certains titres évocateurs que j'ai regroupés selon le contexte de la requête. Ce sont des pistes à adapter !

Tableau 8

Titres évocateurs

BIENS MATÉRIELS et PROSPÉRITÉ

- Je me sens tellement bien dans mon nouveau logement !
- Je signe une transaction avantageuse pour toutes les parties.
- Je suis un aimant d'abondance financière.
- Je prospère, guidé par la lumière.

- J'exprime ma richesse intérieure, source de succès répétés.
- Nous vivons des vacances merveilleuses !
- J'acquiers ma maison dans les meilleures conditions.

SANTÉ et CORPS PHYSIQUE

- J'honore mon corps avec gratitude.
- J'évolue dans un corps harmonieux.
- Je reconnais ma beauté avec gratitude.
- Je réintègre mon moule parfait.
- Je crée activement mon équilibre.
- Je me réjouis du plaisir de vivre pleinement.
- Mon corps et mon âme ne font qu'un !

TRAVAIL, APPRENTISSAGES et PROJETS

- Je fais prospérer mes grands talents.
- J'exprime ma raison d'être.
- Je vis enfin mes passions.
- Je suis fier de ma réussite.
- Je m'accomplis pleinement au travail.
- J'attire les bonnes occasions avec enthousiasme.
- J'exerce divinement mon pouvoir.

RELATIONS INTERPERSONNELLES

- J'évolue harmonieusement dans ma relation de couple.
- Je m'ouvre intimement à l'amour.
- Je vis des amitiés épanouissantes.
- Je reconnais l'essence de mon rôle.
- Je m'investis avec sagesse et confiance.
- Nous donnons la vie à un enfant de lumière (requête conjointe).

DÉVELOPPEMENT PERSONNEL et ÉVOLUTION

- Je suis le magicien de ma vie.
- Je m'affirme avec le langage du cœur.
- J'assume aisément ma responsabilité.
- J'intègre le pardon avec amour.
- Je canalise positivement mes forces.
- Je suis pleinement engagé dans ma mission.
- Je suis libre et inspiré.

5. Les implications indirectes

Soyez très vigilant quand votre requête implique d'autres personnes. Soyez certain que votre désir ne cache pas l'intention d'obtenir un avantage personnel qui brime autrui. Votre demande ne doit concerner que ce qui vous appartient. Toutefois, elle peut engendrer des impacts positifs autour de vous. Assurez-vous que tous les effets de votre requête contribuent à un mieux-être de toutes les personnes concernées indirectement par l'objet de votre demande. Affichez le respect de ce qu'elles sont et de ce qu'elles ont à vivre. Soyez intègre envers les autres en considérant le choix de leur âme. De toute façon, votre Soi divin refusera que la satisfaction de vos désirs entraîne des effets néfastes dans votre environnement.

6. Le réalisme

Avant de finaliser votre requête, ressentez que votre demande est réaliste. Le réalisme est tout simplement la mesure de votre propre croyance. Un changement peut s'avérer utopique aux yeux de votre entourage et tout à fait réaliste aux vôtres.

Faites très attention aux pensées et aux actions « annulantes ». Qu'est-ce qui vous retient d'agir conformément aux pensées que vous émettez, aux buts que vous recherchez? Soyez honnête en explorant vos moindres doutes. Sinon, nuancez votre texte pour renforcer votre propre croyance ainsi que celle de votre subconscient dans l'obtention du résultat. Vous devez y croire fermement de toutes vos forces.

7. La perception de votre subconscient

En vue d'avoir sa pleine collaboration, vérifiez la perception de votre subconscient quant à la forme et au contenu de votre requête.

Comment tester

Soyez patient ! En attendant de développer une habileté à utiliser la kinésiologie, la radiesthésie ou toute autre technique de communication avec votre subconscient, vous pouvez explorer d'autres façons de valider votre requête. Après avoir fait plusieurs séries de respirations Ha en vue d'aller chercher la collaboration de votre unihipili, soyez attentif aux manifestations physiques subtiles de votre corps lors de la lecture de votre requête à voix haute. Un mot ou une phrase peuvent soudainement modifier votre température ou votre rythme cardiaque, entraîner un changement dans votre respiration, provoquer une tension musculaire, créer un malaise, etc. Ce sont là des signes émis par votre subconscient qui, comme nous l'avons vu au quatrième chapitre, contrôle toutes les fonctions de votre corps.

Si vous maîtrisez suffisamment une technique pour valider les perceptions de votre unihipili, faites-le en deux temps.

Lisez deux fois votre texte au complet, une fois pour la forme puis une autre fois pour le contenu.

Personnellement, avant de commencer, je l'informe ainsi : « Subconscient, je veux te faire part du texte d'une requête que j'ai l'intention d'acheminer à mon aumakua. Acceptes-tu de me communiquer ta réaction à ce sujet ? »

Après avoir obtenu une réponse positive selon le code préalablement entendu entre nous depuis longtemps, je continue : « Subconscient, je vais te lire le contenu une première fois. À l'aide du pendule, fais-moi un signe oui, avec vigueur, tant et aussi longtemps que tu es en accord avec les mots que j'utilise, tant et aussi longtemps que ma façon d'exprimer mes idées est parfaitement claire pour toi. »

J'attends, avant de commencer ma lecture, que mon unihipili manifeste son code oui qui dans l'entente s'exprime par un cercle dans le sens contraire des aiguilles d'une montre. Dès qu'un mot ou une structure de phrase le fait réagir, il ralentira sa vitesse de giration ou encore il manifestera rapidement le signe non, un mouvement de balancier. L'ampleur de sa réaction est clairement manifeste avec l'outil de communication qu'est le pendule.

✱ La forme

Vérifiez d'abord ligne par ligne si l'expression de votre idée lui apparaît avec clarté. Pensez à ce que chaque mot évoque en vous. Votre subconscient associe les mots à du vécu, à des émotions. S'il réagit, sondez ses perceptions à partir de vos expériences, même lointaines. Est-ce que tel mot est parfois positif et parfois négatif selon différents contextes ? Est-ce que son envergure est trop vague ou trop restrictive ? Est-ce qu'une résistance se cache derrière un mot ? Remplacez tout mot qui provoque de la confusion par un autre plus clair et testez à nouveau jusqu'à ce qu'il réagisse positivement.

Quant à la structure de phrases, évitez les phrases lourdes ou complexes. Attention ! Parfois, des phrases s'annulent, se neutralisent. D'autres fois, les demandes manquent de signifiance. Il arrive aussi qu'en voulant faire des « collages » de plusieurs idées, aucune d'elles ne ressorte clairement. Posez-vous des questions. Est-ce que ce que vous voulez est vraiment clair dans votre tête ? Avez-vous pris le temps d'y penser suffisamment ?

✱ Le contenu

Dans un deuxième temps, vérifiez à l'aide du pendule si la réaction de votre subconscient à chacune des phrases est positive, s'il est en accord avec ce que vous voulez.

Quand je teste le contenu d'une requête, j'aborde mon unihipili de la même façon que précédemment en demandant la manifestation du signe oui tant et aussi longtemps qu'il est en accord, qu'il est motivé par ce que je demande. Tout au long de la lecture du texte, il est fort probable qu'il y ait des variations dans la vitesse et dans l'envergure de la giration. Intéressant! Cela fournit des indications fort pertinentes. On peut ainsi cerner ce qui le motive au plus haut point et dégager les idées qui apportent quelques hésitations à aller de l'avant.

Tant que vous avez un oui, qu'il soit fort ou faible, votre subconscient manifeste son accord à ce que vous demandez. Par ce test, vous connaissez maintenant quelles sont les idées qui demandent un petit renfort de motivation. Vos certitudes et votre enthousiasme le gagneront peu à peu. Il se fera à l'idée d'un changement. Continuez votre démarche.

Si vous avez un non ferme à ce que vous demandez, plusieurs possibilités sont envisageables. Je vous suggère d'entrer en communication avec votre subconscient afin de découvrir la raison de sa réaction. Pour vous éclairer sur sa vision de votre demande, testez les idées potentiellement explicatives qui montent à votre conscience. Faites une affirmation simple pour chacune d'elles et tenez votre pendule en vous adressant à votre *uni*. Vous aurez un oui s'il est en accord avec votre affirmation et un non s'il est en désaccord. L'information trouvée vous donnera l'heure juste. Vous connaîtrez la perception de votre subconscient, celle qui est la source d'un blocage pour votre volonté de changement. Vous saurez dès lors sur quoi intervenir pour l'amener à une transformation qui le dégage de ses pensées désuètes.

S'il n'y a qu'une seule phrase qui bloque votre requête et qu'elle est d'une importance mineure pour vous, retirez-la tout simplement. Par contre, si c'est l'ensemble de votre requête qui apporte un refus de participation de votre subconscient, acceptez qu'il y ait un délai puisque des actions de nettoyage de ses pensées et de ses croyances doivent être faites avant même de songer à acheminer une requête sur ce sujet précis. Cette situation ne témoigne pas d'un refus de votre subconscient de collaborer avec vous, mais d'un refus d'adhérer à telle idée de changement que vous avancez, cela parce que des mémoires fortement imprégnées le freinent. La culpabilité sous diverses formes entre souvent en ligne de compte. C'est une clé d'exploration importante de la dualité de pensée entre le conscient et le subconscient.

Selon l'importance du blocage, des mesures d'une portée et d'une durée variables pourront être prises. Parfois, il peut être approprié de nettoyer votre réseau de communication en demandant pardon pour toute blessure volontaire ou involontaire causée à quelqu'un d'autre. Vous répéterez de simples affirmations de pardon jusqu'à ce que vous vous sentiez libéré. Dans d'autres cas, une des techniques du Ho'oponopono peut s'avérer très efficace pour nettoyer les perceptions de votre subconscient quant à un type d'événement, à une personne ou à un groupe de personnes. Enfin, il est aussi possible de considérer la déprogrammation de votre subconscient afin de le reprogrammer selon vos croyances actuelles. La quatrième section de ce livre vous apportera des suggestions concrètes pour exploiter différentes techniques de nettoyage.

Pour ma part, j'ai eu à tester la réaction du subconscient de nombreuses personnes avant l'acheminement de leur requête. Dans la très grande majorité des cas, soit dans plus de 90 % des cas, leur subconscient adhère au changement demandé.

8. La rédaction au propre

Une fois validée, recopiez votre requête à la main, au propre. Un brouillon ne sera toujours qu'un brouillon. Pour impressionner votre subconscient, utilisez un papier choisi avec soin. Transcrivez votre requête sous la forme d'une lettre adressée à votre aumakua. Dès le début, indiquez la date où vous comptez l'acheminer ainsi que l'objet de votre demande qui correspond au titre.

À la suite de votre texte, les paroles suivantes traduiront votre détermination, votre ouverture et votre foi : *« Avec toute la force de mon être, j'invoque CELA ou MIEUX ENCORE, pour mon bien le plus élevé. Qu'il en soit ainsi. C'est accompli. Merci. »* Et vous signez !

Quand vous affirmez que votre vœu est accompli, on pourrait faire une analogie avec une graine mise en terre. Après vous être assuré de sa qualité, une fois que vous l'avez semée, vous savez qu'avec de bons soins elle va émerger et se manifester pleinement à sa maturité. Le processus s'enclenchera donc dès que votre demande sera reçue par votre aumakua. À partir de ce moment, le résultat commencera à prendre forme avant même d'être tangible.

9. Les modalités de présentation à votre Soi divin

Planifiez la façon de présenter votre requête à votre Soi divin. Choisissez le moyen le plus approprié, considérant les circonstances propres à chaque requête. Étant donné que lorsque vous êtes en ondes alpha, le contact avec vos plans de conscience s'avère plus intense, vous devez envisager diverses modalités pour présenter votre requête sans ouvrir les yeux, au moment choisi. La démarche complète de l'acheminement d'une requête au supraconscient est proposée au chapitre suivant. Diverses possibilités s'offriront à vous :

- ou vous mémorisez votre requête, si la longueur de votre texte le permet;
- ou vous lisez quotidiennement votre requête, comme une affirmation jusqu'à ce que vous la connaissiez par cœur;
- ou vous enregistrez votre requête en laissant une longue pause entre chacune des phrases pour vous permettre de les répéter (le média utilisé ne remplace pas votre voix);
- ou vous prévoyez vous faire accompagner par quelqu'un. En général, on ne partage pas une requête avec ses proches tant qu'elle n'est pas exaucée parce que les doutes répétés des autres pourraient ébranler votre foi et neutraliser ainsi vos pensées. Sachant cela, laissez-vous guider vers une personne neutre en ce sens qu'elle ne sera pas témoin de votre réalité de trop près. Il est primordial toutefois que vous la ressentiez comme étant foncièrement positive. Le rôle de la personne qui vous accompagnera

sera tout simplement de vous souffler le texte de votre requête au moment où vous serez prêt à l'acheminer, de vous rappeler votre scène vidéo (dixième étape) et de vous aider à vivre les émotions que vous avez choisies (onzième étape). Quand deux personnes s'accompagnent mutuellement, elles forment un poa aumakua, regroupement de supraconscients qui crée un très beau lien entre elles.

10. La visualisation

Projetez une séquence d'images qui correspondent à l'atteinte du résultat de votre requête. Toute pensée contient une image de l'idée qui est en elle. Définissez-la. La visualisation apportera un soutien extrêmement important à votre pensée. Concrètement, regardez dans votre tête une courte séquence vidéo où vous apparaissez en action. C'est très important que vous en fassiez partie. Ce scénario doit témoigner avec éloquence de la réussite de votre requête dans son état parfait et achevé. Trouvez quelque chose qui soit propice à activer une émotion intense qui vous animera pendant toute la période de gestation de votre création.

Au dos de votre lettre, notez clairement les grandes lignes de la visualisation qui soutiendra votre demande afin de vous y référer ultérieurement. La puissance de votre vision s'exprimera au moment opportun dans votre expérience tangible et concrète. Vous aurez ainsi une confirmation évidente de votre réussite.

Un athlète avant une compétition se visualise non seulement dans l'action, mais également sur le podium qui consacre son exploit. La personne qui désire vendre sa maison verra l'agent afficher « Vendu » devant sa propriété, après s'être observée en train de signer, grand sourire aux lèvres, un acte notarié en présence de son agent.

Et si vous avez une requête axée sur le développement personnel, comment saurez-vous que vous y avez consacré suffisamment d'énergie? Par quelque chose de tangible qui confirmera votre transformation intérieure. Une femme que j'ai côtoyée et qui souhaitait gagner de la confiance dans ses ressources avait choisi de réussir pleinement un grand défi pour rendre compte de son changement d'attitude. Après avoir envisagé diverses possibilités, l'expérience du parachutisme lui est apparue comme une manifestation susceptible de mesurer son progrès. En visualisant le plaisir que lui procurerait son premier saut, elle se référait à une image qui confirmerait son évolution en ce qui concerne le lâcher-prise et la confiance et elle a relevé son défi. C'est à vous d'établir la confirmation qui serait révélatrice de votre cheminement.

Personnellement, au moment où j'ai fait une requête en vue d'adopter une petite fille asiatique, j'ai cherché une photo d'enfant qui me ferait vibrer. Je l'ai trouvée dans un livre et, fascinée par ce beau petit visage, j'en ai fait des photocopies que j'ai affichées partout. On la retrouvait sur le miroir de la salle de bain, sur le tableau de bord de ma voiture, sur la page couverture de mon agenda, etc. Elle faisait déjà partie de ma vie. J'adorais ses belles joues rondes, son tout petit nez et ses yeux très allongés. La petite rosette que formaient ses cheveux sur son front lui donnait un air coquin. La robe rouge sous le petit tablier blanc lui allait à merveille. Je m'imprégnais complètement de son image. Je me voyais déjà la cajoler et rire avec elle. Je me voyais lui prodiguer tous les soins maternels avec plaisir. Elle faisait sa place dans la maison et s'intégrait harmonieusement dans son nouvel environnement. La cassette vidéo du quotidien que nous étions appelées à partager s'animait constamment dans ma tête.

Je trouvais tout de même le temps bien long... Dix-huit mois plus tard, après neuf mois de gestation et neuf mois et demi à l'orphelinat, ma fille s'est annoncée : j'avais enfin un rendez-vous en Chine en vue de la ramener. Quelque temps plus tard, je me suis retrouvée avec une petite robe de seconde main du même rouge, avec la même coupe, surmontée d'un petit tablier blanc. Ce vêtement évoquait étrangement celui que portait la petite Chinoise sur la photo dont je m'étais inspirée. Ma fille a été prête à l'enfiler vers le même âge et j'ai réalisé qu'elle avait la même rosette du même côté, de belles joues rondes, un tout petit nez et de beaux yeux très allongés.

11. Les émotions

Déterminez de puissantes émotions positives. Ce sont celles que vous anticipez ressentir lorsque vous aurez atteint le résultat escompté. Nommez-les toutes. Notez-les à la suite de votre visualisation. Au moment opportun, vous aurez besoin de ce rappel. Est-ce que le mot que vous avez choisi est suffisamment puissant pour faire émerger cette émotion en vous juste à partir de son évocation ? La ressentez-vous ? Que provoque-t-elle en vous ?

Les émotions sont une manifestation spontanée de l'esprit subconscient. Elles sont des mouvements d'énergie. Visez haut ! Vous avez maintenant l'occasion de provoquer consciemment des émotions extrêmement bénéfiques pour vous, l'occasion de guider votre subconscient vers ce qui vous fait du bien. Vous amorcez une transformation sur le terrain de votre unihipili en lui enseignant à produire les vibrations qui vous élèvent. Cela l'impressionne fortement.

12. L'essence intégrale

Conservez cette requête intégralement pour vous y référer. Le texte, la visualisation et les émotions sont maintenant l'essence de la graine spécifique que vous avez méticuleusement choisie. Tout est dans la semence. Une fois mise en terre, elle produira exactement ce qui a été prévu. Vous ne pourrez pas la sortir pour en modifier les propriétés.

Tableau 9
Résumé des douze étapes d'une démarche de requête

1. Faites la liste de vos désirs les plus chers.
2. Dégagez des priorités parmi ces désirs.
3. Allez chercher la participation de chacun de vos plans de conscience pour écrire.
4. Maintenant que l'objet de votre requête est clair, rédigez au brouillon le texte qui soutient le changement demandé.

5. Soyez très vigilant quand votre requête implique d'autres personnes.
6. Avant de finaliser votre requête, ressentez que votre demande est réaliste.
7. Vérifiez la perception de votre subconscient quant à la forme et au contenu de votre requête.
8. Une fois validée, recopiez votre requête à la main, au propre.
9. Planifiez la façon de présenter votre requête à votre Soi divin.
10. Définissez une séquence d'images qui correspondent à l'atteinte du résultat de votre requête.
11. Déterminez de fortes émotions positives pour soutenir votre démarche.
12. Conservez cette requête intégralement.

Un aperçu de requêtes

Si vous acceptez le fait que les expériences et les personnes qui font partie de votre vie se sont manifestées en vue de vous faire cheminer, vous n'aborderez pas certaines de vos requêtes de la même façon. Interrogez-vous honnêtement. Désirez-vous fuir une leçon de vie, combler un vide insupportable, régler de petits obstacles, vous offrir un plaisir, agrémenter votre vie, tout régler d'un coup, évoluer avec confiance?

Plusieurs requêtes visent à vous faciliter la vie là où vous avez réglé ce qui devait être réglé, tandis que d'autres vont vous soutenir dans votre cheminement en attirant de belles occasions d'évolution.

En vue de vous faire profiter du cheminement de personnes avec lesquelles j'ai partagé mes connaissances et mon expérience, j'ai dû faire un retour dans le temps. En fait, c'est surtout pendant les deux années de congé que j'ai pris à la suite de l'adoption que j'ai eu l'occasion d'accompagner un bon nombre de personnes intéressées à expérimenter les ressources du Huna, ce que je fais à nouveau depuis ma retraite. Plusieurs d'entre elles me remettent une copie de leur requête à titre de référence en vue d'échanger au besoin sur leur démarche.

Sans élaborer un recueil exhaustif de requêtes, je vous fais part de quelques témoignages susceptibles de vous éclairer dans votre propre démarche. J'aborderai des aspects qui reviennent fréquemment pour illustrer concrètement l'utilisation de cette procédure. N'en faites pas des modèles, mais plutôt une source d'inspiration pour alimenter votre réflexion :

1. Les biens matériels

« Ce n'est pas votre nouvelle voiture qui élèvera votre vibration à long terme. Ce pourra toutefois être ce que vous aurez dû faire pour obtenir cette voiture qui l'élèvera, selon ce que visait votre conscience en le faisant. Ce ne sont pas les biens matériels qui peuvent satisfaire votre âme, mais plutôt le processus de transformation volontaire que vous vous serez imposé » (Mara, 2010, p. 64). En accueillant le processus avec enthousiasme, vous apprécierez avec détachement le plaisir que vous procurent ces biens.

« L'Univers tente de vous en donner plus, mais pour cela, vous devez renoncer à l'attachement » (Vitale, 2011, p. 226). S'il y avait une dépendance à l'objet de votre désir, cela aurait pour effet d'en neutraliser l'effet.

✻ Une location en urgence

Mon amie Nathalie venait tout juste de vivre une séparation qui l'amenait à repartir à zéro. Avec peu de moyens financiers, un lit et des livres comme biens matériels, elle devait faire de petits miracles pour se réinstaller convenablement, ce qui l'incita à rédiger une requête.

Après un tour d'horizon de ses désirs et de ses incontournables, elle jeta sur papier les grandes lignes de ce qu'elle recherchait en précisant la somme qu'elle était prête à payer à ce moment-là : logement semi-meublé avec électroménagers fournis, salon avec foyer, cuisine avec table et chaises, chambre, appartement situé dans les Laurentides, coin tranquille, propre, propriétaires gentils, etc.

Elle achemina sa requête, l'appuya avec intensité de respirations Ha et encouragea son subconscient à participer à son projet en maintenant constamment une visualisation positive.

Surprise ! En moins d'une semaine, après s'être procuré les journaux locaux, elle retrouva mot pour mot, et dans le même ordre que sur sa demande, une petite annonce d'un appartement de trois pièces et demie à louer. Elle prit rendez-vous et deux jours plus tard, en visitant l'endroit, elle se rendit compte que tout correspondait exactement à sa demande, sauf le réfrigérateur qui détonnait par sa couleur jaune. Elle avait oublié de mentionner l'harmonie des couleurs ! Le 24 décembre, elle emménageait dans un petit nid douillet des Laurentides pour Noël.

❀ Un achat de maison

Quant à Dominique[17] qui projetait de vivre dans une nouvelle maison, les choses se sont présentées assez rapidement également. Je vous livre ici des extraits d'une lettre qu'elle m'a acheminée après avoir obtenu des résultats positifs. Sa requête se lisait ainsi : « Aumakua, j'invoque ton aide pour trouver une maison à une distance raisonnable de mon travail, dans le délai le plus approprié, par un achat, une construction ou une location. Je veux que cette maison soit située sur un grand terrain où circulent des énergies bénéfiques, où coulent des sources d'eau potable et où la terre est fertile. Cette maison bien orientée par rapport au soleil est éloignée des sources diverses de pollution. Elle jouit d'un plan d'eau paisible, ruisseau, rivière ou lac. Ma prochaine maison répond parfaitement aux besoins des personnes qui cohabitent avec moi, soit__________, __________, __________, et de notre chien __________. Cette maison est très saine pour la santé, bien éclairée et économique en entretien et

17. NDE : nom fictif.

en chauffage. Avec toute la force de mon être, j'invoque CELA ou MIEUX ENCORE, pour mon bien le plus élevé. C'est accompli. Merci. Je suis très contente de vibrer avec toi. Je t'aime beaucoup. Dominique »

Le titre de sa requête qu'elle a omis de me rappeler aurait pu se lire ainsi : « Nous déménageons dans une maison extraordinaire. » Dans ce cas-ci, Dominique définit clairement ses priorités sur le plan de l'environnement tandis que pour le reste, elle s'en remet avec détachement et confiance à son aumakua.

Je vous communique la suite de son témoignage : « Ayant acheminé cette requête le 2 avril, quatorze jours après avoir été initiée à cette démarche, j'ai déniché cette maison tout à fait par hasard le 22 mai. Un dimanche, en cherchant et en circulant dans les environs, j'avais trouvé une maison qui me plaisait beaucoup, au bord d'un lac. Même si elle était inspirante, je n'arrivais pas vraiment à me fixer. J'ai donc abandonné les recherches concrètes et j'ai laissé aller les choses pour éviter de me précipiter. Le lundi, en soirée, j'ai décidé tout bonnement de marcher aux alentours pour me détendre et c'est au cours de cette randonnée improvisée que j'ai trouvé e-x-a-c-t-e-m-e-n-t ce que j'attendais, avec de multiples bonis. En voyant l'annonce au chemin, avant même d'en découvrir tous les aspects, j'ai tout de suite su que cette maison m'était destinée. »

Dominique a fait l'acquisition de cette maison peu de temps après, émerveillée par tous ses atouts. Elle avait bien l'intention de se servir de cette ressource expérimentée avec succès et se mit à préparer la requête suivante. Une première réussite apaise les doutes et maintient la persévérance dans les démarches ultérieures.

2. Les relations humaines

Dans mon expérience, les requêtes concernant les relations humaines représentent une proportion importante des sujets abordés ; je ne présenterai pas de témoignages précis à cause de leurs spécificités, mais plutôt une orientation de réflexion préalable.

Avant d'élaborer une requête concernant une relation, je vous invite à sonder les motivations profondes qui vous animent. C'est un aspect fort important puisqu'il est question de tierces personnes. Si ce que vous désirez est susceptible de causer du tort à quelqu'un, votre âme peut utiliser son droit de veto. Amorcez préalablement une démarche intérieure en toute honnêteté. Reconnaissez-vous votre part de responsabilité dans une relation? Acceptez-vous de cheminer à travers vos relations? Avez-vous des exigences axées sur votre propre satisfaction? Occultez-vous une dépendance affective? Ressentez-vous l'urgence de régler? Pourquoi? Ce ne sont que quelques exemples de questions à se poser de prime abord.

La famille, les amis, les collègues

En acceptant le fait que vous avez délibérément choisi votre famille, vos parents, vos frères, vos sœurs, enfin, tous les proches qui constitueront votre famille avant même de vous incarner, vous serez apte à considérer que chacun d'eux est appelé à jouer un rôle important dans votre développement, que ce soit par rapport à l'amour et à la compassion ou encore à la provocation pour vous amener à accueillir les leçons de vie que vous aviez ciblées, de concert avec votre aumakua.

Tout au long de votre cheminement, vous attirerez immanquablement de nouvelles personnes, amis, collègues, patrons, qui vous proposeront des occasions d'évolution. Elles se manifestent souvent en renfort pour vous aider à relever les défis initiaux choisis par votre famille en vue d'en assurer la continuité. Observez le fil conducteur de vos relations, il témoigne de votre cheminement. Au fur et à mesure de votre éveil et de votre transformation, les personnes de votre entourage changent, sinon elles partent quand elles ne sont plus en résonance avec votre énergie.

En acceptant cette prémisse, vous comprenez que vous ne pouvez pas faire de requête pour changer les autres, mais plutôt pour cerner ce qui vous appartient dans la dynamique de chacune des relations que vous avez construites ou que vous souhaitez attirer. Tout est en place pour vous faire évoluer. Vous êtes en relation pour apprendre à communiquer, à collaborer, à VIVRE dans le respect mutuel. Vous n'avez jamais la responsabilité ou le pouvoir de changer les autres. Toutes vos expériences vous invitent plutôt à changer votre réaction envers les autres et à communier avec leur « Soi » divin pour percevoir leur Lumière, source d'élévation.

Vous n'êtes pas forcément tenu d'entretenir une relation avec toutes les personnes qui jouent un rôle dans votre vie, mais plutôt d'apprendre pourquoi elles ont fait ou font partie de votre vie, pour quelles raisons vous expérimentez telle dynamique à leur contact. Si une relation s'avère plus éprouvante, pour quelque raison que ce soit, cernez d'abord ce qui vous fait réagir dans le miroir qui vous est présenté puis explorez ce qui est à transformer en vous afin de vous libérer d'émotions difficiles. Cet aspect est bien développé dans le Ho'oponopono, au dixième chapitre. Dès lors, si, à travers ce qu'elles réveillent en vous, vous êtes en mesure de mieux vous connaître et de vous transformer, elles auront rempli leur mission, qu'elles en soient conscientes ou pas. Suivra un rapprochement ou encore vos routes se sépareront pour le bien le plus élevé de chaque personne et vous attirerez des vibrations plus en harmonie avec les vôtres.

Le couple

La relation entre conjoints est toujours teintée par les expériences passées que vous avez vécues ou dont vous avez été témoin. Les pensées et les croyances que vous avez emmagasinées ont guidé vos choix de partenaire et d'expériences et continueront de le faire en résonance avec votre transformation.

J'ai souvent invité les personnes désireuses d'en finir une fois pour toutes avec les « apprentissages » difficiles en couple à recadrer leur perspective. Souvent, elles rêvent d'une relation où le conjoint les comble sur tous les plans et elles dressent leur longue liste d'épicerie...

Au lieu de rédiger la « fiche descriptive » du candidat idéal, je vous invite à vous pencher sur le **type de relation que vous souhaitez vivre**. Il vaut mieux focaliser votre attention sur des vibrations particulières plutôt que sur une projection trop spécifique. Votre attention ne sera plus orientée sur ce que l'autre devrait être et apporter dans la relation, mais sur les **fondements d'une relation dans laquelle vous désirez vous engager**. Au lieu de penser que vous voulez qu'il ait telles caractéristiques, telles qualités, qu'il vous apporte cela, qu'il agisse ainsi, vous irez plus en profondeur explorer d'abord vos valeurs spirituelles puis les différents aspects d'une compatibilité mentale et physique en vue d'être dans l'action ensemble avec un désir d'avancement. Si vous êtes prêt à satisfaire aux exigences d'une vraie relation, vous ne serez pas dans un état d'urgence et vous vous « mettrez en projet » en vous préparant à développer vous-même tout ce que vous considérez comme important à vivre.

Soyez la vibration que vous souhaitez attirer. Commencez avant tout par vous aimer et vous attirerez l'amour. Accueillez-vous comme vous êtes, appréciez-vous corps et âme, respectez-vous, reconnaissez votre valeur, faites-vous plaisir ! Soyez généreux et indulgent envers vous-même. Soyez authentique, intègre et vrai ! Communiquez avec le langage du cœur ! Affirmez-vous avec tact ! La liste d'attitudes à développer pourrait s'allonger indéfiniment. En évoluant, vous transformez vos vibrations et attirez des énergies harmonisées avec les vôtres, que ce soit à l'intérieur de votre couple actuel ou dans une nouvelle relation. Détendez-vous et vivez au jour le jour vos progrès, avec présence. Si vous ressentez l'impatience d'un résultat, sachez que **le temps d'attente bien investi est garant d'une union plus évoluée**. Dans certains cas, des personnes de passage sont susceptibles de vous faire progresser sous un aspect ou sous un autre. Ce sont des relations préparatoires ou complémentaires.

À mesure que vous évoluez, vous rechercherez quelqu'un d'engagé qui chemine dans la même direction que vous, qui accepte de se remettre en question, qui s'investit avec amour et sagesse, qui veut se réaliser dans un partage. Vous formerez un couple mature où chacun s'assume, un couple tourné vers le monde pour y apporter sa contribution. La conséquence vous amènera à engendrer et à exprimer l'amour véritable. Par conséquent, vous aurez un effet de synergie pour amplifier ce qu'il y a de meilleur en chacun.

Un peu plus loin, à travers les requêtes de Marie-Hélène et de Céline, vous découvrirez un volet qui touche avec détachement et ouverture à une relation dynamique avec un partenaire.

Par votre requête, vous serez guidé pour transformer vos schémas de pensée et pour intensifier avec gratitude la lumière qui dynamisera désormais vos relations.

✱ L'accompagnement

Une requête axée sur l'accompagnement nécessite au préalable une réflexion en profondeur pour en saisir tous les aspects et toutes les implications. Comme ami, parent, collègue, bénévole, voisin, prenez du recul et pensez à vous investir d'une façon respectueuse et divinement ajustée quand une possibilité de reconnaître et de cerner votre rôle vous sera présentée. Soyez prêt à suivre l'inspiration qui apaise et guide vos interventions avec grand respect.

Très fréquemment, des personnes me font part de leur anxiété dans l'accompagnement de proches pour lesquels elles éprouvent beaucoup d'affection. **Commencez par transformer vos émotions puisque les personnes que vous accompagnez ressentent votre énergie. Ce qui émane de vous est beaucoup plus puissant que ce que vous dites.** Maîtrisez vos doutes, vos peurs, vos insécurités. Cessez de les projeter. Guérissez-vous. Trouvez votre propre équilibre et vous serez à même d'apporter quelque chose de constructif autour de vous.

En accompagnant les autres, vous susciterez des prises de conscience vers la libération et l'avancement. Une fois que c'est fait et qu'ils sont protégés, laissez la voie libre à ceux qui expérimentent leurs leçons de vie. Ils ont leur propre source d'énergie. Ils doivent se mettre en marche par eux-mêmes. Votre rôle n'est pas de leur tenir la main et de les tirer, mais bien de les éclairer. Faites-leur confiance. Tenez-vous-en à ce qui vous appartient.

Les pensées que vous projetez à l'égard des autres sont toujours fortement ressenties. Elles participent à les élever quand vous les visualisez dans leurs forces. Le maître vis-à-vis de son élève, la mère à l'égard de son enfant et le patron vis-à-vis de son employé **participent à l'évolution de ceux qu'ils accompagnent par des pensées qu'ils projettent**. Quel type de relations nourrissez-vous ? Fixez votre attention sur les aspects positifs que vous avez à développer dans chaque relation, tels la confiance, le respect, le courage, la communication, l'unité. Ces réflexions et bien d'autres doivent précéder l'élaboration de votre requête d'accompagnement pour l'orienter avec sagesse !

Chacun a ses leçons à apprendre. Accompagnez les autres avec amour et compassion en contribuant avec confiance à l'éveil de leurs forces, sans rien imposer ! Visualisez-les dans leur dimension la plus élevée. Acheminez de l'énergie à leur âme et vous saurez qu'elle sera utilisée là où c'est important. Laissez la magie opérer !

Voici des extraits de requête d'accompagnement susceptibles de soutenir votre réflexion :

(enfants) « Aumakua, j'invoque de faire émerger et d'utiliser avec respect toutes mes ressources pour accompagner chacun de mes deux amours d'enfants dans leur cheminement et dans l'accomplissement de leur plan de vie. Guidée par ma sagesse intérieure, je suis prête à reconnaître avec discernement ce qui m'appartient dans nos expériences et à me transformer en vue de faire cheminer les âmes que tu m'as confiées. J'invoque plus précisément de régler le lien karmique que je ressens avec mon fils François afin que chacun de nous évolue divinement dans la relation mère/fils, selon les leçons que chacune de nos âmes nous invite à intégrer. Animée par mon amour inconditionnel, j'ouvre mon canal pour capter l'inspiration quant à mon rôle maternel et je me laisse guider par ta lumière pour orienter mes interventions. »

(amie) « Aumakua, je m'ouvre à ta lumière afin de faire émerger mes grandes forces intérieures dans l'accompagnement de Fabienne. Je me laisse entièrement guider par l'inspiration pour comprendre et jouer divinement mon rôle. Je rends grâce pour la clarté des messages que je capte et pour le grand calme qui m'habite. Je reconnais nos beaux cadeaux d'évolution respective et respecte avec un amour désintéressé son choix d'expériences. »

Les résultats de telles requêtes se manifestent tantôt rapidement, tantôt lentement selon différents critères tels que l'avancement spirituel de la personne qui fait la requête, la durée et l'envergure de l'accompagnement, celui-ci pouvant être ponctuel ou encore pouvant durer toute une vie. Dans ce type de demande, des possibilités de cheminement vont suivre la requête pour activer l'évolution de chaque être. La requête apparaît dès lors comme le moteur qui amorce le mouvement d'élévation de la conscience.

Comme il y a plusieurs volets à considérer et plusieurs étapes à vivre dans l'accompagnement, je vous suggère tout de même d'investir suffisamment d'énergie dans votre requête.

Monique, ayant vécu l'expérience d'une requête d'accompagnement, m'a confié qu'elle **a senti que sa requête était réglée au moment où elle s'est reconnue prête à s'abandonner entièrement à son Soi divin** pour vivre en toute confiance sa relation mère/enfant : « Tout est en place, je peux maintenant me consacrer à un autre objectif. » Elle considère que la transformation qui s'est opérée en elle se manifeste sous diverses formes depuis des années.

3. La santé

La santé recouvre tous les aspects qui permettent d'honorer le corps que vous avez emprunté en vous incarnant.

Par des symboles, votre véhicule physique cherche constamment à vous parler. Tantôt il vous renvoie le résultat de pensées que vous avez captées, nourries et entretenues par vos résistances aux messages divins qui vous sont acheminés. Tantôt il est la manifestation d'un choix que vous avez fait avant de vous incarner pour mieux participer à l'évolution d'un groupe d'âmes dont vous faites partie. Tantôt il vous apparaît comme une bénédiction pour faciliter vos défis sous d'autres aspects.

Peu importe la situation, votre responsabilité est de constamment rechercher l'harmonie entre vos trois plans de conscience et votre corps physique. En accueillant ce qui est, vous amorcerez un cheminement en vue d'élucider le mystère que recèlent les manifestations de votre corps dans la situation présente.

* Ma guérison

« Rien n'est plus puissant sur cette terre que la pensée positive, spécialement lorsqu'elle est émise avec émotion et conviction [...]. Le principe de base de toute méthode métaphysique est la certitude que l'événement se réalisera, spécialement lorsqu'il s'agit de guérison [...]. Elle se produira après que le nettoyage du subconscient aura été fait » (Avery, p. 7-9).

Dimanche, le 4 avril 1993

Lorsque j'ai fait ma toute première requête à la manière des grands prêtres kahunas, lors d'un cours offert par une naturopathe, je l'ai formulée de façon très succincte : « Je veux comprendre et régler les traumatismes physiques et psychologiques que j'ai vécus antérieurement et leurs conséquences sur ma santé actuelle. »

Sortant de ma perspective traditionnelle des soins de santé, depuis plus d'un an, je m'ouvrais graduellement et prudemment à de nouvelles approches et je cheminais vers cet objectif, mais en vain. Les allergies alimentaires qui me faisaient réagir si souvent par des indigestions ne faisaient que se multiplier.

Ce fut le cas à nouveau ce samedi 3 avril, pendant cette fin de semaine de cours axés sur la guérison.

La naturopathe, enseignante guidée par une intuition tellement juste, a simulé un comportement d'agressivité envers une personne du groupe qui s'était portée volontaire. Tout de suite après cette démonstration, j'ai mangé ma collation habituelle composée d'une orange et de six amandes biologiques. Peu de temps après, j'avais des crampes au ventre tandis que survenait une crise d'urticaire, symptômes qui m'avaient tenue éveillée toute la nuit. Le lendemain matin, à l'aide de tests en kinésiologie, je me suis rendu compte que j'étais devenue allergique aux oranges et aux amandes...

J'en ai parlé à la naturopathe pendant le cours du lendemain et elle m'a amenée à faire un lien avec le déclencheur, soit l'agressivité et la haine qui se ressentaient dans la salle de cours, la veille, au moment de l'expérience qui a précédé ma réaction. J'ai accueilli cette possibilité pour enfin reconnaître, le soir même, à l'aide de mon journal alimentaire, que toutes mes allergies précédentes étaient apparues dans un contexte où j'avais été témoin de vibrations d'agressivité.

Ayant enfin mis le doigt sur la cause, j'avais bien l'intention d'y mettre un terme en transformant ma réaction à ce type d'énergie. C'était le jour de ma première requête…

En découvrant la puissance de la respiration Ha, j'ai construit dès lors avec beaucoup de foi et d'intensité émotive de l'énergie mana, en l'associant à ma requête. Chaque soir, je faisais montre de ténacité et de persévérance pour aller jusqu'au bout dans l'approche de cet ultime recours. J'entrais en contact avec mon aumakua pour lui acheminer mon énergie de guérison accumulée pendant la journée, vibrant de reconnaissance pour le résultat que je vivais déjà avec fébrilité. Mon conjoint m'apportait chaque jour du renfort en acheminant de l'énergie mana à mon âme afin qu'elle l'utilise pour mon bien le plus élevé, soutien mutuel que nous avons continué dans d'autres contextes.

Jeudi « saint », le 8 avril 1993

Je manifestais une réaction extrêmement violente après avoir mangé du jambon. Les tests de kinésiologie révélaient une réaction aux nitrites. Cet épisode n'a pas éteint mon ardeur. J'étais encore plus motivée à tout régler.

Vendredi « saint », le 9 avril 1993

Je ressentais un tel manque d'énergie toute la journée, symptôme familier relié au débalancement de mon taux de sucre en rapport avec l'hypoglycémie. **J'acceptais la situation** et la considérait comme **temporaire.**

Samedi « saint », le 10 avril 1993

Les réactions allergiques gagnaient en force et se manifestaient encore plus intensément. Je ne supportais plus d'avoir une diète aussi restrictive. J'ai continué donc de plus belle à construire de l'énergie, bien déterminée à régler ce qui devait être réglé, en m'en remettant à mon aumakua.

Dimanche, le 11 avril 1993

Pâques, la résurrection !

Je me suis réveillée avec une sensation différente de ce que j'avais toujours connu. Je n'éprouvais pas ce besoin urgent de me mettre quelque chose sous la dent pour équilibrer mon taux de sucre au réveil. J'avais de l'énergie en abondance. Intriguée, j'attendis une heure et demie pour déjeuner sans le moindre inconfort. Je ressentais mon corps comme un allié, je n'avais plus l'impression d'avoir à combattre quoi que ce soit pour vivre.

Ma première réaction a été de tester les trois affirmations suivantes auprès de mon subconscient :

1. Je suis hypoglycémique.
2. J'ai des allergies.
3. J'ai des intolérances alimentaires.

Et la réponse a été non à chacune de ces affirmations.

Je décidai donc de valider ce test et de manger uniquement des aliments que je classerais sous la rubrique *junk food* toute la journée, sans aucun respect pour mon ancien horaire de collations équilibrées aux deux heures et demie. Et je me sentais en pleine forme ! J'ai continué ce test pendant trois jours, à la recherche de la nourriture la plus éloignée de mes standards pour être certaine que la transformation était permanente. Malgré ce que j'ingérais, je me sentais régénérée, vivante et en pleine forme !

Je suis guérie !

Merci, merci, merci! Débordante de gratitude, je rendis grâce à tous mes plans de conscience pour leur contribution. Tellement heureuse de vivre dans un corps en santé, j'avais envie d'entretenir l'énergie qui m'habitait désormais et d'explorer les ressources du Huna pour en faire un mode de vie intégré au quotidien.

Sans l'avoir lu, je comprenais, comme l'explique si bien Kevin Quinn Avery, que la participation de la personne guérie est extrêmement importante. « C'est comme guérir une personne d'un cancer des poumons et qui insiste pour continuer à fumer aussitôt enlevée la négativité dans son corps. Ces gens sèment à mesure de la négativité dans leur corps ; ces guérisons ne s'avèrent pas rentables. **Les personnes guéries doivent toujours faire leur maximum pour conserver leur santé recouvrée** » (Avery).

Aussi, après ces trois jours de tests, j'ai continué à garder de bonnes habitudes, soit celles de m'alimenter sainement, d'amplifier encore plus ma pensée positive et de maintenir avec constance la collaboration dynamique entre mes plans de conscience.

Les gens de mon patelin qui m'ont connue avant et après cette transformation se sont montrés curieux et voulaient en savoir un peu plus sur cette approche. C'est ainsi que j'ai partagé par la suite mes connaissances, qui ont évolué avec l'expérimentation toujours plus poussée des ressources du Huna. J'ai compris graduellement que je n'étais pas née sur cette terre d'abondance pour survivre, mais pour apprendre consciemment à vivre, à apprécier le privilège d'ouverture de conscience qui m'a été offert et à partager l'éclairage qui s'en est suivi.

✽ Le poids santé

Certaines personnes ont connu du succès avec ce type de requête, tandis que d'autres ont affronté l'échec. Un des préalables au succès repose sur la motivation. Si la perte de poids est une condition pour vous apprécier, votre tentative est vouée à l'échec. Vous devez d'abord vous accueillir et vous aimer en vue de perdre du poids.

Plutôt que de m'attarder à l'insuccès, je préfère laisser mon amie Diane vous inspirer en témoignant des conditions gagnantes qui lui ont permis de vivre une réussite avec une requête concernant son poids. Avant de la présenter à son aumakua, elle devait s'assurer que son subconscient adhérait au but qu'elle s'était fixé. Aucune résistance… Lorsque nous avons testé l'assentiment de son subconscient quant au projet qui lui tenait à cœur, la réponse s'est avérée positive. Malgré cela, Diane a choisi d'élaborer un protocole de déprogrammation suivi d'une reprogrammation en vue de recadrer ses pensées par rapport à sa silhouette, document présenté au dixième chapitre. Elle a choisi en premier lieu d'entreprendre cette démarche de nettoyage pour pouvoir impliquer activement son subconscient dans les objectifs poursuivis par sa requête acheminée le 10 février 2010.

Requête : Je suis heureuse et reconnaissante de vivre en harmonie avec mon corps.

« Aumakua, je choisis de transformer divinement ma relation avec la nourriture pour en retirer de sains bénéfices.

« Aumakua, je veux rendre hommage à mon corps en lui offrant d'agréables plaisirs.

« Aumakua, j'invoque la gratitude de mon corps par la manifestation de l'équilibre de ma silhouette et de mon poids.

« Aumakua, je bénis mon corps qui exprime une réaction divinement ajustée.

« Aumakua, mon corps exprime désormais la beauté, l'estime personnelle, la vigueur et la joie d'être dans l'unité.

« Aumakua, avec toute la force de mon être, j'invoque CELA ou MIEUX ENCORE, pour mon bien le plus élevé.

« Qu'il en soit ainsi. C'est accompli ! Merci. Diane »

Diane a élaboré sa requête à partir de ce qu'elle ressentait. En la partageant, elle accepte de vous faire part d'une façon de penser, pas d'une recette. Les résultats positifs qui ont suivi l'acheminement de cette demande s'expliquent par l'attitude de Diane au cours du suivi qu'elle y a donné. Voici un extrait des commentaires qu'elle a communiqués par courriel à une amie intéressée par son cheminement. Cette dernière me les a transmis, avec l'accord de Diane.

23 mars 2010

« Notre corps peut véritablement faire de la magie. Il est une sorte d'alchimiste qui exécute allégrement **ce que lui dicte** notre esprit conscient. Combien de fois mangeons-nous un dessert en nous disant que nous prendrons du poids ? Combien de fois avons-nous été rongés par la culpabilité en digérant nos grignotines nocturnes ? Imaginons ce que nous **créons** lorsque nous nous répétons que nous sommes en train d'endommager notre santé ou que nous grossirons. »

26 avril 2010

« Je suis tout à fait ce que j'écris ! J'ai une **foi inébranlable** en la vie. Et je sais qu'elle doit être vécue dans l'allégresse, sans effort. J'ai travaillé sérieusement ma requête. J'ai fait une déprogrammation et une reprogrammation avant la requête. Ensuite, j'ai répété pendant au moins un mois, jour après jour, la requête tout de suite après ma méditation pour que le subconscient soit atteignable et rappelle à mon aumakua les grandes lignes de ma requête. Puis, j'ai décidé un jour de laisser aller, de faire confiance. Je continue de méditer, de respirer, de faire quelques affirmations quotidiennement, mais plus de requête. Étrangement, sans trop d'effort, j'ai changé un peu mes habitudes alimentaires. J'ai réduit mes portions un petit peu. J'ai pris conscience que j'avais cinquante ans et que, dorénavant, j'avais besoin de plus de calcium, par exemple. J'ai décidé de tourner une page sur le passé. Je veux vieillir en beauté et en forme, pas nécessairement mince (si oui, tant mieux!), mais belle en dedans et dans ma tête! J'ai fait beaucoup de sport plus jeune. Maintenant, je marche avec mon beau labrador noir tous les matins pendant presque une heure, puis je médite. J'ai décidé que je m'entraînais maintenant **mentalement**! Alors, je transforme quotidiennement mes pensées dans le but qu'elles soient cohérentes avec "la façon dont je veux vivre". Point. J'ai perdu neuf kilos depuis que nous nous sommes vues, et ce, sans effort! La vie est faite pour être belle. »

Diane a pu se détacher de sa requête parce qu'elle était habitée par la **certitude** et parce qu'elle suivait son intuition au fur et à mesure avec beaucoup de **présence**.

4. Les finances

Une promotion

Anne souhaitait **augmenter ses revenus** à la suite d'une séparation. Elle voulait atteindre les objectifs financiers que sa nouvelle situation matrimoniale impliquait tout en restant dans le même milieu de travail qu'elle appréciait grandement. Prête à s'investir dans un nouveau défi, elle en fit l'objet de sa requête.

20 mai 1995

Requête : Wow! J'ai une super promotion!

« Chaque jour, je deviens de plus en plus autonome et indépendante financièrement. Par cette autonomie, je règle toutes mes dettes. Guidée par la lumière, la paix et la joie, je suis totalement maître de ma vie. Je m'épanouis grandement dans ma vie personnelle et dans ma vie professionnelle. Je travaille avec des gens intéressants, hommes et femmes profondément humains et ayant l'esprit ouvert. Lors d'une super promotion que j'accueille avec joie, les tâches que l'on me confie sont diversifiées, stimulantes et tous mes talents sont mis à contribution : ma créativité, ma grande écoute, mon goût du travail bien fait, mon sens de l'organisation, mon *leadership*, ma sagesse, mon aisance dans les relations interpersonnelles, ma facilité d'expression. J'apprécie la bonne atmosphère qui règne dans mon milieu de travail où les succès sont reconnus, soulignés et célébrés à l'occasion. Avec toute la force de mon être, j'invoque CELA ou MIEUX ENCORE pour mon bien le plus élevé. Anne »

Émotions ressenties en visualisant l'issue recherchée : grande satisfaction, sentiment de réalisation, joie, paix et confiance.

Le Soi divin d'Anne connaissait ses motivations à rechercher cette promotion et lui a offert MIEUX ENCORE, selon elle. Au lieu d'une promotion, son aumakua l'a inspirée pour envisager une autre avenue en vue de régler ses dettes et de devenir financièrement autonome, sans travailler plus fort et en retirant beaucoup de plaisir dans l'expérience.

Dès 1996, ayant l'espace disponible, elle eut soudain l'idée d'héberger un pensionnaire sous son toit. L'expérience s'étant avérée enrichissante autant pour ses fils que pour elle-même, elle continue aujourd'hui d'ouvrir sa maison. Après avoir accueilli pendant une période de six mois un stagiaire de l'étranger, les coordonnées de son gîte ont circulé en Europe et, depuis, le bouche à oreille travaille pour elle sans qu'elle ait à investir du temps et de l'énergie.

Le dynamisme d'Anne est sûrement entré en résonance avec ce qu'elle appelle « la crème des pensionnaires ». Chaque nouvelle expérience lui fait découvrir de nouvelles cultures et la prépare aux voyages qu'elle envisage puisqu'elle en a maintenant les moyens !

De plus, toujours en 1996, après avoir amorcé d'elle-même ces changements pour augmenter ses revenus, sa mère eut l'idée d'avancer une part de l'héritage prévu pour sa sœur et pour elle-même.

Côté boulot, avec l'arrivée d'un nouveau patron en 1996, son travail s'est redéfini complètement selon l'orientation de sa requête. Ses nouvelles responsabilités lui ont apporté tellement d'agrément qu'elle partait travailler chaque matin avec grand entrain. « Tout m'allumait », m'a-t-elle confié. Son poste était le même, mais le travail n'en était plus un. Puis, à deux reprises, elle a eu des offres de promotion... qu'elle a refusées, considérant que sa vie personnelle et sa vie professionnelle la comblaient généreusement. Ces promotions impliquaient des changements, tel un déménagement qu'elle ne désirait pas.

Elle a tout de même considéré sa requête comme exaucée puisque des rentrées d'argent inattendues ont comblé amplement ses besoins financiers, que les changements dans son travail répondaient à chacun des points mentionnés, et ce, sans le surplus de travail qu'aurait entraîné une super promotion. Elle s'est tout simplement placée en processus de croissance par son travail en vue de grandir par elle-même. Dans son milieu, elle a contribué à essaimer les bonnes idées et à créer un climat sain et dynamique. Elle s'est engagée dans un comité social à mettre en place une structure pour souligner la collaboration de chacun au sein du groupe.

Ce succès l'a encouragée à continuer d'alimenter ses rêves pour les transformer en réalités. Elle m'a fait part de l'analogie qui la motive depuis : « C'est un peu comme lorsque je fais une commande par catalogue ou par Internet. Je visualise l'objet de mon désir (visualisation) puis je l'identifie avec précision (élaboration de la requête). J'accumule la somme d'argent requise pour l'obtenir (énergie mana), je fais les démarches appropriées pour le recevoir (acheminement de la requête) et j'attends avec **confiance** sans savoir quel jour ça va arriver ! Comme j'ai fait tout ce qu'il faut pour l'obtenir, j'attends avec **enthousiasme** ce que j'ai demandé ! Je **sais** que ça s'en vient (foi). »

Anne a vraiment intégré la pensée positive et **persévère toujours avec détermination** à prendre les moyens pour se réaliser à travers ses rêves. Maintenant, par contre, l'éveil de sa conscience la ramène rapidement à réévaluer sa direction sans avoir recours à la procédure de requêtes comme autrefois, puisqu'elle voit constamment à maintenir une bonne communion entre ses plans de conscience en **corrigeant rapidement tout déséquilibre énergétique**.

5. Les apprentissages

Les études et la vie

Un apprentissage implique la motivation, la détermination et la persévérance. Le manque d'estime d'elle-même commençait à fragiliser ces belles qualités chez Myriam. Ouverte à expérimenter avec son subconscient un rituel de déprogrammation suivi d'une reprogrammation sur l'estime personnelle, elle a commencé à percevoir des changements dans sa propre énergie au bout de trois semaines.

Encouragée par des manifestations tangibles, elle a voulu aller plus loin pour agir sur sa vie. Dans la poursuite de ses études, essayant d'orienter sa vie dans la bonne direction, Myriam démontrait par son attitude qu'elle était prête à s'engager dans une démarche de requête.

Son texte illustre un autre bon exemple d'une **requête ouverte**. Puisque Myriam avait l'ouverture de conscience pour y intégrer une intention de développement spirituel, le texte peut être compris à plus d'un niveau. Chacune des phrases correspond à un objectif concret qu'elle visualisait aisément dans sa vie d'étudiante. Toutefois, en évitant d'être trop spécifique quant à l'issue désirée, elle accepte de s'ouvrir à des potentialités dans un contexte plus large. Cela est possible quand une personne est habitée par une grande confiance.

Elle tenait à s'adresser directement à Dieu. Comme la croyance a un fort impact sur le résultat, il est important d'en tenir compte.

Requête : Je célèbre mes réussites

« Dieu, j'invoque ton aide pour relever mes défis. Apporte-moi la compréhension. Intensifie ta lumière pour que je capte vite les réponses à mes questions. Réveille mes forces, mes talents et mes dons. Je veux rejoindre ma propre étoile, celle de la réussite. Aide-moi à fournir l'énergie pour y arriver. Avec toute la force de mon âme, j'invoque CELA ou MIEUX ENCORE pour mon bien le plus élevé. Merci, merci, merci ! Myriam »

Elle **visualise** l'aide des archanges et des anges, de ses guides et de son groupe d'âmes. Ils font du ménage dans sa conscience, lui insufflent la volonté de réussir et mettent de l'ordre dans ses idées. Et elle a tellement de plaisir à écouter leurs messages de réussite !

Émotions liées à sa réussite : célébration, fierté, joie, enthousiasme, confiance, affirmation, goût d'avancer, détermination, plaisir d'apprendre, gratitude.

Image de sa réussite : « Je fête chaque réussite devant un bon repas, accompagnée de mes proches. Je remercie Dieu et tous les êtres qui m'ont aidée. »

La danse

Ce qui suit aurait pu être classé dans la catégorie des relations humaines tout comme dans celle des apprentissages. Marie-Hélène et Pierre, que j'ai pu joindre après tant d'années, ont accepté avec générosité de témoigner d'une requête conjointe portant sur leur développement à travers la danse. Animés par le même élan, ils ont choisi le même titre en ajustant les dimensions propres à leur perspective. Avec simplicité, clarté et concision, leur démarche éclairée est une grande source d'inspiration.

ELLE :

11 février 1996

Requête : Je danse dans la joie

« Aumakua, j'invoque de danser de mieux en mieux avec Pierre.

Aumakua, j'invoque qu'en dansant, notre cohésion devienne parfaite et que nous ayons de plus en plus de plaisir ensemble.

Aumakua, j'invoque d'apprendre rapidement de nouveaux pas.

Aumakua, j'invoque d'établir une communication efficace avec Pierre dans la danse afin de me laisser très bien guider, de danser avec allure, grâce et précision.

Avec toute la force de mon être, j'invoque CELA ou MIEUX ENCORE pour mon bien le plus élevé, celui de Pierre et celui de l'humanité.

Qu'il en soit ainsi.

C'est accompli.

Merci.

Marie-Hélène »

LUI :

11 février 1996

Requête : Je danse dans la joie

« Aumakua, j'invoque d'être un excellent danseur.

Aumakua, j'invoque d'avoir la force physique adéquate pour danser avec aisance et facilité.

Aumakua, en dansant avec Marie-Hélène, j'invoque d'établir une communication efficace avec elle afin de la guider clairement.

Aumakua, j'invoque d'être un excellent danseur en style moderne, en style latin et en style sud-américain.

Aumakua, avec toute la force de mon être, j'invoque CELA ou MIEUX ENCORE, pour mon bien le plus élevé, pour celui de Marie-Hélène et celui de l'humanité.

Qu'il en soit ainsi.

C'est accompli.

Merci.

Pierre »

À l'automne 2011, au moment où je les ai joints, Marie-Hélène me parla de cette requête comme d'un tournant magique de sa vie. Par cette requête, Marie-Hélène et Pierre qui venaient tout juste de se connaître dans un cours de danse établissaient les bases de leur relation, avec ouverture et confiance. Le fait de préparer cette demande ensemble leur a permis d'aborder la relation avec une profondeur plus accentuée, de gravir des étapes pour se rapprocher d'une façon harmonieuse et finalement de dépasser leurs insécurités pour apprivoiser l'amour.

Le titre quant à la danse représentait le pur plaisir. Avec le recul, Marie-Hélène à qui j'ai relu la requête dont elle m'avait laissé la copie se rendit compte que ce vœu était un tremplin pour intégrer la joie et le plaisir dans une relation, pour donner de la cohésion à leur couple et pour les amener tous les deux à la communication extraordinaire qui est depuis l'assise de leur relation.

Somme toute, à travers la danse, Marie-Hélène et Pierre vivaient concrètement un projet commun et démontraient une ouverture à d'autres dimensions. La collaboration de leurs âmes en poa aumakua en vue d'assurer le succès de cette vision partagée a sûrement contribué à les faire évoluer ensemble depuis tout ce temps.

Selon le témoignage de Marie-Hélène, que je me permets de citer ici, cette requête sujette à plusieurs niveaux possibles de manifestations était assez ouverte pour attirer MIEUX ENCORE dans leur vie : « À travers cette démarche, cela a été une révélation de voir Pierre si ouvert et si réceptif par rapport à des choses qui m'allumaient tellement. Comme cela m'a permis de le voir sous un autre angle ! Cela a été marquant pour moi. Cela a été marquant pour nous deux. Sans doute ai-je tant misé sur la danse parce que je n'osais miser sur l'amour. La danse a été là pendant plusieurs années et quand nos jambes se sont fatiguées, l'amour est resté. Et l'amour était ce que mon cœur et mon âme désiraient. J'aime tourner au son d'une musique enlevante. J'aime me laisser guider. J'aime les jolies robes, les bijoux et les souliers que l'on met pour danser. Plus que tout, c'est l'amour qui me nourrit et m'élève et qui nourrit chaque parcelle de mon quotidien. Je crois qu'avec des déceptions passées, ou un manque de confiance, je n'osais demander qu'un tel amour se concrétise, mais il s'est concrétisé, avec la danse en plus ! Mon professeur de reiki me disait que lorsque "quelque chose est vraiment pour nous, nous l'avons, avec un cadeau en plus pour nous montrer que l'on est dans la bonne voie". La danse était ce cadeau.

« Ce que je voulais, c'était l'amour. Que je n'osais demander. La vie a été plus intelligente, plus perspicace ou tout simplement plus belle et m'a donné les deux. Un cadeau, et surtout ce que je voulais vraiment, mais que je n'osais pas demander. Pourquoi nous accorder moins quand la vie nous offre plus ? Pourquoi nous limiter ? »

6. Le volet humanitaire

❀ Une requête collective

Comme nous sommes tous reliés, nous sommes constamment cocréateurs des manifestations qui se présentent à grande échelle. Quand chacun de nous élève sa fréquence vibratoire, reste centré dans son cœur sacré, nous avons conjointement le pouvoir de transformer le monde selon la vision commune que nous partageons. Chaque personne qui élève sa fréquence vibratoire agit sur son environnement. Dès lors, la magie se crée dans plusieurs milieux.

Dans cet esprit, je vous invite à former un poa aumakua, soit un regroupement de supraconscients, et à faire circuler une requête collective sous la forme qui vous convient. L'apport de chaque personne est important. **La communion des âmes vers un même objectif est extrêmement puissante. Contribuez activement à l'émergence de la lumière.**

Avec enthousiasme, engagez-vous dans un processus d'élévation de la conscience. Invoquez l'appui du puissant poa aumakua pour que chacun de vous intègre la détermination, la volonté, le courage, la persévérance et la confiance pour reconnaître et jouer spontanément son rôle personnel et humanitaire. Faites émerger votre essence divine par une harmonisation intérieure et une amplification des énergies d'amour, de paix et de gratitude.

Avec le temps, votre conscience s'éveillera plus spontanément aux messages qui vous sont destinés, vous réagirez plus rapidement aux invitations à faire du nettoyage par le Ho'oponopono, vos baisses d'énergie seront de plus en plus brèves, vous serez de plus en plus inspiré, de nombreuses synchronicités se manifesteront, etc. Et vous serez motivé à poursuivre votre contribution.

Graduellement, votre vie deviendra une méditation en continu et vous expérimenterez l'instantanéité entre la pensée et la manifestation.

✽ Une requête personnelle ouverte

Dans le même ordre d'idées, Céline, de retour au pays après avoir œuvré pendant plusieurs années en soutien à des causes humanitaires, avait une idée très claire de ce qu'elle recherchait.

11 septembre 1995

Requête : Je suis un instrument de lumière

« Cher aumakua, dans le cours de mon évolution spirituelle et du cheminement que j'ai à vivre, je veux être divinement guidée par ta lumière. Je veux que mes talents et mes ressources soient mis à contribution dans mon prochain travail. Par ce travail, je veux être un instrument de lumière pour participer au mieux-être de tous les habitants de la planète Terre, pour les faire cheminer, pour les amener à prendre le contrôle de leur vie, animée par une énergie d'amour. Pour accomplir cette mission, je veux régler ce qui doit être réglé dans ma propre vie et atteindre l'équilibre sur les plans suivants :

- Je veux une santé parfaite à tous les niveaux.
- Je veux les ressources financières appropriées.
- Je veux les ressources humaines appropriées pour l'accomplissement de ce projet.
- Je veux une vie affective et émotionnelle gratifiante avec un partenaire engagé lui aussi dans l'énergie

> d'amour pour le mieux-être des habitants de la planète Terre.
>
> « Cher aumakua, je veux recevoir les outils pour me permettre cette réalisation et le discernement pour les reconnaître et les utiliser judicieusement, guidée par ta lumière divine. Avec toute la force de mon être, j'invoque CELA ou MIEUX ENCORE pour mon bien le plus élevé. Qu'il en soit ainsi. C'est accompli. Merci. Céline »

Les résultats ne se sont pas fait attendre. Connaissant la détermination, la foi et l'engagement de Céline, je savais qu'elle s'investirait dans son projet en mobilisant toute son attention pour déterminer les indices qui la feraient avancer. Toute son énergie s'activait donc pour mobiliser ses plans de conscience dans une même direction. Au printemps de l'année suivante, elle m'a téléphoné pour partager de bonnes nouvelles. Tous les aspects de sa requête avaient été exaucés puisqu'ils prenaient tous un sens dans la mission qu'elle s'était donnée. Voici le regard qu'elle porte aujourd'hui sur la manifestation de sa requête.

« En 1995, quand j'ai écrit cette requête, je travaillais dans une résidence de personnes âgées comme infirmière. J'y mettais beaucoup d'amour autant pour les résidents que pour mes compagnes de travail, qui me le rendaient bien. J'ai toujours cru que nous étions sur terre pour nous aimer et nous serrer les coudes. Cette année-là, j'ai reçu un rêve.

« J'entrais dans un restaurant avec ma sœur aînée. Un homme était assis seul à une table. Je ne le connaissais pas. “C'est lui, ton futur partenaire ! Vous aurez la même mission tous les deux !” m'a dit ma sœur dans le rêve.

« Un an plus tard, en 1996, après une méditation de groupe, à une librairie, je l'aperçus et le reconnus immédiatement comme étant l'homme de mes rêves. Il s'occupait alors de faire connaître des foyers au bois les moins polluants de la planète.

« Évidemment, je le secondai de mon mieux pendant les treize années que nous avons vécu ensemble. Ce travail, au fond, n'était qu'une excuse pour rencontrer beaucoup de monde, soit lors de salons d'habitation ou lors de visites à notre domicile des futurs acheteurs de ces foyers. Presque invariablement, les conversations tournaient autour de la spiritualité. Normand, expert en construction, se faisait un plaisir de donner des conseils à tous ceux qui se préparaient à bâtir leur nouveau foyer. Lui aussi avait compris qu'il devait coopérer au mieux-être de son entourage, animé par une énergie d'amour. Normand et moi, nous nous aimions beaucoup. Ce fut gratifiant de vivre avec cet être aussi charismatique.

« Pour le moment, je suis en parfaite santé. J'habite une belle maison construite avec amour par Normand, avant son décès, en janvier 2009. Depuis février de la même année, je fais du bénévolat dans une maison d'édition à but non lucratif, entourée d'un personnel extraordinaire.

« Enfin, à la mi-octobre 2011, j'ai fait la rencontre d'un homme formidable, qui lui aussi désire cheminer pour devenir une meilleure personne. Je le sens animé par une énergie d'amour envers ceux qu'il côtoie. Je crois donc avoir été divinement guidée par la lumière, selon ma requête.

Céline »

22-11-2011

Chapitre 8

La présentation et la réussite de votre requête

La présentation

C'est maintenant le temps de présenter votre requête à votre Soi divin. Le rituel proposé ici vise à amplifier la synergie entre vos plans de conscience tout en vous plongeant dans un état de détente profonde :

1. Le contexte

Avant de commencer, choisissez le contexte le plus favorable à une grande concentration : lieu, temps, support auditif, ... Puis, gardez les yeux fermés pour rester concentré.

2. La participation

En vue d'engager la communion de tous vos plans de conscience dans votre processus, faites une série de cinq respirations Ha adressées en cadeau à :

- la force créatrice de l'Univers, la Source ;
- aumakua, votre supraconscient ;
- uhane, votre conscient ;
- unihipili, votre subconscient ;
- votre corps physique.

La conscience augmente quand on se relie à chaque niveau de l'être avec gratitude.

3. Les respirations Ha spécifiques

Poursuivez avec quelques respirations Ha spécifiques à votre requête. Ainsi, pendant l'étape de l'expiration, nommez mentalement le titre de votre requête en visualisant avec enthousiasme l'image correspondant au résultat attendu. C'est l'énergie mana construite spécifiquement pour cette requête jusqu'à ce jour qui sera présentée au supraconscient. Gardez les yeux fermés jusqu'à la fin pour maintenir un bon contact.

4. Unihipili, votre intermédiaire

Votre subconscient, unihipili, doit vous accompagner pour la rencontre avec votre supraconscient, aumakua. Invitez-le à jouer son rôle d'intermédiaire entre vous, esprit conscient, et votre supraconscient et faites en sorte d'engendrer son enthousiasme.

5. La transformation en mana loa

Demandez tout simplement à votre subconscient de regrouper toutes les surcharges d'énergie mana___________ (titre de votre requête) emmagasinées à ce jour et de les acheminer à votre supraconscient aumakua. C'est une directive qu'il comprend spontanément puisque c'est lui qui gère l'énergie. Lui seul a la capacité de la transformer en mana loa afin qu'elle soit adaptée pour votre conscience supérieure.

6. Le contact intense avec votre aumakua

C'est le moment d'entrer en contact avec votre supraconscient. Bien préparé, en ayant engagé votre subconscient dans votre démarche, vous allez vraiment ressentir la puissance de votre Soi divin.

❃ Le contact

Transportez-vous mentalement dans un lieu inspirant pour communiquer avec votre aumakua. Visualisez son accueil chaleureux. Comme lorsque l'on rend visite à un être cher, exprimez votre joie et faites-lui un cadeau. Laissez-vous guider par ce qui monte spontanément : une image, une parole, un symbole, une respiration de gratitude, etc.

❋ L'énergie de transformation

Votre mana puissamment converti en mana loa préalablement a été reçu par votre Soi divin. Visualisez sa force. Il ne reste qu'à communiquer précisément l'objet de votre requête pour que l'énergie de transformation entre en action.

❋ La présentation de la requête

Selon la modalité prévue au point 9 de la préparation de votre requête, présentez celle-ci à voix haute en commençant par le titre. Prenez le temps de bien peser chaque mot et d'en ressentir l'impact avec enthousiasme.

Tout ce protocole permet d'intensifier votre attention. Concentrez votre attention uniquement sur l'objet de votre requête dûment planifiée lors de la préparation du texte. Attention ! Si, pendant cette phase de présentation, votre pensée dérape, vous attirerez l'objet de ce dérapage.

❋ La visualisation et les émotions

Imprégnez-vous de la séquence vidéo correspondant à la manifestation du résultat demandé et prenez le temps de ressentir fortement les émotions et les sensations qui y sont associées. Cela est très important puisque votre subconscient, qui collabore étroitement avec vous, est d'abord impressionné par les émotions, puis par l'image et enfin par le texte.

7. La gratitude

Remerciez votre aumakua et votre unihipili pour leur belle collaboration. Ouvrez vos yeux.

8. L'action

C'est parti ! Considérez le résultat de votre requête comme étant en voie d'accomplissement et passez à l'action pour activer le mouvement en cours.

Tableau 10
La présentation à votre supraconscient

1. Choisissez un contexte favorable à la détente. Fermez vos yeux.
2. Faites une série de cinq respirations à offrir en cadeau à chaque plan de conscience pour intégrer l'unité et la gratitude.
3. Respirez un peu de mana spécifique à votre requête en guise de rappel.
4. Invitez votre unihipili à collaborer avec enthousiasme.
5. Demandez-lui d'acheminer vos réserves de mana à votre aumakua.
6. Joignez votre aumakua. Visualisez un lieu inspirant et ressentez la puissance de l'énergie transformée. Concentrez-vous sur votre requête en visualisant les résultats avec émotion (lecture complète la première fois seulement).
7. Remerciez toutes les énergies qui collaborent à votre succès.
8. Considérez le changement qui s'active progressivement.

Le suivi de votre requête

Une fois que votre requête se trouve entre les mains bienfaisantes de votre aumakua, vous, esprit conscient, avez la responsabilité d'en assurer le suivi en tenant compte des considérations suivantes :

1. Le contenu écrit

Votre requête est apparentée à une semence mise en terre. Le contenu écrit de votre requête correspond à une graine d'une nature spécifiquement appropriée à ce que vous désirez. **Le texte et la visualisation qui y est associée doivent demeurer inchangés.** On ne sort jamais une graine de terre pour y apporter une modification. Sinon, elle mourra. Le semis a été fait ; il faut maintenant en assurer la croissance par une attention soutenue et des soins bienveillants.

2. Votre cohérence

Toutes les pensées positives qui vous habitent quant à l'issue recherchée représentent votre terreau puisque vous attirerez immanquablement ce que vous pensez. Prenez pleinement conscience de vos croyances et de vos réflexions au sujet de votre requête. Une terre riche, exempte de déchets toxiques est fort prometteuse. Fertilisez-la régulièrement avec un ajout de compost ou de matières nutritives. Ces interventions se réfèrent aux actions que vous faites et aux attitudes que vous manifestez lorsqu'elles reflètent avec cohérence l'effet que vous attendez. Écoutez-vous parler et regardez-vous agir pour participer avec conscience à la transformation que vous visez. Donnez-vous des commandes contradictoires ? Contribuez-vous au maximum à son succès ? Par exemple, la réussite dans les études implique un engagement concret dans le développement de compétences.

3. Votre apport régulier d'énergie mana

- **Détendez-vous afin de bien vous concentrer sur votre objectif** quand vous faites vos respirations conscientes. Quand vous aurez développé vos compétences en radiesthésie, vous serez en mesure de valider la qualité de vos respirations dirigées.
- **Construisez chaque jour de l'énergie mana** spécifique à votre requête en accumulant des réserves d'énergie_______________(titre de votre requête) grâce à la respiration Ha. Pendant la phase expiratoire, répétez-vous

mentalement le titre que vous avez choisi. Ainsi, votre unihipili comprendra que cette énergie vient soutenir votre requête. Demandez-lui de la mettre en réserve d'ici le prochain contact avec votre aumakua.

- Ressentez l'accumulation d'énergie avec émotion. Imprégnez-vous des sensations liées à l'accomplissement de votre vœu en vous imaginant vivre votre nouvelle condition. Mettez-y le paquet !
- Pour nourrir le germe d'une manifestation prochaine, vous devez impressionner votre subconscient par l'importance que vous y accordez. Ainsi, votre régularité à construire de l'énergie aura de l'effet et contribuera grandement à votre succès.
- **Présentez régulièrement**, soit quotidiennement ou chaque deux jours, **l'énergie accumulée pour votre requête à votre aumakua.** Elle s'activera seulement à partir du moment où elle sera reçue par votre Soi divin. C'est à cette occasion que votre unihipili contribuera à transformer votre mana en mana loa, énergie tellement plus puissante !

En vue d'établir le contact avec votre supraconscient, il est suggéré de reprendre le protocole suggéré au tableau 9. Toutefois, vous n'avez pas à lire de nouveau le texte complet à votre Soi divin dans cette démarche quotidienne. Votre aumakua a déjà pris connaissance du contenu de votre requête et à ce niveau de conscience, point n'est besoin de répéter. Vous pouvez donc omettre l'étape correspondant à la lecture du texte. Donnez-vous des stratégies pour intégrer globalement les étapes de la démarche et vous serez en mesure de vous concentrer aisément en vue de ressentir un état de bien-être à chacun des contacts.

Par contre, si vous sentez que votre petit unihipili a réellement besoin d'être impressionné régulièrement, qu'il souhaiterait entendre le contenu de votre requête à nouveau, faites-le pour lui. Toutes les modalités susceptibles de le motiver à collaborer sont valables. Dans un tel cas, vous allez le ressentir par l'excitation qu'un message chanté, par exemple, ou encore qu'une relecture vous apportera. En lisant votre lettre juste avant de vous endormir, vous imprégnerez fortement dans la substance aka de votre subconscient une croyance qui ne sera pas dérangée pendant plusieurs heures. Vos formes-pensées gagneront en puissance. En gravant profondément votre message, votre Unihipili s'en imprègne et réagit de plus en plus fébrilement à son évocation puisqu'il sent que c'est ça qui vous fait plaisir. Vous le gagnez à votre cause. Pensez à le remercier pour sa merveilleuse collaboration.

Ainsi, tout votre trio s'active conjointement dans une communion de pensée.

Les critères de réussite d'une requête

Plusieurs facteurs entrent en ligne de compte pour assurer le succès de toute requête acheminée à votre aumakua. **La magie s'installera pourvu que vous y participiez activement.**

1. La discrétion

À moins de contribuer conjointement à la même requête, ne partagez jamais avec vos proches et vos connaissances votre démarche ainsi que les manifestations qui en indiquent la progression quand il est question d'une requête. C'est un processus d'accomplissement **personnel** qui se vit en vous, dans les profondeurs de votre conscience. Vous êtes en mesure d'avancer par vous-même. Pour que vos désirs puissent se manifester, vous devez absolument garder autour de votre projet personnel le caractère « secret » qui doit l'entourer afin de le préserver des énergies négatives involontaires des autres.

Gardez une attitude discrète, inflexible et déterminée. Votre confiance est inébranlable puisque votre vœu repose désormais entre les mains de votre aumakua. La réalisation de votre plan est activée par la puissance illimitée de votre Soi divin, par l'énergie que vous accumulez et par la collaboration soutenue de votre subconscient. C'est là que se situe votre force. Souvenez-vous-en !

Seules les requêtes collectives peuvent être partagées puisqu'elles sont soutenues par un regroupement d'âmes agissant en poa aumakua.

2. La conviction profonde, la foi

Fort de cette attitude, **ne vous laissez jamais impressionner par les apparences**. Il m'est arrivé à maintes reprises de vivre des manifestations totalement opposées à ce que je visais. Plutôt que de semer le doute en moi, je les reconnaissais comme des illusions conçues pour tester mes convictions et je persistais de toutes mes forces à maintenir mon cap. Ces expériences se manifestaient souvent comme un dernier nettoyage avant la libération totale reliée au changement à venir. Je vous livre ici quelques exemples à l'appui.

Quatre jours avant que se manifeste ma guérison totale des allergies alimentaires et de l'hypoglycémie, j'ai vécu la réaction alimentaire la plus sévère jamais expérimentée auparavant.

Deux jours avant mon départ pour la Chine, en vue de l'adoption, j'apprends que l'on ne trouvait pas mon dossier à Immigration Canada, dans le contexte d'un déménagement des bureaux dans une autre province. J'avais besoin des documents du ministère canadien avant qu'intervienne Immigration Québec. Le tout s'est finalisé quinze minutes avant la fermeture des bureaux, la veille de mon départ prévu au petit matin.

Financièrement, chaque fois que j'ai eu des fluctuations importantes de mes rentrées d'argent, j'ai considéré la situation comme temporaire, convaincue que j'étais née pour l'aisance.

Libérez-vous des pensées négatives. Ne laissez jamais les peurs, l'insécurité ou le doute vous envahir.

3. La discipline

Pendant quelques années, en étant attentive à garder mon énergie élevée et en ayant une attention clairement orientée sur ce que je désirais, je l'obtenais sans avoir à faire de requête spécifique. Pourquoi ? Parce que **sans investir un surplus de**

temps, je maintenais avec assiduité une communion harmonieuse entre mes plans de conscience. Dès mon réveil, je rappelais à mon subconscient, comme un aide-mémoire, les convictions et les principes qui guident maintenant ma vie; j'entretenais aussi avec constance la connexion avec mon « Soi » supérieur, qu'il y ait une requête en cours ou non.

Malgré tout, je me suis graduellement laissé happer par les défis et le rythme trépidant associés à mon travail à la commission scolaire. Délaissant mes précieux outils parce que je n'avais plus de temps (!) à investir pour moi-même, je me suis graduellement sentie dépassée par les attentes qui se multipliaient. Je suis devenue perméable au stress environnant puisque j'étais tout simplement déconnectée, tiraillée par la dualité. C'est ainsi que j'ai eu à régler un schéma de comportement important quand, à travers une dépression, la vie m'a invitée à faire le point. J'ai dû reconnaître le déséquilibre que j'entretenais par mon côté sauveur qui aurait voulu aider tous les enseignants, mais je n'avais pas les conditions pour le faire et mon côté maternel qui se sentait impuissant à régler toutes les situations qui se présentaient avec mes adolescents.

La solution se trouvait dans l'accumulation d'énergie d'amour pour moi-même afin que mon trio collabore et s'élève au-dessus des déséquilibres que j'attirais. Ce temps d'arrêt m'est finalement apparu comme un cadeau pour m'inviter à reconnaître encore une fois mes limites et à prendre le temps qu'il faut pour nettoyer mes pensées et changer de perspective. C'est l'occasion qui m'était offerte pour reconsidérer le bagage que je transportais sur mes épaules afin de remettre à chacun ce qui lui appartenait. Encore aujourd'hui, je dois réagir rapidement lorsqu'une demande m'est faite afin de résister à prendre la responsabilité des expériences que les autres « se font arriver ».

Si, dans ce tourbillon, j'avais maintenu une **discipline spirituelle**, j'aurais évité cet apprentissage à la dure. Par une requête, pendant la phase de « germination » de vos « semences », vous êtes invité à **prendre cette habitude de construire d'importants surplus d'énergie et de vous mobiliser dans une**

collaboration intensive avec vos plans de conscience. Vous atteindrez ce que les Hawaïens appellent l'« état *pono* », qui signifie « l'ordre parfait, corrigé ». Conservez cette bonne habitude pour le reste de votre vie, en toutes circonstances, même si vous n'avez pas de requête en cheminement. Intégrez la discipline quotidienne qui installe cette belle communion dans un objectif d'élévation et toutes les facettes de vos expériences en seront allégées. **La respiration Ha est une source d'élévation et de vie; elle doit ponctuer toutes vos journées**, sans qu'il y ait nécessairement un protocole pour l'accompagner.

Max Freedom Long avait l'habitude de répéter à qui voulait bien l'entendre : « *If you're not using Huna, you're working too hard*[18] » pour souligner la rentabilité et l'efficacité des outils mis à votre disposition par le Huna.

4. Une requête à la fois

Il est nettement préférable d'investir votre temps et votre énergie sur une seule requête à la fois jusqu'à l'obtention du résultat afin de mobiliser entièrement l'attention de votre subconscient vers l'issue recherchée. Quand une personne mène plusieurs requêtes de front, elle tend à disperser son énergie et à ralentir le cheminement de chacune. Son unihipili fait difficilement la part des choses et collabore avec beaucoup moins de conviction.

5. Le moteur de votre motivation

Qu'est-ce qui anime votre volonté de changement? Soyez honnête envers vous-même. La peur de la souffrance ou du drame, la culpabilité, la déception ou l'insécurité peuvent parfois créer un mouvement apparemment positif, mais le changement amorcé par ce que vous voulez éviter sera très fragile. L'énergie négative qui anime votre volonté de changement doit être transformée d'abord, comme vous le découvrirez au point suivant.

18. Si vous n'utilisez pas le Huna, alors vous déployez beaucoup trop d'efforts inutilement.

Une amie vient tout juste de m'acheminer l'adresse d'un site, « Matin magique », qui dans son court message d'aujourd'hui illustre parfaitement ce propos : « Quand une chose nous tient à cœur, notre premier réflexe est de regarder les conséquences d'un échec potentiel, la déception qui nous habitera si nous ne réussissons pas... Nous utilisons la peur pour nous motiver à créer un mouvement, finalement. Si nous ne voulons pas perdre du poids, par exemple, nous réfléchirons aux kilos que nous prendrons si nous ne faisons pas assez d'exercice et si nous mangeons excessivement. Nous penserons peut-être aussi à la culpabilité qui nous grugera – oh ! et que nous nous promettons de cultiver abondamment – si nous ne respectons pas notre plan. Sinon, comment pourrions-nous atteindre notre but, n'est-ce pas ?

« **On peut tout avoir.** On peut réussir sans avoir peur de tomber. On peut cultiver la santé sans craindre la maladie. On peut atteindre son poids désiré sans détester l'obésité. On peut être amoureusement prudent sans avoir besoin de penser aux accidents. Non seulement le peut-on, mais c'est la façon la plus gracieuse, la plus saine et la plus magique de s'accomplir et de contribuer. C'est ainsi que l'on est censé vivre, en fait... Rien d'autre ne peut vraiment fonctionner » (Charron, 2011).

Reconnaissez votre motivation profonde, regardez-la en face et préparez-vous à vivre la transformation à la source pour produire un changement en profondeur.

6. Les changements de vibrations

Dans certains cas, quand l'issue visée par votre requête représente un défi pour lequel vous êtes insuffisamment préparé, un changement de vibrations s'impose. Votre aumakua se chargera de vous proposer des expériences à votre mesure afin de vous libérer de vos limitations et de vous équiper de forces grandissantes pour le cheminement à poursuivre. Accueillez-les avec courage et gratitude. Vous pouvez être invité à transformer un schéma de comportement bien ancré ou encore à envisager un nouveau tournant dans votre vie. Ces occasions opportunes vous sont offertes pour défaire les résistances qui freinent votre avancement. Vous trouverez au neuvième chapitre des pistes pour y arriver. Laissez-vous guider à petits ou à grands pas vers la voie la meilleure pour vous. Transformez graduellement vos pensées et vos croyances pour que se manifeste l'objectif de votre requête.

En vous initiant au processus de la requête avec une demande toute simple la première fois, vous éviterez d'être déstabilisé par l'envergure d'attentes trop grandes. Vous avez en tout temps la possibilité de graduer vos explorations en vue de naviguer aisément dans votre parcours de vie. Vous seul choisissez votre rythme de croissance.

7. L'urgence d'une requête

On ne peut jamais exiger de délai pour l'obtention de quelque requête que ce soit. Toutefois, quand l'issue de celle-ci est reliée à un facteur de temps, vous avez la possibilité de lui donner des « soins intensifs ». Cela équivaut à construire une quantité impressionnante d'énergie mana à cette fin en faisant ressurgir puissamment les émotions et l'image associées au résultat. Avec intensité, détermination et confiance, p-e-r-s-i-s-t-e-z jusqu'à la manifestation du résultat. Tout ce que vous pouvez faire pour accélérer le processus, **c'est intensifier votre foi dans le résultat, construire encore plus d'énergie mana et aller la porter à votre aumakua avec beaucoup de régularité**. Cette mobilisation renforce la collaboration entre vos plans de conscience pour atteindre votre finalité.

8. Le niveau de difficulté

Certaines réussites sont instantanées tandis que d'autres sont graduelles.

Il en va parfois de l'envergure des apprentissages que vous vous apprêtez à faire et de l'état d'avancement du nettoyage de vos pensées en lien avec l'issue que vous recherchez. Pour la même personne, le résultat peut tantôt se produire avec une rapidité époustouflante, tantôt prendre un long temps d'incubation avant de se manifester. C'est directement relié à votre cheminement par rapport au sujet qui est abordé.

À la suite de ma première requête en guérison, j'ai réglé très rapidement et assurément l'hypoglycémie et les nombreuses allergies alimentaires qui me limitaient en ayant amplement cheminé pendant un an avec une naturopathe qui me suivait toutes les semaines. Un mois plus tard, je me suis rendu compte que, du même coup, mon allergie aux guêpes avait disparu après m'être fait piquer à trois endroits sur le corps, sans réaction. Je n'avais pas eu besoin de mon EpiPen. Quant aux épisodes de méningites, j'ai cru qu'il n'y aurait plus jamais de récidives jusqu'à ce que je m'offre un quinzième et dernier épisode trois jours avant ma convocation à la cour en hébergeant des peurs très profondes. J'ai cédé dans un contexte de forte pression, devant un enjeu d'une importance capitale pour moi, soit la garde de ma fille à la suite d'une séparation. Je devais expérimenter le lâcher-prise total avant la nouvelle date de convocation à la cour, prévue trois mois plus tard. Ce volet de ma guérison nécessitait que je fasse beaucoup de nettoyage par le Ho'oponopono. J'ai privilégié les rituels associés aux événements de même que ceux qui assainissent les relations entre les personnes. Après m'être investie avec beaucoup d'émotion dans les jeux de rôles proposés, j'en suis venue à accepter que si l'âme de ma fille était venue faire ses apprentissages au contact intensif de son père adoptif, les événements m'initieraient au détachement. Si, au contraire, j'obtenais le privilège de l'accompagner de plus près tout au long de sa vie, c'est que tout était bien ainsi. J'ai donc activé intensivement la connexion avec mon aumakua pour intégrer le détachement et le lâcher-prise.

Contrairement aux pronostics reliés à cette maladie, ça fait maintenant plus de quinze ans que je suis libérée des souffrances reliées aux méningites à répétition. Depuis ce temps, j'ai acheminé de nombreuses autres requêtes à mon aumakua ainsi que l'ont fait de nombreuses personnes autour de moi sur différents sujets. Pour ma part, certaines ont donné des résultats positifs en quelques jours, tandis que j'ai dû m'investir pendant presque deux ans pour un changement qui me poussait à affronter de grandes résistances bien ancrées. Selon qu'un aspect de votre demande apparaît ou non comme un défi, ça peut prendre plus ou moins de temps pour voir se manifester les résultats attendus. Si vous sentez monter l'impatience, retournez voir le libellé de votre texte et explorez l'envergure de chaque changement demandé. Y a-t-il d'autres personnes en cause ? Y a-t-il plusieurs aspects ou est-ce une demande très circonscrite ? Comme mentionné précédemment, vous ne pouvez jamais fixer de date pour l'aboutissement d'une requête ; vous ne pouvez qu'appliquer les mesures dites « d'urgence ».

Le nettoyage

Au fur et à mesure, soyez attentif aux signes qui vous sont envoyés, nettoyez le réseau de communication de votre trinité et faites du Ho'oponopono ou des affirmations de pardon, au besoin, approches expliquées dans les chapitres qui suivent.

Vous êtes le magicien de votre vie. Amusez-vous ! Vous avez le pouvoir d'en changer le cours.

Quatrième partie

LE NETTOYAGE DES MÉMOIRES

La transformation que vous activez par votre requête implique dans certains cas un nettoyage des pensées et des croyances hébergées par votre esprit subconscient. S'il s'est embourbé de traumatismes, s'il s'accroche à des croyances désuètes ou s'il s'attire des souffrances répétées, vous devez conscientiser les formes-pensées qui l'empêchent de s'harmoniser avec la pensée divine qui vous inspire et vous guide.

Un petit voyage d'exploration en profondeur vous libérera de l'enchaînement au passé pour construire dès maintenant et à chaque instant un moment présent garant du plus bel avenir.

Chapitre 9

La programmation de votre esprit subconscient

Les affirmations à répétition, rappels adressés au subconscient

Pour mettre en place de nouvelles croyances, intégrez certains rituels de rappel. Les affirmations répétées avec régularité attirent l'attention de votre subconscient, qui les emmagasine en mémoire en leur donnant une importance relative à l'intérêt suscité. La mise en scène est de votre ressort.

1. La voix

On m'avait déjà mentionné des stratégies susceptibles d'amplifier l'effet d'affirmations en évaluant que de les répéter en pensée valait 1, de les dire à voix haute était estimé à 5 tandis que de les chanter augmentait à 60 leur puissance. Sans m'attarder aux chiffres, je conçois aisément cette amplification. Quand vous vous parlez dans votre tête, votre subconscient vous perçoit de l'intérieur. En vous exprimant à voix haute, vous vous entendez de l'intérieur et de l'extérieur. En fin de compte, avec sa musicalité, le chant intensifie grandement les émotions. Vous vous en rendez bien compte à l'évocation de certains refrains qui provoquent au plus profond de vous-même des états d'âme accentuant votre sensibilité. Les publicitaires l'ont aussi compris et plusieurs mettent l'accent sur des messages que vous serez porté à fredonner. Dans le même ordre d'idées, les différentes religions invitent leurs fidèles à entonner des chants qui imprégneront dans vos mémoires les croyances véhiculées.

Vous avez tous assisté à des concerts, qu'ils soient rock ou religieux. Au cours de célébrations de groupe, quand l'énergie est palpable, les chansons que l'on entonne ensemble ont énormément de prise selon le nombre de participants et l'intensité des émotions qu'ils partagent. L'effet combiné des membres d'un groupe qui joignent leurs pensées par une même expression est phénoménal.

2. La gestuelle

En appuyant vos affirmations par des gestes, cela amplifie le résultat puisque les rituels impressionnent grandement le subconscient. Qui n'a pas mémorisé le refrain de la chanson *YMCA*, par exemple ? De plus en plus, les chanteurs populaires intègrent intentionnellement une chorégraphie à leurs numéros.

Vous pouvez aussi faire le contraire et intégrer des affirmations au mouvement. Par exemple, quand je dévale une pente en ski, j'ai constamment à faire des choix ; j'en profite pour me ramener au moment présent avec confiance en vivant la croyance que « je suis inspirée à chaque instant pour faire les bons choix ». Un peu comme pour la conduite sur la route, c'est un rappel à la présence. Vous ne pensez pas aux intersections que vous venez tout juste de choisir ou aux virages qui se présenteront dans cinq minutes. Vous avez la sensation d'être prêt pour tout ce qui se présente. Vous vous faites confiance et vous mettez l'attention sur ce qui se passe au fur et à mesure. C'est le plaisir associé aux sports comme aux voyages.

3. Les associations spontanées

Tous les rituels qui reviennent dans vos vies peuvent être associés à une programmation. Votre vie de chaque jour en est parsemée : vous vous en rendrez compte en répertoriant toutes les activités et tous les gestes qui ponctuent avec régularité votre quotidien. Pensez à associer vos automatismes à une pensée positive ! **Vous activerez ainsi votre conscience en devenant**

présent à ce que vous faites. La qualité de votre présence ouvre la voie à la connexion avec votre Soi divin.

En associant une intention et une action, vous mettez votre subconscient à l'œuvre puisque les analogies parlent très clairement aux jeunes enfants. Ce qui assure le succès de votre démarche auprès de votre petit *uni* est le fait **que chaque association est réellement signifiante pour vous**.

Les Hawaïens, en tant qu'insulaires, associaient fréquemment l'eau à leurs rituels. Le Dr Hew Len partage ceux qu'il retient le plus souvent dans ses conférences. Je vous livre ici quelques associations susceptibles d'éveiller votre créativité à partir d'actions possiblement récurrentes dans votre vie. Vous aurez ainsi un point de départ pour stimuler l'imagination de votre unihipili. **Adaptez-les, enrichissez-les selon vos expériences** et permettez tout simplement à la magie d'opérer :

- je m'éveille = **j'ouvre ma conscience**;
- je me lave = **je fais du nettoyage dans mes pensées**;
- je me vois dans le miroir = **j'apprécie et j'accueille qui je suis**;
- je dresse la table = **je suis prêt à recevoir de bonnes énergies**;
- je me nourris = **je nourris divinement mes pensées**;
- je marche = **j'avance allègrement sur mon chemin de vie**;
- je regarde le ciel = **je perçois des possibilités illimitées**;
- je conduis sur la route = **bien guidé, je suis la voie la meilleure**;
- j'ouvre une porte = **je m'ouvre à de nouvelles perspectives**;
- je monte un escalier, une pente = **j'élève ma conscience**;
- j'effectue une transaction = **l'abondance circule dans ma vie**;

- je parle = **l'inspiration guide mes échanges;**
- je m'entraîne = **je développe tout mon potentiel;**
- je donne des soins = **j'entretiens ce qui m'est confié avec amour;**
- je fais un tri = **je reconnais et fais les meilleurs choix;**
- je danse, je fête = **je célèbre ma joie de vivre;**
- je souris = **je souris à la vie avec gratitude;**
- je prends une pause, des vacances = **je prends soin de moi avec plaisir;**
- j'aère la maison = **j'assainis l'énergie qui circule dans ma vie;**
- etc.

En faisant une affirmation au moment où vous faites un geste routinier, vous habituez votre subconscient à établir cette association, si bien qu'à la longue le geste en lui-même correspondra à une programmation. Ainsi, votre subconscient participe constamment à vos objectifs. Vous pouvez en plus intensifier votre pensée avec une chanson dont vous fredonnez la mélodie tout simplement. Avec tous ces petits moyens, vous laissez agir d'autres forces, sans effort.

4. Les objets

Les objets intensifient les messages. Un support de telle nature est signifiant pour l'un, mais pas pour l'autre. Certaines personnes reconnaissent l'énergie des pierres et des cristaux, d'autres sont attirées par une musique, tandis que certains se concentrent en fixant une flamme. Si vous en sentez le besoin, prenez uniquement ce qui vous inspire pour amorcer vos propres rituels sans toutefois être dépendant des objets qui les soutiennent. Leur non-disponibilité ne devrait jamais vous limiter puisque **l'évocation puissante** d'un objet a le même effet auprès de votre subconscient. Si vous lui dites que vous voyez l'objet, que vous le touchez, que vous le sentez, il vous croira.

Rappelez-vous, dans la description de ce qu'est le subconscient, la huitième caractéristique, qui stipule que le subconscient confond souvent le réel et l'imaginaire. Vous n'avez qu'à développer vos talents de mime!

5. La cohérence

Vous avez été sensibilisé à tout ce qui s'imprime dans votre mémoire. Je vous invite donc à accroître votre conscience de chaque instant. La vigilance se développe avec le temps et avec le retour sur l'expérience de résultats antérieurs. Assurez-vous que vos choix, que toutes les paroles et les pensées que vous émettez ainsi que tous les petits gestes que vous faites soutiennent l'esprit de vos affirmations. C'est une condition de succès *sine qua non.*

6. Le bon moment

Tous les moments pour répéter des affirmations sont de bons moments. Toutefois, certains contextes sont plus favorables que d'autres. Deepak Chopra dans *Le livre des secrets* nous invite à apprécier l'aube pour donner le ton à notre journée. L'essence de cette pratique intégrée dans la vie monastique en Orient est de « rencontrer le jour avant qu'il commence... Les moines qui méditent et les gens en prière veulent ajouter leur influence de conscience à ce moment critique, comme lorsque l'on est présent pour le début de la vie d'un bébé ». C'est un bon temps de la journée pour imprégner votre subconscient des messages que vous voulez implanter puisque votre subconscient émergeant du sommeil est encore en ondes alpha, ondes de programmation. Vous trouverez un peu plus loin une suggestion de programmation quotidienne à l'aube que vous enrichirez selon votre inspiration.

Avant de vous mettre au lit, les respirations Ha vous transportent dans un état vibratoire également très propice à la programmation. Juste avant de dormir, en passant de l'état d'éveil au stade du sommeil, vous êtes *en mode* alpha. Votre conscient s'apprête à dormir, tandis que votre subconscient sera actif toute la nuit. Profitez de ce moment de transition pour le guider avec vos affirmations. Laissez passer ces affirmations comme des mantras pour intensifier uniquement ce qui est positif. Vous vous endormirez dans le calme sachant que votre pensée est en train d'installer une nouvelle réalité bénéfique. Avez-vous déjà remarqué que les pensées qui occupaient votre esprit en vous couchant se sont réactivées dans vos rêves, ont influencé la qualité de votre sommeil?

Sans prendre de temps spécifique, vous pouvez aussi entretenir un dialogue intérieur avec votre subconscient pendant que vous roulez en voiture, pendant que vous vaquez à une tâche routinière, pendant que vous faites de l'exercice ou encore saisir tous les moments d'attente, si courts soient-ils!

7. L'énergie

Les affirmations mobilisent l'attention de votre esprit subconscient, unihipili, puisqu'elles visent à implanter une programmation à son niveau. Elles peuvent être amplifiées par un apport d'énergie mana de deux façons. Si l'affirmation est courte, vous pouvez la répéter mentalement pendant quelques cycles respiratoires avec l'émission du souffle Ha dans l'Univers. Quand le texte des affirmations est plus long, annoncez à votre unihipili que l'énergie mana que vous allez construire servira de support aux affirmations qui vont suivre. Si vous êtes en voiture et que la conduite requiert toute votre attention, profitez-en pour chanter vos affirmations en intensifiant vos émotions. Vous saurez adapter l'approche aux conditions qui se présentent.

8. La formulation

Notez que **la formulation est toujours exprimée en termes positifs**. Pensez à l'évocation des mots choisis pour vous. Est-ce que ce terme vous ramène en pensée ou en émotion à son opposé? A-t-il une signification restrictive ou encore trop large? Est-il suffisamment puissant pour impressionner votre subconscient? Pour ma part, j'utilise parfois le mot *Dieu* ou l'adjectif *divin* non pas pour leur connotation religieuse, mais pour la puissance que je ressens. C'est une bonne façon de guider le subconscient vers la vibration la plus élevée qui soit. Je vous invite à adapter les concepts qui ne correspondent pas tout à fait à vos croyances pour être en cohérence avec votre vérité.

Il peut arriver parfois qu'en accueillant une réaction ou une émotion difficile, vous souhaitiez la dissoudre tout doucement pour faire émerger le côté plus lumineux qui y est associé. Par exemple, quand vous sombrez dans un monde de jugement et de critique, intensifiez l'énergie d'amour puisque c'est un manque d'amour qui engendre cette énergie lourde. Si vous éprouvez de la difficulté à lâcher prise, **respirez tout simplement des affirmations** reliées à la présence et à la confiance. En vue de vous libérer du contrôle et de la manipulation, explorez les vibrations associées au respect et à la confiance. Par contre, si des soucis envahissent complètement votre esprit, accueillez-les et écrivez tout ce qui monte, sans filtre. Vous avez là la matière première qui demande à être transformée par le processus précédemment mentionné. Le fait d'écrire est libérateur et laisse des traces de vos invitations à évoluer. Toutefois, il se présente parfois des situations où une charge émotive apparaît hors proportions. Quand ça se présente, j'ouvre les bras, j'en ressens le poids puis je la renvoie vers le haut, avec geste à l'appui, en pensant : « Je m'en remets totalement à mon Soi divin ; inspire-moi, guide-moi. » Je le fais parce que je suis prête à laisser tomber mes résistances pour être à l'écoute, parce que je suis prête à faire l'effort de sortir de mes scénarios répétitifs pour me libérer.

Évitez judicieusement la confusion produite par une affirmation qui va à l'encontre d'une situation manifeste. Par exemple, si votre corps physique est malade, vous ne pouvez affirmer : « Je suis en santé » sans créer une certaine ambiguïté ; il serait préférable d'affirmer avec conviction en ressentant toute votre puissance : « De jour en jour, ma santé s'améliore. » Vous pouvez également activer les chakras qui correspondent à ce que vous voulez rééquilibrer.

La conjugaison des verbes au **temps présent** vous rappelle que dès le moment où vous entreprenez une nouvelle programmation, un virage s'amorce tant que vous **maintenez votre pensée dans la nouvelle direction, avec la répétition** de l'affirmation. Selon l'ampleur du changement de pensée, on peut comparer ce tournant à celui d'un pédalo ou à celui d'un paquebot.

9. Des exemples d'affirmations

Voici quelques suggestions d'affirmations. Il est possible que certaines d'entre elles soient des préalables à d'autres. Sondez le terrain de vos pensées récurrentes pour adapter vos interventions dans l'ordre qui sied à la situation. Sélectionnez la partie du texte qui correspond le mieux à votre recherche d'équilibre et ajoutez-y votre touche personnelle en pesant bien l'effet des mots utilisés, car ils ont chacun leur propre fréquence vibratoire. Vous pouvez également emprunter certains libellés pour amorcer votre démarche d'écriture lors d'une requête... personnalisée.

❃ Accueil

« Je m'accueille avec amour et tendresse. Pleinement conscient de ma nature divine, je me prodigue tous les soins qui contribuent à honorer mon corps et à m'accorder la joie de vivre et de me réaliser. Merci ! »

❃ Bonheur

« L'ordre divin prend soin de ma vie aujourd'hui et tous les jours. Tout concourt à mon bien aujourd'hui. C'est aujourd'hui un jour nouveau et merveilleux pour moi. Je suis divinement guidé tout au long de la journée et tout ce que je fais prospère. L'amour divin m'entoure, m'enveloppe et j'avance dans la paix.

Chaque fois que mon attention s'écarte de ce qui est bon et constructif, je la ramène spontanément à la contemplation de ce qui est beau et bon. Je suis un aimant spirituel et mental qui attire vers moi toutes les choses qui sont pour moi des bénédictions et des sources de prospérité. Je réussis merveilleusement bien dans toutes mes entreprises aujourd'hui. Je suis en harmonie, en santé et en paix à chaque instant. Merci ! » (adaptation de *La puissance de votre subconscient*, Joseph Murphy, chapitre « Le subconscient et votre bonheur », p. 173).

❋ Carrière

« Mon attitude par rapport au travail m'apporte l'équilibre. L'orientation de mes choix se précise au fur et à mesure, car j'écoute mon intuition pour être guidé vers ma pleine réalisation. J'accueille en toute confiance les expériences d'évolution qui me sont proposées. Je sais reconnaître ce qui est bon pour moi et j'apporte ma contribution avec enthousiasme. Je me sens comblé et à ma place. Je me ressource et m'épanouis tellement dans chaque emploi que je choisis. Merci ! »

❋ Confiance

« Comme je suis divinement protégé, guidé et inspiré par mon supraconscient, j'avance en toute confiance sur mon chemin de vie. Je reconnais intuitivement les signes et les ressources qui jalonnent ma route. Je m'abandonne à chaque instant à la puissance divine qui m'habite, confiant et convaincu de faire les meilleurs choix. J'accueille avec ouverture les expériences qui me sont proposées. Ressentant que je suis protégé en tout temps, je goûte une profonde sérénité. La confiance inébranlable qui m'anime m'ouvre l'accès à des réalisations extraordinaires. Merci ! »

❋ Deuil (personne, situation, travail, etc.)

« J'accueille ce qui est et j'ajuste divinement ma pensée au changement qui m'est proposé. Je perçois cette expérience comme un cadeau de croissance et j'apprécie de plus en plus cette possibilité de me transformer. Je découvre et j'intègre de nouvelles façons d'atteindre mon équilibre. L'amour réel qui m'habite prend de l'expansion et favorise mon émergence dans un nouveau contexte de vie. Merci ! »

❋ Élévation par des expériences

« Déterminé à sortir de mes vieux schémas, à travers chaque expérience qui m'est présentée, je transforme mon regard pour prendre du recul et élargir ma vision. Attentif à mon intuition, je reconnais avec clarté et discernement les leçons que je suis venu apprendre. En accueillant toutes les belles occasions d'intégrer mes apprentissages, j'éprouve un réel plaisir à réussir les tests que la vie m'envoie. Quelles belles occasions de développer mes forces ! Mon attitude m'apporte la paix ; je suis sereinement la voie qui me guide vers l'élévation de la conscience. Merci ! »

✱ Énergie positive

« Avec conscience, je m'active de plus en plus à produire de l'énergie positive. Je la fais circuler abondamment dans ma vie et dans mon environnement. Je capte aisément et j'amplifie toutes les énergies bénéfiques pour mon évolution. Je m'investis dans la transformation positive de mes pensées, de mes croyances et de mes comportements. Mes paroles traduisent avec fluidité et cohérence les pensées libératrices qui m'animent. Aujourd'hui et tous les jours, je suis un excellent canal énergétique pour m'aider moi-même et pour aider les autres à s'aider, cela en conservant en parfait équilibre toute mon énergie vitale. Merci ! »

✱ Enfant

« J'accompagne avec amour ______________(son nom), qui m'a été confié, le guidant et l'inspirant de mon mieux dans son cheminement. Reconnaissant avec respect qu'il doit vivre lui-même ses propres expériences et développer lui-même ses propres forces à son rythme, je le mets en contact avec ses puissantes ressources et lui fais confiance. J'éveille sa conscience et le guide pour relever les défis que son âme a choisis. Je l'aide essentiellement par mes propres transformations intérieures et le reconnais avec gratitude comme mon miroir. Merci ! »

✱ Éveil de la conscience

« Aujourd'hui et tous les jours, j'assainis mon canal énergétique pour m'ouvrir à l'inspiration. À chaque instant, avec amour et confiance, je choisis librement Dieu, uniquement Dieu (la Source ou autre). En tout temps, je capte, je comprends et j'intègre les messages d'éveil de mon âme en y ajustant constamment mes pensées, mes croyances, mes attitudes, mon verbe et mes choix. J'élève ma conscience pour transcender mes expériences de vie et m'ouvrir à de nouvelles perspectives. Merci ! »

✱ Pardon (peut compléter le Ho'oponopono entre personnes)

Répétez cette affirmation trois fois en visualisant la personne devant vous ainsi que le cordon aka qui vous relie. Ensuite, nettoyez mentalement l'énergie sur ce cordon :

« ________________(nom de la personne), je me libère dans l'amour pour notre bien le plus élevé. Je me pardonne. Je te suis reconnaissant de m'avoir éveillé. Nous sommes maintenant tous les deux libres. Merci ! »

✱ Plan de vie

« Aujourd'hui et tous les jours, je célèbre la vie en accueillant mon plan de vie avec confiance. Empli de gratitude, je reconnais l'aspect lumineux de toute expérience, de toute personne, de toute création et de tout lieu. Transformant lucidement ma vision, je mobilise avec enthousiasme mon énergie et mes ressources pour intégrer les leçons de vie que j'ai planifiées, de concert avec mon âme. Avec courage, je réussis les tests qui me sont proposés. Je contribue à créer un monde meilleur où je joue pleinement mon rôle. J'instaure en moi la paix, l'harmonie et l'amour à chaque instant et c'est avec enthousiasme que j'en reconnais les effets dans mon environnement. Je saisis toutes les occasions qui me sont offertes pour m'élever et je contribue ainsi au cheminement planétaire. Merci ! »

✱ Poids

« Je m'accueille totalement ainsi que l'expérience qui m'est proposée à travers ma relation avec la nourriture. J'ai du plaisir à consommer en quantité appropriée la nourriture qui nourrit et stabilise mon corps à un poids santé pour moi. Je m'aime assez pour intégrer des habitudes de vie saines, par respect pour mon corps physique auquel j'accorde une grande valeur. Mes pensées et mes choix contribuent à améliorer mon profil de jour en jour. Merci ! »

✱ Pouvoir

Appréciant les expériences que j'ai attirées pour évoluer, je développe la pleine conscience de mon pouvoir à chaque instant. J'exerce divinement le **choix de mes réactions** avec constance et vigilance afin d'élever mon énergie et de me libérer. Avec persévérance, j'établis une grande complicité avec mon subconscient pour le former à ajuster divinement ses émotions et ses croyances. À l'écoute de l'inspiration, je m'investis pour transformer positivement mes attitudes et mes paroles. Merci ! »

✱ Présence

« Je concentre toute mon attention sur le moment présent. Je suis totalement libre du temps. Je savoure chaque instant avec gratitude, détaché de l'issue des événements. Cet état de conscience m'apporte la plénitude, manifestation du contact avec mon âme. J'accueille la perfection de cet espace qui me prépare divinement à ce qui sera. Merci ! »

✱ Prospérité

« Avec l'abondance de sentiments nobles qui m'habitent, j'élève mes vibrations et j'active mon pouvoir d'attraction pour me créer une vie prospère, saine et comblée. J'apprécie avec gratitude tous les cadeaux et tout l'argent qui circulent dans ma vie ; en le manipulant avec détachement et sagesse, je contribue à le faire circuler abondamment et à bon escient. Qu'il soit source de paix, d'harmonie et d'épanouissement ! Merci. »

✱ Respect

« En tout temps et en tout lieu, je ressens un profond respect pour tout ce qui est. Je reconnais clairement mon rôle et j'interviens essentiellement dans ce qui m'appartient, conscient que tout est en place pour favoriser le développement de chaque forme de vie. Comme je sais que l'esprit suprême en chaque être le conduit dans la voie la meilleure pour lui, je m'en remets à cet esprit pour apporter la guidance et les soins les plus appropriés en la circonstance. Merci ! »

❀ Santé

« Je m'adresse à mon corps : "Je t'aime et je t'honore par le regard bienveillant que je porte sur toi. Je t'apprécie ainsi que tout le bien-être et les possibilités que tu m'offres. Libère-toi de nos pensées, de nos croyances et de nos comportements limitatifs et réintègre notre moule parfait. Je crois à nos forces d'autoguérison et je les mobilise avec plaisir et enthousiasme en t'apportant de bons soins et une attention aimante. Je mérite et engendre une santé de plus en plus resplendissante. Avec une grande détermination, je chemine sur la voie de la guérison. J'en ressens déjà les effets avec enthousiasme ! Merci ! Je célèbre la vie et l'amour qui m'animent. Merci !" »

❀ Unité

« Je me souviens de l'essence divine qui m'habite depuis toujours. Elle demande constamment à émerger pour élargir ma vision et m'offrir la paix. J'accède à la libération en assainissant mes pensées. Dès qu'une émotion surgit pour être nettoyée et transformée, je la reconnais et m'ouvre à l'inspiration divine. J'apprécie avec gratitude chaque pensée qui monte et suis la voie qui m'allège. Ce processus s'active de plus en plus à mesure que j'accueille ce que j'ai à transformer. Je me régénère et je retrouve mon plein potentiel en me laissant habiter entièrement par cette force créatrice élevée. Ayant engagé tous mes plans de conscience dans une même direction harmonieuse, je ressens l'unité ; je perçois mes expériences sereinement. Ces cadeaux qui me font grandir me conduisent dans la voie la meilleure pour moi. Merci ! »

Chaque fois que vous faites des affirmations, vous sollicitez la participation de votre subconscient et contribuez à établir une solide et gratifiante complicité avec lui. Vous établissez les bases de votre collaboration. Votre unihipili comprend graduellement l'importance que vous accordez à l'implantation d'un changement et veut tout simplement vous faire plaisir ! Remerciez-le chaleureusement pour sa collaboration, qu'elle soit manifeste ou latente. Il ne se lasse jamais de recevoir votre appréciation qui l'incite à vous faire plaisir à nouveau.

Les sentiments et les états d'esprit élevés

Les sentiments nobles et élevés exercent un attrait indéniable sur nous tous. Qui ne rêverait pas de s'éveiller, un bon matin, baignant avec facilité dans ces hautes vibrations ? Soyons réalistes ! C'est le résultat d'un cheminement. Êtes-vous prêt à prendre la route ?

1. L'harmonisation des chakras

Et si vous commenciez chaque matin par harmoniser vos chakras ? Chacun d'eux a une correspondance non seulement avec des fonctions physiques de votre corps, mais également avec des états d'esprit. En vous centrant sur vous-même et sur votre respiration, imprégnez-vous de l'énergie qui leur est propre.

- « J'active mon chakra racine avec une puissante lumière *rouge*. Je m'enracine profondément, je solidifie mes assises et je développe mes **forces** avec vigueur et souplesse, bien incarné dans mon corps physique. Merci ! »
- « En répandant une vivifiante lumière *orangée* dans mon chakra sacré, je sème la **joie**, l'enthousiasme, l'humour, la gaieté et la créativité. Je célèbre la vie, appréciant ce qu'elle offre de meilleur. J'intègre divinement le plaisir. Je me réjouis de **vivre** avec intensité et conscience. Merci ! »
- « Je diffuse une douce lumière *jaune or* dans mon chakra du plexus solaire installant un climat de paix, de calme, d'harmonie, de bien-être, de **sérénité** et de plénitude. Je m'en remets avec confiance à mon Soi divin, savourant chaque moment avec présence comme étant le plus grand des cadeaux. Merci ! »
- « Une harmonieuse lumière *verte* d'**amour inconditionnel** vibre dans mon chakra du cœur. Je ressens intensément l'amour, le pardon et la compassion. Je bénis la vie, mes expériences, les gens que je côtoie, les lieux où je circule, tout ce qui fut et qui sera imprégné en moi. Je saisis avec gratitude toutes les possibilités d'exprimer et de diffuser l'amour. Merci ! »

- « J'intensifie la lumière *bleu ciel* dans mon chakra de la gorge afin d'assainir divinement mes **communications**. Je construis et j'entretiens mes relations sur une base de transparence, de franchise et d'authenticité. Je suis un esprit libre et positif inspiré par le langage du cœur. Je suis à l'écoute des autres tout en m'affirmant avec aisance et respect. Merci ! »
- « J'active mon chakra du troisième œil avec une profonde lumière *améthyste* intensifiant la **clarté** de mes perceptions. J'accueille les invitations à la transformation, j'élargis ma vision, je capte, je discerne et je décode intuitivement les messages de mon Soi suprême. Pénétré d'une grande lucidité, je laisse agir l'inspiration avec gratitude. Merci ! »
- « Une éclatante lumière *blanche* dorée irradie dans mon chakra de la couronne. J'aspire à l'élévation. J'intègre l'**unité**. La communion parfaite entre mes plans de conscience et la Source m'ouvre la voie de la sagesse intérieure. Merci ! »
- « Je baigne dans la lumière *pure* en activant le développement de ma conscience christique. Je suis disponible et je laisse agir cette puissante énergie selon la volonté divine. Merci ! »

2. La procédure

Dans chacun des défis que vous relevez, vous savez intuitivement quel état d'âme vous soutiendra. Quand vous êtes réellement prêt à explorer toutes les facettes d'un sentiment élevé, respirez-le ! C'est tellement simple. Faites amplement de respirations Ha en inspirant profondément l'énergie recherchée et en remerciant pour la transformation qui s'opère en vous. Puis, observez la suite des événements pendant les heures et les jours suivants. Vous aurez des manifestations de l'élévation de votre vibration sous cet aspect. Parfois, la vie vous proposera des expériences pour vous rendre conscient de votre progrès. En relevant un défi, vous serez à même d'observer le chemin que vous avez parcouru. Quand vous respirez une vertu, un état de conscience que vous voulez intégrer, la rapidité et la permanence des résultats témoigneront de votre transformation.

3. Des pistes

Voici un choix de mots qui correspond à un large éventail de sentiments et de vertus élevés. Une de ces manifestations positives exprime probablement l'énergie que vous cherchez à intégrer. Laissez-vous guider par votre supraconscient et donnez la priorité à une ou à deux vibrations signifiantes pour l'étape que vous traversez. Quand votre cible est claire, vous êtes placé pour en mesurer l'effet. En respirant régulièrement la vibration du mot qui vous attire ou encore en le chantant, vous vous en imprégnez. **Visez la durabilité du sentiment qui vous habite. C'est crucial pour votre élévation.** Une fois que vous vibrez à cette énergie élevée, sachez que la conscience planétaire en est un peu plus imprégnée.

- Force-Énergie-Soutien-Structure-Souplesse-Protection-Stabilité-Autonomie-Ancrage-Équilibre-Pondération-Dynamisme-Courage-Hardiesse-Ardeur-Vigueur-Motivation-Volonté-Discipline-Initiative-Ambition-Pouvoir-Engagement-Action-Persévérance-Efficacité-Ténacité

- Créativité-Fantaisie-Imagination-Émerveillement-Vitalité-Vivacité-Curiosité-Enthousiasme-Jovialité-Entrain-Optimisme-Allégresse-Jubilation-Gaieté-Spontanéité-Innocence-Joie-Réjouissance-Célébration-Plaisir-Rire-Humour-Simplicité

- Sérénité-Bonheur-Épanouissement-Confiance-Patience-Quiétude-Félicité-Calme-Paix-Détente-Harmonie-Intégration-Bien-être-Plénitude-Contentement-Présence-Apaisement-Espoir-Foi-Détachement

- Amour-Fraternité-Amitié-Fidélité-Coopération-Altruisme-Affection-Estime-Bienveillance-Accueil-Réconciliation-Pardon-Indulgence-Tolérance-Compassion-Encouragement-Réconfort-Dévouement-Implication-Partage-Équité-

Générosité-Liberté-Implication-Sensibilité-Tendresse-Douceur-Gratitude-Appréciation-Reconnaissance

- Rencontre-Communication-Dialogue-Réceptivité-Écoute-Expression-Diplomatie-Tact-Respect-Discrétion-Attention-Honnêteté-Authenticité-Droiture-Intégrité-Sincérité-Moralité-Franchise-Éloquence-Affirmation-Vérité-Loyauté
- Limpidité-Clarté-Fluidité-Lucidité-Perception-Attraction-Intuition-Vision-Éclairage-Concentration-Intériorité-Inspiration-Discernement-Vigilance-Révélation-Compréhension-Synchronicité-Ouverture
- Transformation-Libération-Renaissance-Lâcher-prise-Alignement-Guérison-Maturité-Intégration-Sagesse-Accomplissement-Expansion-Enrichissement-Prospérité-Abondance-Rayonnement-Humilité-Noblesse-Unité-Grâce-Quintessence-Élévation-Transcendance-Félicité

Pourquoi tous ces mots sous forme de liste? Mon but est de vous inspirer tout simplement. J'ai noté que les gens cherchent longuement à trouver le mot juste qui correspond à l'issue qu'ils visent. Voilà donc un point de départ qui permet de clarifier la pensée. Vous serez à même de comparer certains termes qui ont un rapprochement et de retenir ce qui vous convient pour une respiration, une affirmation ou encore une requête.

Attention!

Vos mémoires vous renvoient une perception filtrée de votre vécu. L'évocation d'un même mot entraîne des réactions très différentes selon l'expérience émotionnelle de chaque individu. Le même concept peut conduire à un sentiment positif ou négatif selon l'exploration que vous en avez déjà fait. Par exemple, la recherche de perfection pourrait se présenter comme une qualité ou comme un piège selon le contexte ou considérant l'intensité que vous y mettez à cause de toutes sortes de motifs inconscients qui ont pu guider vos actions. Gardez toujours en tête une notion d'équilibre quand vous souhaitez développer un aspect de vous-même. Votre sagesse intérieure vous évitera les excès.

La respiration Ha de la vibration rattachée à un sentiment élevé vous amènera à mieux percevoir les défis proposés par votre âme. Vous vous êtes incarné dans un monde physique en vue de vous transformer, à la lumière d'expériences que vous avez vous-même attirées. **Vos faiblesses sont le point de départ du développement de vos forces. Accueillez-les en vue d'orienter ces énergies avec intensité dans leur polarité opposée.** Les contraires témoignent d'une dualité, de forces en opposition. Vous avez le pouvoir et la responsabilité de faire basculer votre énergie. Dès que vous ressentez une émotion qui vous vide, identifiez son contraire à partir de la liste précédente et respirez son pendant positif. En accueillant votre ombre, en vous regardant sans masque, vous vous verrez avec lucidité cheminer vers la lumière, pas à pas. Sur le plan de votre divinité, vous êtes fait de lumière pure ; imprégnez-vous de cette énergie vivifiante par vos choix de pensées et de réactions. C'est la voie qui mène à l'ouverture de la conscience, la vôtre et celle de la planète puisqu'un lien unit tous les humains.

En composant avec le mouvement continu qu'est la vie, vous serez à même d'accueillir les **cycles de deuil et de renaissance**. Tout au long de votre transformation, vous passerez inexorablement par le deuil d'anciens schèmes faussement rassurants avant de vous laisser habiter de plus en plus par les vibrations qui vous allégeront. **L'indice de vos progrès se manifestera par la vitesse à laquelle vous émergerez de l'ombre à chaque occasion.** La conscience de plus en plus aiguisée de vos réactions quant aux expériences de la vie vous incitera à joindre plus rapidement votre inspiration pour être guidé.

Soyez attentif !

Tout ce qui vous dérange à l'extérieur (événements, contextes, personnes) n'est qu'une manifestation en résonance avec un élément de déséquilibre à l'intérieur de vous. C'est une invitation à la transformation. Dans son livre *La liberté d'être*,

Annie Marquier en fait une illustration fort intéressante avec son analogie à l'index accusateur. Remarquez la position de vos doigts quand vous jetez le blâme en désignant un coupable. Chaque fois que vous pointez votre index sur quelqu'un d'autre, les trois autres doigts repliés vous renvoient à vous-même pour vous indiquer la vraie source du problème.

« La façon dont nous percevons les autres nous donne plus d'information sur le contenu de notre inconscient que sur ce qu'ils sont » (Marquier, 1998, p. 107).

La simple reconnaissance de vos réactions aux personnes et aux événements qui provoquent un déséquilibre de votre énergie vous permettra d'amorcer le processus de transformation. Passez à l'action immédiatement pour intervenir sur nul autre que vous-même. En ayant déjà respiré les vibrations associées à ce que vous avez choisi d'intégrer, vous avez activé la conscience de vos schémas. Ces respirations font partie de votre processus de guérison et de belles occasions de nettoyage vous seront servies sur un plateau. **Investissez dans vous-même pour vous libérer de la dualité entre les forces du bas et du haut. La récompense est extraordinaire !**

Il se peut qu'à l'occasion vous ayez besoin de rappels pour un petit récurage de finition. Vous sentirez le besoin de respirer un type de vibration que vous croyiez avoir complètement intégrée par le passé. Accueillez ce petit rappel pour transposer une vertu dans un nouveau contexte d'expérimentation. Il en est de même parfois avec certaines forces considérées comme innées. La transformation se fait par couches, à mesure que l'on accueille les possibilités de cheminer.

Quand une leçon de vie dont vous seul êtes responsable sera complétée, votre énergie sera transmutée. La dynamique de votre vie prendra une nouvelle tournure, vous vous réaliserez. En changeant de fréquence, vous vivrez l'expansion. Les niveaux d'énergie élevés favorisent votre pouvoir créateur.

4. Un exemple

Je me suis déjà surprise à mettre l'attention sur **la vérité**, la respirant avec détermination, en vue de savoir à quoi m'en tenir avec les autres. Toujours les autres !

Il s'est avéré que la vie m'a placée dans des situations qui m'ont forcée à sortir de mes illusions, à arrêter de me mentir à moi-même, à cesser de me raconter des histoires, à retirer le filtre teinté de rose intense qui me rassurait. J'aimais bien croire que tout allait bien pour éviter de dire la vérité et d'exprimer ce que je ressentais vraiment de peur d'être perturbée en faisant la lumière.

Eh bien, l'Univers m'a placée dans une situation telle qu'aucun mécanisme de fuite n'était possible. Moi qui, dans ma vie privée, avais tendance à me retirer pour faire le moins de remous possible, j'ai dû sortir de mon schéma comportemental. Pas question d'acheter la paix ! Après avoir accueilli et exprimé ma colère sans offenser qui que ce soit puisqu'il s'agit de **ma** colère, j'ai dû faire le point, m'affirmer, exprimer mon point de vue et communiquer comment je me sentais tout en laissant un espace à l'autre pour réagir. Chaque fois que j'ai réagi ainsi avec mes proches, j'avais l'impression que tout allait s'écrouler si je parlais. Selon mes croyances profondes, je prenais de grands risques en parlant et, à force d'oser, j'ai appris petit à petit à exprimer ma vérité avec authenticité. L'inspiration Ha de la **vérité** pendant quelques jours m'a amenée à dépasser des peurs.

De prime abord, la confusion de messages qui me dérangeait chez les autres n'était que le reflet de ma propre confusion. J'expérimente maintenant les gains à faire chaque fois que je dis en toute franchise ce que je ressens. Cette invitation à la libération amorcée par mon besoin de vérité m'a été inspirée par mon aumakua. C'est lui qui a mis en place des circonstances dérangeantes concernant la vérité pour m'inciter à me transformer dans ce que j'occultais. Les autres ont merveilleusement joué leur rôle de déclencheurs.

En respirant un état de conscience élevé, vous expérimenterez cette énergie dans un contexte bien précis où vous aurez l'occasion d'élargir votre perspective. Dans un nouveau contexte, il est possible que vous ayez encore le besoin d'amplifier la même vibration. Vos expériences précédentes vous éclaireront plus rapidement d'une fois à l'autre sur le type de test que la vie vous envoie et vous serez plus enclin à respirer cette énergie en vous rappelant tous les bénéfices que vous en aviez retirés.

Dernièrement, j'ai découvert d'autres facettes du schéma que j'avais à transformer en lien avec la vérité. J'ai vécu une réaction physique d'empoisonnement très dérangeante, tout de suite après avoir absorbé un « venin verbal » par une violente colère exprimée à mon égard. De retour dans mon ancien schéma, j'ai subi la situation sans mot dire. Eh oui! La vie nous envoie toujours des tests pour mesurer l'intégration de nos forces. Le résultat de ma retenue, en s'exprimant dans mon corps, m'a perturbée au point de provoquer un nouvel éveil de conscience. Cette colère que j'ai absorbée est le cadeau inestimable que j'ai reçu pour conscientiser assez de souffrance en vue de m'inciter à passer à l'action. L'action, dans ce cas-ci, c'était d'exprimer ma vérité avec respect. En vous laissant tout simplement guider par une recherche de libération, vous reconnaîtrez ces belles occasions de transformation que vous offre la vie comme étant de merveilleux cadeaux.

Vous avez le pouvoir de vous ramener en tout temps, par vous-même, à des vibrations plus élevées en intensifiant des sentiments nobles et élevés par la respiration consciente.

Quel privilège que de posséder les outils pour cheminer vers la pleine conscience!

La déprogrammation et la reprogrammation

Avec l'expérience, vous observerez que certaines affirmations vous semblent vouées à l'échec tandis que d'autres vous apportent un succès rapide. Comme nous savons que nos croyances bien ancrées se manifestent spontanément à travers nos actions, le problème se situe dans d'anciennes programmations fortement implantées. Sondez vos pensées les plus profondes, celles qui ont guidé votre parcours bien souvent à votre insu. Croyez-vous vraiment à ce que vous voulez? À moins que vous ne cherchiez tout simplement à vous convaincre de croire à ce que vous affirmez? Soyez honnête envers vous-même. La tête doit suivre le mouvement du cœur pour manifester un changement. Vous devez y croire pour vous y engager.

1. Les croyances

Les vraies croyances sont celles qui vous font agir spontanément. Elles mobilisent spontanément toutes vos ressources.

« “La foi sans actes n'est rien.” Vos actes prouvent que votre croyance est présente, ils la transforment en expérience et l'expérience la renforce. Une croyance qui se confirme en attire de nouvelles, toujours plus fortes » (Liekens, 1995, p. 212).

En observant le type d'expériences qui se répètent incessamment dans votre vie, vous serez en mesure de cerner vos croyances. À cette étape de votre évolution, peut-être refusez-vous certaines d'entre elles aujourd'hui. Comme leurs racines sont profondément enfouies, il faut creuser. Comment les dégager?

Voici comment je m'y prends pour aider des personnes dont le subconscient s'accroche à des convictions nocives et résiste vigoureusement au changement proposé. Selon l'ampleur de ce que vous avez à déloger, c'est un exercice que vous pouvez essayer par vous-même. Sinon, d'excellents thérapeutes sont en mesure de vous accompagner.

Pour illustrer la procédure, je prendrai un cas concret, celui de Sophie qui possédait une petite entreprise et souhaitait ardemment prospérer. Elle éprouvait un grand plaisir à tenir son commerce. Engagée depuis longtemps dans un cheminement spirituel, elle vivait avec beaucoup d'enthousiasme des succès répétés dans divers aspects de sa vie, sauf avec l'argent. Avec discipline et persévérance, elle s'investissait dans la répétition d'affirmations sur l'argent sans résultats significatifs. Elle arrivait toujours à boucler ses fins de mois sans avoir l'occasion d'apprécier de petits surplus gratifiants.

Elle attirait l'abondance de sentiments nobles, l'abondance de moments privilégiés, l'abondance sous plusieurs formes, mais l'argent circulait timidement.

2. La procédure avec exemples

La déprogrammation et la reprogrammation consistent à recadrer les pensées que l'on a laissé circuler relativement à un sujet donné. En m'inspirant de Paul Liekens, spécialiste en programmation neurolinguistique, initié à la sagesse hawaïenne des kahunas, les étapes suivantes m'apparaissent importantes :

1. Déterminez toutes les croyances à déloger pour atteindre le but que vous visez.
2. Explorez le bien-fondé de celles-ci aux yeux de votre subconscient. Quel avantage a-t-il à les maintenir ?
3. Envisagez d'autres façons de répondre positivement à ce qu'il recherche.
4. Puis, activant votre imagination, explorez d'autres croyances de remplacement qui pourront satisfaire votre besoin sans vous attirer d'inconvénients.
5. Élaborez un texte à cet effet, proposez-le à votre subconscient et suscitez sa motivation à adhérer à vos nouvelles pensées.
6. Validez son accord complet, garant du changement.

J'invite donc Sophie à se détendre. Entraînée à la méditation, elle eut tôt fait de lâcher prise afin d'explorer les souvenirs de son enfance relativement à l'argent. Je la guide pour l'amener à circonscrire les croyances véhiculées par sa famille. Lorsqu'elle saisit une mémoire, ses émotions s'amplifient. Au fil de la conversation, trois grandes croyances se révèlent avoir laissé une empreinte marquante dans sa vie.

Dans un premier temps, Sophie a retranscrit clairement les convictions nocives que son subconscient avait adoptées jusqu'à ce jour. Puis, en spécifiant la date à laquelle elle commence l'exercice, elle a mandaté son *uni* d'annuler définitivement cet ancien message en le remplaçant par de nouvelles croyances qui répondent sainement à l'intention qui se cachait derrière ses vieux schémas. **Il est extrêmement important de relier immédiatement les idées que l'on rejette et celles qui les remplacent.** C'est pourquoi Sophie communique sur-le-champ les nouveaux énoncés **positifs** destinés à rectifier chacune de ses anciennes perceptions. Il doit y avoir au moins une nouvelle affirmation par croyance à déloger. Le texte global de remplacement peut être plus important que celui que vous effacez de votre mémoire, mais pas le contraire. Finalement, elle termine son message par un rappel qui pourra être adapté d'une programmation à l'autre.

Comme il est possible d'interroger le subconscient au moyen de la kinésiologie avec un test musculaire ou encore au moyen de la radiesthésie, Sophie a souhaité valider l'accord de son subconscient par rapport au changement proposé et estimer le nombre de répétitions qui pourraient impressionner son petit *uni* au point d'y adhérer. On ne peut prédire le futur étant donné que plusieurs variables sont susceptibles d'interférer dans des projections. Cela permet simplement une approximation de la force d'ancrage de cette mémoire. Souvent, cette indication donne une bonne idée de la réaction du subconscient quant à un changement de cap. Comme un jeune enfant, il peut être déstabilisé par de nouvelles consignes. Avant de répéter de nouvelles consignes, rassurez-le, faites-lui ressortir les avantages de ce changement, vous finirez par le gagner à la nouvelle orientation de votre pensée.

Voici le texte de déprogrammation et de reprogrammation jadis utilisé par Sophie qui jouit maintenant d'une situation financière aisée. Dans son cas, cette étape était un préalable à sa requête du fait que son *uni* refusait obstinément d'acheminer celle-ci à son aumakua. Cette résistance avait été auparavant testée lors de l'élaboration de la requête (septième chapitre).

Comme le subconscient prend tout au pied de la lettre, la répétition d'un tel exercice, quand tel est le cas, devra toujours se faire dans les mêmes mots, d'où l'importance de mettre sur papier les mémoires mises à jour ainsi que la nouvelle vision proposée.

Déprogrammation et reprogrammation sur L'ARGENT

Subconscient,

Jusqu'à aujourd'hui, le ____________(date du début de l'exercice), j'ai accepté cette programmation restrictive relative à l'argent :

1. Les autres autour de moi ont de l'argent et moi, j'arrive toujours juste.
2. Il faut travailler dur pour avoir de l'argent.
3. Il est difficile d'accumuler d'importants surplus d'argent en vue de les faire fructifier pour en jouir librement.

Subconscient,

Annule définitivement cette programmation antérieure au ______________ (même date) et remplace-la par ceci :

1. Dieu me propose l'abondance matérielle et financière. J'accueille tout ce qu'il m'offre avec gratitude.
2. Je développe mes ressources et ma créativité pour attirer vers moi la prospérité financière tout en réalisant pleinement ma raison d'être.
3. Je sais reconnaître et utiliser avec perspicacité les moyens que Dieu m'offre pour faire fructifier mon argent afin d'avoir de bons surplus financiers dont je jouis librement.
4. C'est facile de gagner d'importantes sommes d'argent rapidement et honnêtement. J'ai une relation saine avec l'argent, je le fais circuler aisément et abondamment.

> Subconscient,
>
> Remplis tous les vides que mon ancienne programmation relative à l'argent avant le ____________ (même date) a laissés par de la lumière divine pure qui m'éclaire dans les choix que j'exerce quant à l'argent, cela pour mon bien le plus élevé.
>
> Merci, subconscient. Je t'aime inconditionnellement. Nous faisons une merveilleuse équipe.
>
> Sophie

La réaction de son subconscient, au changement de paradigme sur l'argent, suggérait à Sophie de répéter le message ci-joint trois fois par jour, pendant au moins trente et un jours, en précédant sa lecture de respirations Ha. Elle a décidé d'utiliser cette phase de détente pour s'imprégner de force, de volonté et de détermination. Le fait d'amplifier des émotions positives a contribué grandement à impressionner son *uni*.

Après cette période d'environ un mois, Sophie a pu vérifier que son unihipili acceptait dorénavant de collaborer à sa requête sur l'argent. Contrairement aux affirmations et à la déprogrammation et à la reprogrammation qui sollicitent uniquement l'esprit subconscient, la requête nécessite la participation des trois plans de conscience. Selon l'une des procédures proposées au dixième chapitre ou autrement, le nettoyage des croyances doit la précéder dans les cas où vous percevez de fortes résistances.

Vous pouvez reprendre la même procédure pour régler les blocages qui amènent d'autres schémas négatifs récurrents dans votre vie. Si vous percevez le changement, vous êtes en mesure de cheminer par vous-même. Sinon, faites-vous accompagner par un professionnel.

✿ ✿ ✿

Par exemple, en vue de cerner les formes-pensées qui attirent les accidents ou encore qui provoquent des maladies, il faut vous poser des questions sur les convictions et les pensées enfouies au plus profond de vous, celles qui préparent le terreau favorable à un tel déséquilibre. La plupart du temps, c'est très dérangeant et on aimerait mieux les nier. Les reconnaître, c'est accepter un changement de fond puisque **la guérison de la pensée précède toujours la guérison du corps.** Êtes-vous prêt à changer pour guérir? Allez fouiller ce que vous avez toujours occulté. C'est l'occasion d'en apprendre beaucoup sur vous et le seul moyen de vous en libérer.

Vous êtes à même d'identifier la dualité qui s'est installée à travers les schémas négatifs les plus persistants au cours de votre vie. Il est fort probable que ceux-ci vous conduisent à des croyances enfouies depuis fort longtemps. Comme toutes les souffrances sont le résultat de la dualité causée par les résistances de l'ego, l'accès à l'information animé par une volonté de changement passera par le processus inverse, celui de l'unification de votre trinité. Retournez à la Source, méditez, prenez de profondes respirations et demandez à votre subconscient de vous révéler les croyances qui appuient le schéma que vous lui décrivez. Prenez un crayon et notez tout ce qui monte. Ne laissez pas votre mental analyser et évacuer des informations. Vous avez pu adopter des croyances qui circulaient dans votre environnement et les faire vôtres antérieurement. Ce sont ces cas qui nécessitent un nettoyage de fond. Si, pour d'autres aspects de votre vie, le champ vous semble libre, motivez votre subconscient au changement par de simples affirmations.

Pour illustrer de façon éloquente les mécanismes de défense du subconscient, je vous partage maintenant un exemple portant sur la guérison. Ici, il est question de mon propre subconscient qui avait enregistré que la maladie était la réponse à nos besoins puisqu'elle nous procurait de réels avantages, selon son point de vue, il va sans dire! Je me devais de mettre un terme à ce processus d'autodestruction! C'est un cheminement que j'ai fait pendant l'année qui a précédé ma guérison. Ainsi, au moment où j'ai fait ma première requête, le processus de nettoyage était bien enclenché.

Les messages de mon subconscient se sont presque toujours manifestés à travers la maladie. Dans mon cas, le corps était le véhicule d'expression privilégié de mon unihipili qui cherchait à exprimer les désordres émotifs qui m'habitaient. Jusqu'à ce que j'accueille mes souffrances au lieu d'y résister, il a frappé avec une force peu commune. J'ai décidé d'utiliser cette force autrement et de changer ma carte-mémoire.

En ce qui concerne le volet de ma santé, plusieurs résistances étaient profondément ancrées de telle sorte qu'elles ont fait surface progressivement. Une première tentative de déprogrammation a permis de débloquer des schémas de maladie en lien avec ce qui était prêt à monter à ce moment-là et a favorisé la guérison de troubles majeurs par une requête à mon supraconscient. Je n'ai pas gardé de traces de ce processus. De mémoire, le modèle que je présente ici pourrait ressembler à ce que j'ai voulu déloger. **Le support continu d'un geste intensifiant la volonté de changement du conscient impressionne vivement le subconscient.** Au fur et à mesure, SUPPRIMER est manifesté par une pression du majeur, tandis qu'ENTRER est associé à une pression de l'index dans la programmation que je me suis choisie.

Nous sommes en perpétuel changement et l'école de la vie nous présente constamment d'autres apprentissages. Avec le temps, j'ai été prête à accueillir à nouveau des réactions de mon unihipili sur la santé. Tout déséquilibre n'avait pas été réglé. J'ai par la suite cerné d'autres schémas de pensée à recadrer en vue de jouir d'une santé de plus en plus florissante.

Déprogrammation et reprogrammation sur la SANTÉ

Subconscient,

Jusqu'à aujourd'hui, le ____________ (date du début de l'exercice), j'ai accepté cette programmation restrictive relative à la santé (SUPPRIMER) :

1. L'attention et l'amour que je gagne à être malade justifient la souffrance que je vis (SUPPRIMER).
2. La maladie m'apporte le répit dont j'ai besoin quand je suis tendue et peu certaine quant à mes défis, quand je me sens abandonnée (SUPPRIMER).
3. Je suis excessive. Ça m'enrage d'avoir des limites qui me freinent. Je m'en veux (SUPPRIMER).

Subconscient,

Annule définitivement cette programmation antérieure (SUPPRIMER) au ____________ (même date) et remplace-la par ceci :

1. Je suis un réservoir d'amour illimité. C'est à moi seule que revient le privilège de me reconnaître avec amour et compassion (ENTRER).
2. Je bénis chaque expérience qui m'invite à ajuster divinement mes pensées, je me pardonne et je continue d'avancer. Je me choisis, je maintiens mon équilibre. J'intègre quotidiennement des moments de détente pour me ressourcer et m'élever avec confiance. Je suis fort bien accompagnée par mon aumakua pour relever les défis proposés. Je prends le temps de savourer la vie avec joie (ENTRER).

3. Je m'accueille et j'accueille mon corps physique tel qu'il est; je l'écoute et l'honore en ajustant mes choix avec grand respect. J'ai toutes les ressources pour jouir d'une santé parfaite et je les utilise en harmonisant constamment mes pensées aux énergies les plus élevées (ENTRER).
4. J'existe librement, je choisis de vivre pleinement et sainement (ENTRER).

Subconscient,

Remplis tous les vides...

Faire le point et ajuster mes croyances de la sorte a attiré sur ma route comme dans toute démarche de transformation, des personnes et des ressources merveilleuses pour la suite de mon cheminement. En fait, le but de ce nettoyage de croyances était de **créer l'ouverture de conscience vers la guérison**. Je suis plus sensible qu'auparavant à tous les choix de réaction qui se présentent pour me transformer. À partir de là, j'exerce chaque fois mon libre arbitre.

La nature humaine étant ce qu'elle est, il m'arrive parfois de voir avec plus d'évidence ce que les autres ont à transformer que ce que j'ai moi-même à percevoir pour évoluer. C'est tout à fait normal quand une charge émotive est associée à un défi. Dans ces cas, je m'ouvre à des proches qui, avec leur recul, m'éclairent de leur point de vue. Quand la vérité sort, vous l'avez sûrement déjà expérimenté, on le ressent tout de suite en dedans.

Faites-vous confiance! Vous cernerez les croyances à déloger. Quand vous serez prêt à accepter qu'elles ont déjà guidé vos choix, vous les reconnaîtrez dans un article de journal, dans une affiche publicitaire, dans un segment de conférence, à travers une conversation dont vous êtes témoin, dans un rêve, dans une méditation et souvent par une de vos réactions habituelles qui n'avait jamais été reconsidérée.

❀❀❀

Quant à mon amie Diane, dont je vous ai parlé précédemment, elle avait choisi d'appuyer la participation de son subconscient en faisant préalablement un protocole de déprogrammation et de reprogrammation avant d'acheminer sa requête sur le poids santé, citée au septième chapitre. Elle s'est inspirée du protocole de Sophie sur l'argent. En voici la teneur.

Déprogrammation et reprogrammation quant au CORPS, à la NOURRITURE et au POIDS SANTÉ

Subconscient chéri,

Jusqu'à aujourd'hui, le 29 janvier 2010, j'ai accepté cette programmation restrictive relative à mon corps, à la nourriture et à mon poids santé :

1. Les autres autour de moi mangent ce qu'ils veulent et moi, j'engraisse quand je mange.
2. Je dois toujours faire attention à ce que je consomme.
3. Il est difficile pour moi de perdre du poids et encore plus de me maintenir à un poids santé.

Subconscient chéri,

Annule définitivement cette programmation antérieure au 29 janvier 2010 et remplace-la par ceci :

1. J'ai du plaisir à consommer en quantité appropriée la nourriture qui nourrit et stabilise mon corps à un poids santé.
2. Je mange sainement et mon corps me remercie en équilibrant ma silhouette et mon poids naturellement.
3. J'offre à mon corps d'agréables plaisirs et il s'exprime par une réaction divinement ajustée.

4. Je suis heureuse et reconnaissante de vivre en harmonie avec mon corps.

Subconscient chéri,

Remplis tous les vides que mon ancienne programmation relative à mon corps, à la nourriture et à mon poids santé avant le 29 janvier 2010 a laissés par de la lumière pure qui m'éclaire dans les choix que je fais par rapport à la nourriture, cela pour mon bien le plus élevé.

Merci, subconscient chéri. Je t'aime inconditionnellement !

Nous faisons une merveilleuse équipe !

Diane

Même si son subconscient était en accord avec le contenu de sa requête sur le poids santé, Diane s'est quand même investie pendant douze jours, à raison de trois fois par jour, pour solidifier ses pensées concernant sa nouvelle silhouette. Elle voulait essentiellement s'assurer de bonnes bases avant d'acheminer sa requête. C'est un choix personnel qui lui convenait.

Dans mon expérience d'accompagnement des personnes qui s'engageaient dans une requête, j'évaluerais à environ seulement 5 % des cas les situations où leur subconscient refuse d'adhérer au changement demandé. Le protocole de déprogrammation suivi d'une reprogrammation a été perçu simplement comme un atout dans le cas de Diane, tandis qu'il s'est avéré essentiel dans quelques cas de résistance.

❀ ❀ ❀

Enfin, voici le cas d'Yves, de sa recherche d'équilibre et de bien-être. Son énergie a brusquement chuté dernièrement en voulant sauver une partenaire de passage dans sa vie. N'ayant pu l'inciter à éviter le recours aux drogues fortes, il était obsédé par des pensées négatives devant ce qu'il percevait comme l'échec de ses interventions. Il se dévalorisait et se décourageait. Il avoue se sentir tellement bien quand il est utile aux autres, au point qu'il a généralement tendance à négliger ses propres besoins pour spontanément donner la priorité à ceux de l'autre, et ce, à ses dépens. Il s'est ainsi laissé happer par l'énergie négative de la personne à sauver, dont il a de la difficulté à se libérer.

Ensemble, nous avons tenté de mettre en relation les pensées qui l'enlisent habituellement dans la souffrance. En recadrant ses expériences de vie, il s'est aperçu qu'il devait d'abord reconstruire son estime de lui-même pour établir des bases plus solides, essentielles à la poursuite du cheminement qu'il a déjà amorcé. Enfin prêt à se reconnaître et à s'accueillir, il s'est engagé dans un premier temps à rectifier ses mémoires. Il a personnalisé son approche en la renforçant à partir de rituels familiers.

Quand bon lui semble, au cours de la journée, il a choisi de rappeler à son subconscient le **titre** de sa déprogrammation et de sa reprogrammation en l'appuyant par une **mélodie** entraînante qu'il fredonne comme un rappel de l'issue recherchée dorénavant.

Chaque fois, **avant de commencer son rituel**, Yves met l'accent sur son message en associant des respirations Ha à des énergies angéliques bien précises. Parmi les sept qu'il a préalablement identifiées pour soutenir sa démarche, il ressent spontanément celles qui seront les plus aidantes. Pendant les respirations de détente qui le préparent, il répète mentalement **le nom de l'ange** comme un mantra **en visualisant la lumière dorée** :

1. *VEHUIAH (1) : volonté, permission de sortir de la confusion et de l'impasse, don de l'énergie nécessaire pour en finir avec la maladie ou la dépression, abondance d'énergie, courage.*
2. *HAHAIAH (12) : harmonisation intérieure au moyen d'une reconsidération de soi, blocage des tendances internes destructrices, protection, positivisme.*

3. *HAHEUIAH (24) : deuxième ange personnel, protection, blocage du mal, permission d'échapper à la persécution (qu'il s'inflige).*
4. *LEHAIAH (34) : premier ange personnel, obéissance (à son Soi divin), sens des responsabilités.*
5. *ANIEL (37) : développement d'une volonté d'indépendance, libération des forces anciennes, bris du cercle des émotions qui isole des pensées élevées.*
6. *IMAMIAH (52) : libération des prisons intérieures, ardeur, force et grande vigueur, soutien lors de moments pénibles, permission de réparer ses erreurs.*
7. *ANAUEL (63) : perception de l'unité, libération des dépendances, maîtrise des émotions, vision globale des événements, pour être en forme, en santé.*

(Muller, Grobéty, 1997)

En étant attentif à son propre souffle pendant la respiration Ha, Yves peut ressentir l'abondance d'énergie qui contribue à élever ses vibrations. Il est donc en mesure de **visualiser la force de libération** qui le sortira de l'impasse. En répétant cet exercice jour après jour, cinq fois par jour dans son cas, il mobilise intensivement l'attention de son subconscient vers **la transformation dans laquelle il s'engage avec détermination**.

Déprogrammation et reprogrammation, « J'AI UNE GRANDE ESTIME DE MOI »

Mon cher subconscient,

Jusqu'à aujourd'hui, le ______________ (date du début de l'exercice), j'ai accepté cette programmation restrictive qui produisait souvent la confusion et le déséquilibre émotif dans ma vie (SUPPRIMER).

1. Je suis valorisé surtout quand je suis utile aux autres. Je fais passer leurs besoins avant les miens. Je m'oublie pour les sauver (SUPPRIMER).
2. Presque tout dans ma vie empire par ma faute parce que j'arrive avec peine à gérer mes émotions et à faire les bons choix. J'ai tendance à me saboter pour me punir (SUPPRIMER).
3. En recherchant à tout prix l'amour, j'ai tendance à m'enchaîner dans des dépendances qui me détruisent (SUPPRIMER).
4. Je ne bouge pas parce que j'ai peur de vivre des échecs avec la confusion qui m'habite. Je suis anxieux d'avancer avec confiance dans la direction que me suggère mon intuition (SUPPRIMER).
5. J'aime fuir la réalité pour me bercer dans l'illusion (SUPPRIMER).

Mon cher subconscient,

Annule définitivement cette programmation (SUPPRIMER) antérieure au ____________(même date) et remplace-la par ceci :

1. En contact avec mon essence la plus pure, je reconnais moi-même toute la valeur de mon existence. Je me félicite de mes progrès et je rends grâce à la vie pour l'harmonie qui m'habite. Je m'investis dans la seule mission qui m'appartient, celle d'élever ma propre énergie. Je peux ainsi rayonner autour de moi et inspirer les autres à se prendre en mains (ENTRER).

2. J'accepte les étapes de mon évolution. Je passe à l'action pour saisir les occasions de transformation de mes émotions et suivre l'inspiration divine dans l'exercice de mes choix. Avec régularité, j'amplifie ma force d'action pour faire émerger mon essence la plus pure (ENTRER).

3. En contact avec mon essence divine, je reconnais que je suis le seul responsable de m'élever vers des énergies libératrices. Je m'accueille avec amour et je me pardonne avec tellement de compassion que mon ouverture active ma force de libération (ENTRER).

4. Je vois clair, j'ai foi en mes ressources et je me sens bien équipé pour relever les défis qui m'appartiennent. Je fais confiance à ma sagesse intérieure pour avancer dans la direction proposée par mon âme et je m'y engage avec respect (ENTRER).

5. Je suis reconnaissant pour les messages divins que je reçois. J'élargis ma vision pour percevoir avec discernement le sens de mes expériences et pour saisir activement les possibilités d'évolution qui me sont proposées (ENTRER).

Mon cher subconscient,

Remplis tous les vides que mon ancienne programmation en lien avec l'estime personnelle installée avant le ________(même date) a laissés par de la lumière pure qui m'éclaire dans les choix que je fais (ENTRER). Merci, mon petit subconscient. Je t'aime et je te remercie de contribuer à la puissante énergie qui nous élève (ENTRER).

Nous faisons une merveilleuse équipe ! « Let's go ! »*

Yves

Pour marquer le coup pendant la lecture, et pour entretenir par la suite une pensée positive, Yves a adopté avec plaisir la stratégie des boutons ENTRER et SUPPRIMER présentée antérieurement. Ce simple exercice qui consiste à peser sur un bouton fictif le place en position de pouvoir sur le choix de ses pensées. S'il éprouve des difficultés à déloger des vibrations toxiques, il fait sur-le-champ un rappel plus explicite à son subconscient avec ces affirmations : « Subconscient, **je choisis Dieu** (ENTRER), uniquement Dieu, je choisis (un ou des mots divins de son choix) (ENTRER). **Ajuste divinement** mes pensées, mes croyances, mes émotions, mes réactions (ENTRER) à chaque instant. Merci. »

En réalité, on peut apparenter cette démarche à un **lavage de cerveau conscient** orienté selon l'objectif choisi et poursuivi par la personne concernée au fur et à mesure qu'elle arrive à cerner les croyances malsaines qui la poussent à s'enfoncer. Même si toutes vos programmations limitatives n'ont pas été identifiées, vous pouvez quand même utiliser cette approche pour déloger vos pensées toxiques et les remplacer par le choix délibéré de la polarité opposée.

* Allons-y !

Cette démarche de la libération par vous-même pourra être complétée par toute autre approche qui exerce un attrait sur vous.

Chapitre 10

L'approche du Ho'oponopono, puissante technique de nettoyage

Vous avez la chance de vous être incarné à cette époque de grandes transformations où l'être humain a la possibilité de se libérer, de se dégager des ténèbres qu'il a lui-même créées ou captées. Dans la tradition hawaïenne, le Ho'oponopono révèle une approche responsable des vibrations que chacun de nous entretient. Mettant fin à des scénarios répétitifs de chaos, il se présente comme une expérience personnelle d'épuration des mémoires, de celles qui vous amènent à revivre ou à être témoin de problèmes récurrents. Ces scénarios de souffrance apparaissent comme une manifestation de la résistance de votre subconscient aux changements proposés par votre Soi divin. Certaines mémoires ressurgissent d'une incarnation à l'autre, tandis que d'autres se sont imprimées par des mémoires génétiques dans votre vie actuelle, car vous êtes également porteur de mémoires ancestrales transmises d'une génération à l'autre. Sans avoir à les identifier, il est désormais possible de les effacer en vue de rétablir l'harmonie entre vos plans de conscience. Vous serez guidé pour effectuer votre propre nettoyage en devenant conscient de fluctuations d'énergie lorsque vous êtes exposé à certaines réalités.

La source du Ho'oponopono

1. Les blessures à soi-même

Dans la culture ancestrale qui avait cours à Hawaï, la notion de péché n'existait pas à moins d'avoir délibérément voulu faire du mal à quelqu'un. Aucune institution n'intervenait pour statuer sur ce qui était bien ou mal puisque seul l'individu connaissait l'intention qui l'habite lorsqu'il exerce un choix. Ainsi, comme le jugement et la culpabilité ne venaient jamais de l'extérieur, chacun avait la possibilité d'amorcer un nettoyage pour assainir son réseau énergétique personnel. Ce faisant, il rétablissait le contact harmonieux entre sa propre trinité et la divinité.

2. Les blessures aux autres

À l'époque où les individus vivaient en communauté plus fermée dans leur village, il était possible de dénouer en personne les conflits produits par une intention malveillante. Le Ho'oponopono est issu d'une pratique qui amenait les gens à régler, lors de rencontres communautaires, les problèmes qu'ils avaient engendrés.

Un membre du groupe demandait le pardon à la personne qu'il avait offensée et celle-ci, en retour, le lui accordait. La même procédure s'appliquait dans des groupes de personnes lésées par une action passée. On profitait de ces réunions pour assainir les relations dans un **climat d'amour inconditionnel, de pardon, de compassion et de gratitude**.

« La participation des enfants au Ho'oponopono leur enseignait à mieux se préparer à leur vie adulte tout en visant un but dans l'immédiat : celui de faire comprendre que les adultes pouvaient avoir des problèmes, perdre leurs moyens et commettre des gestes répréhensibles – et qu'ils étaient prêts à en parler, à trouver des façons de résoudre leurs conflits et à améliorer leur conduite » (Pukui, Haertig, & Lee, 1972, p. 70). Selon ces auteurs, le fait de reconnaître ouvertement ses erreurs, d'en parler en toute franchise et avec contrition apparaissait comme une condition essentielle à la libération des énergies malsaines. Dès lors, les échanges s'exprimaient avec le langage du cœur.

Toutefois, cela n'excluait pas l'expression des émotions. Nul n'avait à prétendre qu'elles n'existaient pas puisque, lorsqu'on les réprime, elles sont susceptibles d'engendrer de plus grands dommages encore. Dans un premier temps, on invitait les personnes concernées à en parler avec le « pondérateur » chargé d'animer l'échange avant même de s'engager dans un rituel. C'est seulement lorsque les personnes en cause avaient géré leurs émotions avec maturité que la rencontre du pardon pouvait être amorcée. « Le Ho'oponopono apparaissait comme l'effort ultime pour s'amener soi-même à se responsabiliser à un niveau adulte » (Pukui, Haertig, & Lee, 1972, p. 69). Plutôt que de réagir en enfant par un appel au secours, on sollicitait la force spirituelle intérieure pour se sortir du problème : « Aidez-nous à nous aider nous-mêmes. »

3. Les fondements de l'adaptation du rituel de pardon

À partir du moment où la mobilité des insulaires s'est accrue, il devenait beaucoup plus difficile d'organiser de tels rassemblements. La profonde connaissance des plans de conscience et du réseau de communication emprunté par l'énergie a amené Morrnah Simeona, l'une des dernières filles d'une kahuna d'Hawaï, à proposer une adaptation du rituel du pardon à la réalité d'aujourd'hui, initiative qui s'est avérée fort concluante dans la pratique.

Voici quelques principes qui me permettent de comprendre le cheminement de Morrnah Simeona :

- **Le réseau de communication formé de fils aka permet d'atteindre instantanément par la pensée toute personne**, qu'elle soit vivante ou décédée. Comme un ordinateur, c'est votre esprit subconscient qui établit le contact. Comme lorsque vous faites une recherche sur Internet, les notions d'espace et de temps n'interfèrent aucunement et l'immensité de la toile ne pose aucun obstacle. Le contact se fait sur demande.

- Vous pouvez ainsi vous adresser facilement à quelqu'un d'absent. Les formes-pensées qui lui sont adressées circulent le long des fils aka. Vous entendez nettoyer le circuit énergétique qui vous relie en vue de **transformer votre perception de l'autre tout comme votre perception d'un événement. Quand votre regard sur l'autre ou sur la situation change, rien ne peut être tout à fait comme avant.** Quand un acteur change de rôle, c'est toute la pièce de théâtre qui prend une nouvelle tournure. Dans chaque scène de vie importante de votre passé, les acteurs, les décors et les costumes ont été parfaitement choisis par votre âme pour vous révéler à vous-même.

- **Votre subconscient, tel un jeune enfant, ne fait pas la différence entre la réalité et la fiction.** Lorsque l'on présente un film, une histoire ou un jeu de rôles à un jeune enfant, la situation devient **sa réalité**. Il est très perméable au message qu'on lui envoie. Votre mise en scène, un décor ou un costume suffiront pour le transporter dans un monde qu'il acceptera comme étant réel et pour **entraîner de puissantes émotions** aux vibrations élevées qui resteront gravées dans sa mémoire. Seul l'esprit conscient a le pouvoir d'analyser et de juger d'une situation bénéfique tandis que le subconscient s'imprégnera aisément de ce que vous lui proposerez. C'est l'un des fondements des rituels de Ho'oponopono proposés par Morrnah Simeona.

- Au préalable, avant même d'amorcer le Ho'oponopono proprement dit, pour que l'énergie du cœur circule au moment du rituel, votre uhane a la possibilité d'aider votre petit unihipili à transformer ses perceptions. L'une des multiples façons de vous libérer d'émotions nocives est de provoquer une mise en scène susceptible de dégager certaines mémoires en impressionnant vivement votre subconscient. **Regardez la situation conflictuelle bien en face** et laissez aller votre créativité ! Comme votre esprit subconscient ne discerne pas la réalité et l'imaginaire, cette libération peut se faire en l'absence de la personne concernée. **Par une saynète que vous allez monter de toutes pièces et où vous jouerez tous les rôles en vous déplaçant, faites croire à votre subconscient qu'un événement X a réellement lieu.** Imaginez le scénario d'un entretien mature où vous vous libérez enfin d'une charge émotive trop lourde.

- **Votre conscient a le rôle de libérer votre subconscient** des mémoires de souffrances engendrées par votre ego pour laisser émerger la nature lumineuse de votre être. Selon diverses procédures, en vous engageant **de façon intensive ou encore d'une manière qui impressionne vivement** votre unihipili, votre conscient attire l'attention de votre subconscient sur l'importance qu'il accorde au nettoyage. À partir de ce moment, un changement de pensées commence à s'opérer graduellement en vous.

  Dès lors, vous vous attirerez de plus en plus d'occasions de nettoyage puisque votre subconscient s'apprivoise graduellement à l'idée de collaborer avec vous, conscient, pour vous dégager du poids d'expériences, de pensées et de croyances nocives. Ces mêmes possibilités ont été présentes tout au long de votre vie, mais comme vous n'étiez pas ouvert aux remises en question en profondeur, vous ne les décodiez pas.

  Vos blessures modèlent constamment vos relations et vos expériences. Elles sont un facteur d'attraction pour tout ce qui est susceptible de les amplifier jusqu'à ce que vous soyez prêt à les guérir. Parfois, vous croirez que tout est réglé, mais de nouvelles occasions vous enseigneront qu'il y a du récurage à faire dans de nouveaux contextes qui font encore remonter une charge émotive lourde. Libérez-vous de vos jugements et accueillez avec gratitude chaque réalité que vous attirez. Changez de perspective. Nettoyez. Et nettoyez encore!

- Maintenant que votre conscient est prêt à s'engager dans un processus d'assainissement de vos mémoires, **vous saurez reconnaître dans une situation ou chez**

une personne vos propres vibrations puisque vous attirez constamment ce qui est en résonance avec vous. Vous vous rendrez compte qu'énergétiquement, vous faites toujours venir les expériences et les gens les plus susceptibles de provoquer une réaction menant à une remise en question de vos propres schémas. Votre aumakua, sachant précisément où il vous mène, vous envoie des gens qui vibrent à la même fréquence que vous sous l'aspect qu'il vous invite à transformer. Au lieu d'accuser le ciel ou qui que ce soit de vos déboires, vous irez explorer au fond de vous-même ce qui entre en résonance avec ce déséquilibre. **Votre conscient prend enfin ses responsabilités et accepte de se libérer.**

J'attire l'attention sur le mot *responsabilité* plutôt que sur la *culpabilité*. La responsabilité vous engage à agir dans ce qui vous appartient, tandis que la culpabilité renvoie à un jugement, à un manque d'amour.

- Le nettoyage de vos pensées et de vos croyances est extraordinaire puisqu'il contribue à l'élévation de vos propres plans de conscience de même qu'à l'élévation de la conscience planétaire. Chaque individu qui élève son taux vibratoire contribue à élever celui de l'ensemble.

  En vous joignant à d'autres personnes pour cibler un aspect à dégager, vous amplifierez de façon exponentielle les effets du nettoyage. Voilà pourquoi tant de gens se rassemblent pour faire du nettoyage.

  Les mémoires libérées ainsi dépassent les frontières du temps et de l'espace pour dégager les traces laissées par vos vies antérieures, par votre lignée ancestrale ou encore par l'histoire des groupes d'appartenance dont vous faites ou avez fait partie. **De concert avec les plans d'énergie supérieurs, vous exercez votre pouvoir de modifier votre histoire personnelle et collective et de la recréer.**

4. L'esprit des rituels

Votre subconscient, que l'on peut comparer à un enfant d'âge préscolaire en ce qui concerne l'évolution, est facilement impressionné par les rituels. C'est ce qui le prépare et le met dans l'ambiance. Laissez-vous inspirer pour **introduire des éléments de rituel personnels**. Vos propres expériences de jeunesse devraient vous indiquer ce qui est le plus susceptible de motiver votre enfant intérieur, unihipili. Votre vie de tous les jours est marquée de rituels qui annoncent des étapes de la journée, de symboles qui vous parlent, de codes qui appuient vos dires, etc. Allez y puiser des idées de mise en scène!

Selon vos modes privilégiés d'expression, vous avez également le loisir d'explorer diverses façons de solliciter vos cinq sens par les quatre éléments pour sélectionner ce qui est le plus efficace pour vous en vue d'entraîner **des émotions libératrices**. Voici quelques idées :

- **Le toucher**

  Les personnes à dominance kinesthésique trouveront, par la danse, le mouvement, les costumes, un effet libérateur intensifié.

  D'autre part, l'approche tactile EFT*, intégrée à un rituel de pardon, comme le propose le Dr Len un peu plus loin dans ce chapitre, vous ouvrira à la transformation. Concentrez-vous sur les paroles proposées en tapotant simultanément votre corps pendant quelques secondes sur chacun des points d'acuponcture de la séquence suivante : sur le dessus de la tête, au début des sourcils, sur les tempes au coin externe de l'œil, sur les pommettes, au-dessus de la bouche, dans le creux du menton, sur le thymus, aux aisselles, sous les seins, et retournez au début de la séquence.

* EFT : Emotional Freedom Techniques (techniques de libération émotionnelle).

- **L'ouïe**

  Les auditifs vont plutôt privilégier le son pour marquer l'importance de leur protocole. Ho'oponopono chanté, musique d'ambiance, rythmes, bruits de la nature, chants d'oiseaux, cascades d'eau et silence inspirant sont autant de supports qui vont accentuer l'effet de l'air.

- **La vue**

  L'aménagement d'un petit espace, le regard fixé sur un arbre majestueux, sur une flamme qui danse, sur un cristal diffusant toutes les tonalités de l'arc-en-ciel, la visualisation d'un ciel étoilé, de paysages calmants ou de couleurs associées à l'intention ramèneront les personnes plutôt visuelles à la terre, au feu ou à l'eau.

- **L'odorat**

  L'apport d'air frais, l'utilisation d'huiles essentielles et la respiration profonde sont des façons d'intégrer l'élément air.

- **Le goûter**

  L'ingestion d'eau de source, de tisanes aux effets nettoyants, d'aliments naturels venant de la terre peut faire partie d'une célébration de nettoyage.

  Toutefois, ne vous empêchez jamais de faire le rituel du Ho'oponopono parce qu'il vous manque l'un des éléments prévus dans votre routine. L'imagination peut aisément suppléer à toute absence. **Tout peut être remplacé par la pensée puisque la pensée crée.** L'énergie véhiculée par les formes-pensées est extrêmement puissante.

L'approche des rituels de pardon proposée par Morrnah Simeona

1. L'esprit des jeux de rôles

Morrnah Simeona, kahuna reconnue qui a apporté sa précieuse collaboration au Huna Research, a par la suite sensibilisé le Dr Hew Len à sa méthode vers novembre 1982. Elle avait d'abord amorcé une approche intrapersonnelle basée sur un jeu de rôles pour amener le subconscient à **vivre le Ho'oponopono** comme si les personnes concernées étaient en présence l'une de l'autre.

Elle en propose différentes versions. La première vise les conflits majeurs ou mineurs entre personnes. C'est à vous d'en évaluer l'importance. La seconde concerne des événements et suggère un dialogue avec le Créateur. Dans tous les cas, avec la mise en scène de son choix, votre conscient jouera tous les rôles en faisant croire à votre subconscient que l'autre partie était réellement présente.

Par exemple, quand vous direz à votre subconscient que vous êtes à tel endroit, en présence de telle personne et dans tel décor, il vous croira. Si, de plus, **vous produisez une émotion intense**, il se sentira d'autant plus concerné. C'est votre vécu émotionnel qui a fixé avec autant d'intensité vos mémoires. L'intensité et la qualité de vos émotions pendant le rituel sont des variables qui contribueront grandement au résultat recherché.

2. Les préliminaires aux rituels

Avant de commencer, voici quelques suggestions pour vous centrer :

- **Le lieu**

  Déterminez un lieu paisible où vous ne serez pas dérangé si vous parlez à voix haute. Sinon, chuchotez. C'est encore mieux qu'une lecture silencieuse.

- **La respiration**

  Précédez l'exercice de respirations Ha pour amplifier les effets du nettoyage.

- **La vibration positive**

  Centrez-vous en vue de vous exprimer avec l'énergie du cœur.

- **La démarche d'introspection**

Faites la lecture du texte d'introspection suggéré par Max Freedom Long dont vous trouvez ici une adaptation. Concentrez-vous vraiment sur le sens des paroles de sa très belle « prière Huna ». Faites une pause après chaque ligne en vous imprégnant fortement d'énergies d'amour, de pardon et de compassion.

Ne réservez pas ce texte uniquement aux préliminaires du jeu de rôles. Vous retirerez également de grands bénéfices à vous y référer en tout temps puisque ce déclencheur vous incitera à faire le point au fur et à mesure sur votre cheminement. À tout le moins, intégrez-le quotidiennement dans votre bilan de fin de journée. Vous deviendrez ainsi de plus en plus conscient de vos réactions en ayant du recul par cette occasion opportune de réflexion. À la longue, tout en vaquant à vos occupations, votre conscience éveillée attirera votre attention sur l'impact de vos pensées et de vos choix avant même de passer à l'action. Vous en viendrez à intégrer spontanément une démarche d'introspection extrêmement bénéfique pour assainir constamment votre énergie et maintenir votre fréquence vibratoire élevée.

Si vous pensez que vos actions ont eu un effet sur une ou des personnes, les ont fait souffrir, vous pouvez leur offrir un dédommagement spirituel en leur acheminant de l'énergie positive en prime au rituel que vous ferez avec compassion pour vous-même et pour ceux qui sont concernés. Ce que vous avez vécu a contribué à un apprentissage pour tous et les énergies qui y ont participé seront transformées par l'amour que vous répandrez.

Les rituels associés au Ho'oponopono peuvent sembler avoir une connotation religieuse puisque la forme empruntée et les valeurs suggérées rappellent des fondements de plusieurs religions. Rappelez-vous toutefois que ces rituels légués par les grands prêtres kahunas n'impliquent que vous, face à vous-même, face à votre Soi supérieur, aumakua, et visent à vous harmoniser intérieurement.

Adaptation de *La prière Huna* de Max Freedom Long (Long, *A little prayer for HRA'S*, 1949)

Si, aujourd'hui ou antérieurement, je me suis offensé,

Si j'ai offensé la création ou qui que ce soit,

En pensée, en paroles, en action ou par omission,

Si j'ai raté une occasion de m'aider ou de venir en aide à quiconque,

Je m'en repens.

Dès que j'aurai l'occasion de me reprendre,

Je ferai amende honorable

Pour guérir par l'amour ces blessures.

Je m'y engage.

Si j'ai été profondément blessé

Sans qu'une amende soit faite,

J'invoque l'intervention de la lumière pour rétablir l'équilibre

Afin d'effacer cette dette.

Mon Soi divin, que j'aime intensément

Et qui me rend au centuple cet amour inconditionnel,

Imprègne-moi, je t'ouvre tout grand mon canal;

Nettoie mon chemin de vie vers la Source.

3. La procédure des rituels adaptés

Selon l'importance des mémoires enregistrées, vous devrez répéter le rituel du Ho'oponopono approprié à la circonstance un certain nombre de fois. Comme votre subconscient a enregistré fidèlement vos réactions par rapport à des personnes ou à un type d'événements, vous pouvez toujours évaluer sommairement le nombre de répétitions requis pour un tel nettoyage à l'aide du pendule. Cela est une projection et le résultat peut changer en fonction de la régularité et de l'intensité que vous mettrez dans le rituel. Sinon, fiez-vous à votre senti.

En fait, vous saurez que vous vous êtes réellement pardonné lorsque vous sentirez un état de sérénité à l'évocation ou au contact d'un type d'expérience, d'un environnement ou de personnes autrefois sources de perturbations de votre énergie. Le dépassement sera fait avec le changement de perspective sur votre ancienne réalité. Vous vous sentirez tellement dégagé des émotions qui vous faisaient perdre de l'énergie antérieurement ! Votre façon de réagir aux personnes et aux événements sera réellement transformée.

Prenez le temps d'exprimer votre gratitude pour les forces que ces occasions opportunes auront fait émerger pour la suite de votre parcours.

3.1. Le rituel de nettoyage entre personnes

Vous choisirez cette démarche pour nettoyer et résoudre les problèmes **majeurs** qui surviennent dans vos relations interpersonnelles.

Comme votre subconscient ne distingue pas la fiction de la réalité, l'approche repose sur un jeu de rôles, en l'absence de la personne concernée. Informez votre petit *uni* que vous avez la visite de X et montrez-lui cette personne dans la pièce. Il y croira. Le jeu de rôle étant totalement assumé par vous, faites comme au théâtre et changez de place lors de l'alternance des personnages. Votre subconscient pensera que cette conversation a vraiment eu lieu et que de part et d'autre le pardon est accordé. L'important, c'est que votre subconscient y croie. Voici comment procéder :

- Vous dites à voix haute la première partie en demandant pardon à l'autre personne.
- Vous jouez la deuxième partie au nom de l'autre personne.
- Vous faites comme si l'autre personne invoquait votre pardon et vous jouez la première partie en son nom.
- En lisant la première partie, vous lui accordez votre pardon.
- Mettez-y de l'émotion ! Ressentez de la **gratitude** pour cette **libération**.

Tableau 11
Le rituel entre personnes

Première partie

Divin créateur, [aumakua, uhane et unihipili] en un, si moi, ____________(votre nom), ma famille, mes relations ou mes ancêtres vous avons offensé, ____________ (nom de la personne), votre famille, vos relations ou vos ancêtres par des pensées, des paroles, des actions ou [des omissions] depuis le début des temps jusqu'à maintenant, très humblement, moi, ma famille, mes relations et mes ancêtres vous demandons pardon pour toutes nos erreurs, nos ressentiments, nos offenses [nos omissions] et les dépendances que nous avons créés et accumulés depuis le début des temps jusqu'à maintenant [dans tous nos univers].

Acceptez-vous de m'accorder votre pardon ?

Deuxième partie

Oui, je vous pardonne (représentez la symbolique du pardon en vous aspergeant d'un peu d'eau).

Que cette eau nous libère de toute dépendance karmique sur les plans spirituel, mental, physique, matériel [...] et financier. Éliminons de notre mémoire, libérons et coupons tous les souvenirs et blocages négatifs indésirables qui nous ont liés et maintenus en état de dépendance.

Nettoyons, purifions et transformons toutes ces énergies en lumière pure. Remplissons les vides créés avec de la lumière divine.

Que la volonté divine, la lumière, l'amour, la paix, l'équilibre, la sagesse, la compréhension [...] et l'abondance se manifestent pour nous, dans nos vies, par le pouvoir divin du Créateur, père, mère et fils en un, en qui nous avons mis notre foi, à qui nous obéissons et à qui nous devons la vie, maintenant et pour l'éternité.

Qu'il en soit ainsi. C'est accompli. Merci !

Source : Huna Research, Pacific Seminars 1981, Morrnah Simeona
Traduction et adaptation de Sylvie Doré

3.2. Le rituel abrégé de nettoyage entre personnes

Dans le cas de perturbations ponctuelles ou mineures avec certains êtres qui passent sur votre chemin, vous pouvez vous en tenir à cette version abrégée du rituel entre personnes. Vous seul êtes en mesure d'évaluer la gravité de la situation.

Tableau 12
Le rituel abrégé entre personnes

Divin créateur, [aumakua, uhane et unihipili] en un, moi ______________ (votre nom), ma famille, mes relations ou mes ancêtres voulons faire un Ho'oponopono avec la famille, les relations et les ancêtres de ______________ (nom de la personne).

> Nettoyez, purifiez et éliminez toutes les énergies négatives, les souvenirs indésirables et les blocages que nous avons créés et accumulés depuis le début des temps jusqu'à maintenant [dans tous nos univers].
>
> Transformez toutes ces énergies en lumière pure.
>
> Qu'il en soit ainsi. C'est accompli. Merci !

Source : Huna Research, Pacific Seminars 1981, Morrnah Simeona
Traduction et adaptation de Sylvie Doré

3.3. Le rituel de nettoyage lié à des événements

Enfin, quand le nettoyage est associé à un type d'événement qui perturbe votre vie par son importance ou par sa récurrence, il y a lieu de nettoyer les mémoires qui y sont associées à l'aide de ce rituel.

Avant de commencer, expliquez à votre subconscient la situation ou le défi à régler en termes clairs. Présentez positivement l'objectif recherché. Le dialogue concerne le Créateur et vous ; vous jouerez les deux rôles en changeant de place pour que votre subconscient perçoive clairement le pardon accordé en haut lieu. Vous avez le pouvoir de moduler l'impact de ce rituel auprès de votre subconscient. Pensez toujours à vous imprégner d'émotions fortes et positives et vous l'impressionnerez.

Tableau 13
Le rituel d'événements

> **VOUS**
>
> Divin créateur, [aumakua, uhane et unihipili] en un, si moi ______________ (votre nom), ma famille, mes relations ou mes ancêtres avons offensé la Création par des pensées, des paroles, des actions ou [des omissions] depuis le début des temps jusqu'à maintenant, très humblement, moi, ma

famille, mes relations et mes ancêtres vous demandons pardon pour toutes nos erreurs, nos culpabilités, [nos omissions], nos offenses et les dépendances que nous avons créées et accumulées depuis le début des temps jusqu'à maintenant [dans tous nos univers].

Acceptez-vous de m'accorder votre pardon?

LE CRÉATEUR

Oui, je vous pardonne (représentez la symbolique du pardon en vous aspergeant d'un peu d'eau).

Que cette eau vous libère, vous ____________ (votre nom), votre famille, vos relations et vos ancêtres de toute dépendance karmique sur les plans spirituel, mental, physique, matériel [...] et financier. Éliminez-la de votre mémoire, libérez et nettoyez tous les souvenirs et blocages négatifs indésirables liés aux événements [dont il est question]. Que toutes ces énergies indésirables soient nettoyées, purifiées et transformées en lumière divine pure.

Que la volonté divine, l'amour, la lumière, la paix, l'équilibre, la sagesse, la compréhension [...] et l'abondance se manifestent dans vos vies.

VOUS

Merci! Que cette eau nettoie tous les événements passés relatifs à ____________ et favorise la libre circulation de l'énergie en nous, à travers nous et autour de nous.

Source : Huna Research, Pacific Seminars 1981, Morrnah Simeona
Traduction et adaptation de Sylvie Doré

L'approche du nettoyage intégré au quotidien du Dr Hew Len

1. La technique axée sur la résonance en soi

Le Dr Hew Len, dans le livre *Zéro limite*, a témoigné d'une approche inusitée pour reconnaître et régler ce qui lui appartenait dans le contexte où il a été exposé. Respon… très atteints dans une aile psychiatrique dont il a… sabilité, le Dr Len n'a jamais rencontré ses patie… il a persisté dans la voie qu'il ressentait comme b… abordant son rôle de médecin sous une nouvelle persp… se penchant sur leur dossier, il s'est consacré à la tâche de guérir ce qui dans chacun d'eux entrait en résonance avec une partie de lui-même et à nettoyer en pratiquant cette version toute simple, mais à quel point efficace du Ho'oponopono, avec une grande persévérance, jusqu'à l'obtention de résultats éloquents. Graduellement, la guérison de tous les patients qui lui ont été confiés est venue témoigner de l'efficacité du nettoyage qu'il a fait sur nul autre que lui-même.

Le Dr Hew Len a donc concentré avec foi toute son énergie pour libérer ses patients à l'aide d'une autre approche du Ho'oponopono. Il s'agit d'orienter votre pensée sur les vertus **d'amour inconditionnel, de compassion, de pardon et de gratitude** en répétant en boucle l'affirmation suivante :

« JE T'AIME, JE SUIS DÉSOLÉ, PARDONNE-MOI, S'IL TE PLAÎT, MERCI ! »

Ces paroles **s'adressent à la divinité qui vous habite**, sachant que l'amour transmute les sources du problème en vous. Puis, vous vous offrez de la compassion tout en demandant le pardon pour ce qui est en vous et se manifeste comme un problème à l'extérieur. Et, enfin, avec gratitude, vous remerciez la Source, sachant que le processus est enclenché et que les résultats sont en voie de se manifester.

En répétant ces paroles fréquemment, mentalement ou à voix haute ou en les chantant lorsque c'est possible, vous agissez sur votre subconscient dont l'une des particularités est d'apprendre par la répétition, tout comme un jeune enfant. Votre unihipili, à force d'entendre le même message avec insistance, adhérera graduellement au changement de pensée amorcé par cette possibilité.

Il est avisé d'utiliser cette procédure sur-le-champ dès qu'une personne, un événement ou leur évocation vous atteint par un déséquilibre dans votre énergie. Pendant que vous répétez ces paroles dans votre tête, vous réaliserez que votre perspective change et que vous êtes plus inspiré pour réagir à la situation. Ce faisant, l'orientation du scénario qui se dessinait se modifie. Vous vous éduquez ainsi comme esprit conscient à être attentif aux fluctuations de votre taux vibratoire et à en rechercher les causes en vue de modifier vos propres réactions. **Quelles sortes d'énergies produisez-vous du matin au soir?** Se poser la question engage à la responsabilisation.

2. La transformation personnelle

Tout au long de votre vie, vous attirez les personnes et les événements qui sont en résonance avec **une partie de vous qui est à transformer**, cela avec une intensité accrue jusqu'à ce que vous acceptiez de la nettoyer. Vous ne pourrez jamais fuir!

J'ai plusieurs proches que je considère comme perfectionnistes et contrôlants. Qu'est-ce que ça veut dire, selon vous? Pourquoi une telle concentration autour de moi? J'ai à m'ouvrir les yeux et à reconnaître qu'il y a un peu de moi là-dedans. Branchez-vous à la Source en vue de percevoir les autres sous un éclairage divin et vous vous connaîtrez beaucoup mieux! Les autres, dans la mesure où ils vous font réagir, sont le reflet de ce que vous êtes. En reconnaissant cet état de fait, vous êtes prêt à vous transformer par la forme de Ho'oponopono qui vous inspire.

Ne vous préoccupez jamais de changer les autres. Les situations qui vous font réagir se présentent immanquablement pour vous rendre conscient de vos propres choix de pensées, d'attitudes et d'émotions devant les événements, les stress et les chocs de la vie. Le contexte du changement proposé peut être différent de celui que vous avez observé, mais la leçon de vie est la même que celle qui vous a perturbé par une personne de votre entourage. Observez-vous et acceptez ce que vous découvrez!

« Chacun est responsable de sa guérison, de sa croissance et de son développement. Ce qui reste stable dans l'évolution est acquis par le travail personnel et par l'ouverture de la conscience. C'est pourquoi les maîtres taoïstes répondent souvent aux questions posées par cette autre question : "Avez-vous pratiqué ?" » (Tremblay, 2009, p. 23).

Ainsi, dès qu'une pensée toxique monte dans une circonstance donnée, vous devez vous exercer à la percevoir le plus rapidement possible. En ajustant votre réaction sur-le-champ, vous rétablirez l'équilibre en vue de retrouver l'unité. Communiquez autant de fois qu'il le faut dans une journée avec votre petit *uni* en lui rappelant tout simplement ceci :

« Subconscient, ajuste divinement mes émotions, mes réactions, mes pensées et mes croyances. En tout temps, nous choisissons Dieu*, uniquement Dieu*. »

Vous ramenez ainsi vos plans de conscience à communier vers le même objectif, celui d'intégrer et de **maintenir** des vibrations plus élevées.

Devenez conscient à chaque instant de vos pertes d'énergie et évitez les dérapages. Parfois, votre réaction nourrit un conflit par l'argumentation, par la justification ou par n'importe quelle autre manifestation de l'ego. Parfois, elle alimente vos peurs, celles que vous considérez comme tout à fait « justifiables », pour éviter d'y faire face. Dans d'autres occasions, en conservant vos standards sans les ajuster à une réalité changeante, vous augmentez votre stress. Remettre en question des habitudes bien ancrées vous sortira de votre zone de confort. Faites-le, osez et vous en verrez les effets bénéfiques. C'est dans la souplesse par rapport aux défis à relever que se trouve la voie de la liberté.

« Vos blessures existent en vous-même, vous les transportez partout où vous allez. Sous la domination de votre "je" séparatiste (l'ego), votre être tout entier n'est qu'une grande plaie.

« Nul ne peut toucher un homme du tao. Pourquoi ? Parce qu'en lui, il n'y a plus rien, plus personne à heurter.

« Soyez complet et unifié et acceptez les choses comme elles sont. Essayez de vivre ainsi ne fût-ce que 24 heures. Acceptez

---

* La Source.

tout, quoi qu'il arrive... Soudain, vous éprouverez un regain d'énergie, un flot de vitalité que vous n'avez jamais encore senti en vous » (Rajneesh, 1995, p. 144).

> Pour développer une réaction mieux adaptée à votre réalité, la respiration Ha est à coup sûr une avenue intéressante. Avant la respiration, accueillez avec **amour** et **gratitude** ce qui est prêt à être transformé. Puis, en inspirant, engendrez des émotions bienfaisantes orientées vers le changement désiré en pensant intensivement à une qualité, à une vertu ou à une attitude que vous voulez intégrer. Pendant l'expiration, ressentez avec gratitude la transformation, la libération qui permet l'implantation de nouveaux schèmes de pensée. Ainsi, vous programmez graduellement votre subconscient au changement inspiré par votre supraconscient, aumakua, et décidé par votre conscient, uhane.

Quand vous vous serez nettoyé, de véritables changements se manifesteront à l'extérieur. La manière de guérir les autres, soit vos miroirs, consiste à vous guérir vous-même. En acceptant de vivre le pardon, de l'intégrer dans votre quotidien, vous transformez la dynamique qui soutenait vos rapports avec les autres. Vous vous libérez également de la souffrance associée au ressentiment. Quel merveilleux cadeau vous vous faites !

3. Un exemple de Ho'oponopono en groupe

J'ai reçu une demande pour amorcer des rencontres de Ho'oponopono afin d'amplifier et d'accélérer le nettoyage. Je me suis engagée à le faire à raison d'une séance mensuelle d'une heure trente par mois. La diffusion de ce rassemblement se fait surtout par courriel et par le bouche à oreille qui attire régulièrement de nouveaux participants. La majorité de ceux-ci n'ont jamais eu de formation sur le Huna. Aussi, avant chaque rencontre, je prends trente minutes pour rencontrer les nouveaux participants du mois en cours sur l'esprit du Ho'oponopono. Les anciens s'amènent ensuite pour l'heure et demie suivante.

Les synchronicités qui se présentent dans les semaines précédentes m'éclairent quant au choix d'une thématique. Les personnes ayant manifesté un intérêt à participer reçoivent par courriel un court texte présentant l'issue du prochain nettoyage. Vous en trouverez des exemples à l'Annexe 1. Nous commençons donc chaque rencontre par l'exploration de la thématique pour découvrir de nouvelles facettes de la réalité que nous vivons. Le nettoyage implique la transformation des états mentaux négatifs. Chacun est en mesure de mettre le doigt sur des sources de perturbation en lien avec la thématique proposée.

Cette prise de conscience donne le goût d'agir pour se libérer de schémas de pensée nocifs remontés à la conscience. Sur place, nous nous imprégnons de pensées constructives susceptibles de restructurer notre perception adéquatement. Dès lors, nous entrons dans la phase suivante en faisant des respirations Ha pour harmoniser nos chakras. En nous inspirant de l'affirmation sur les chakras suggérée au neuvième chapitre, nous y apportons chaque fois des adaptations propres à ce qui se dégage du groupe.

Puis, vient la méditation pendant laquelle nous écoutons des chants évoquant les paroles du Ho'oponopono, soit « je t'aime, je suis désolé, pardonne-moi, s'il te plaît, merci ! ». Nous alternons chant et respiration Ha tout au long de cette pratique. L'énergie construite en groupe s'amplifie rapidement et les participants en témoignent par l'état de confiance et de paix qu'ils confient ressentir après la rencontre.

Nous avons aussi l'apport de personnes qui, à cause de contraintes d'horaire ou de localisation, contribuent à distance. Dès qu'elles prennent connaissance de l'objet du nettoyage, elles construisent de l'énergie par l'approche qui leur sied en demandant à leur subconscient de la mettre en réserve jusqu'à la date fixée pour le Ho'oponopono du groupe. À tout moment, pendant le temps de rencontre, où qu'elles soient, elles n'ont qu'à prendre quelques secondes pour donner la consigne à leur subconscient de joindre leur énergie accumulée à celle des participants sur place. L'apport de chaque personne a un effet multiplicateur très puissant. Ainsi, la collaboration fait en sorte qu'une force positive grandissante rejoint tous les participants qui par la suite se transforment graduellement à leur rythme, ce qui apporte des changements autour d'eux. **Toute grande transformation commence par de petits changements! Lorsque la modification des pensées d'un groupe opère, nous pouvons assister à des miracles!**

La magie du Ho'oponopono

1. L'élargissement de la conscience

Vous êtes en mesure d'accéder à votre pouvoir illimité en vue de participer à la construction d'un futur individuel et collectif extraordinaire. Chaque individu qui se responsabilise et se rééquilibre contribue au changement global, puisque nous sommes tous reliés par un réseau de fils aka.

Nous sommes conjointement responsables des pensées qui circulent dans notre société et des choix qui en découlent. Rallions-nous par l'énergie et maintenons notre fréquence vibratoire élevée. Nous avons le pouvoir d'actualiser un monde meilleur. Engageons-nous dans le processus d'élévation de la conscience.

Témoins de déséquilibres, que ce soit sur les plans familial, entrepreneurial, national ou planétaire, en tant qu'humains, nous avons parfois tendance à nous sentir victimes de ce qui nous semble hors de contrôle.

Changeons de perspective pour considérer ce que ces témoignages reflètent de nous-mêmes. Par exemple, pourquoi y a-t-il autant de peurs en circulation? Parce que nous sommes réceptifs à la peur. Par le passé, nous avons peut-être été en résonance avec la peur intensifiée par une organisation religieuse ou sociale, nous avons peut-être répété ce schéma en élevant nos enfants avec de multiples réticences fondées sur nos peurs et nous avons peut-être même choisi de nourrir nos peurs à travers nos divertissements! Prenez conscience de la place que vous y avez accordée. La peur se vend très bien. À vous de décider si vous êtes acheteur! Pourquoi ne commenceriez-vous pas à encourager plutôt les témoignages de courage, d'initiative, de partage, etc.?

Faites du ménage dans votre vie en vous laissant guider par la sagesse de votre Soi divin. Interrogez-vous sur les problèmes qui se manifestent à l'extérieur. Vous êtes à même de découvrir votre part de responsabilité individuelle et de faire un nettoyage qui aura des répercussions à plusieurs niveaux. Chaque personne qui se prend en mains et joint sa volonté de changement aux autres contribue à une force de changement incommensurable. Le Dr Hew Len, en relevant le défi de guérir tous les patients de l'aile psychiatrique dont il était responsable, nous a démontré que **tout est possible**.

Si chacun souhaite la paix pour tous et ce qu'il y a de mieux pour son voisin, si chacun veut participer au nettoyage des pensées d'un peuple, d'une entreprise, d'une famille, la nature de ses propres pensées associées à celles de tous ceux qui s'éveillent graduellement déterminera le futur. Tous les milieux de vie où règne une pensée constructive sont générateurs d'harmonie et de succès. Chaque personne ou groupe de personnes qui transforme positivement ses pensées et ses croyances contribue à la modification d'un scénario prévisible dans un contexte donné pour quelque chose de mieux encore.

L'autre jour, j'ai eu un témoignage émouvant concernant les dernières démarches d'une femme qui s'est éteinte paisiblement après avoir participé au nettoyage à sa façon. Cette grand-maman remplie d'amour et de compassion était venue me voir pour échanger sur le sens de ses expériences en vue d'apporter sa contribution pour mettre fin à la violence faite aux femmes. Elle avait écrit ses mémoires en vue d'en faire profiter les organismes centrés sur l'aide aux femmes victimes d'inceste dans leur famille. Personne n'avait les ressources pour y donner suite.

Inspirée par le Ho'oponopono et habitée par une grande paix intérieure, elle s'est donc investie pour guérir par l'énergie les mémoires familiales qui l'ont marquée.

Souhaitant remonter concrètement aux sources simplement pour impressionner son subconscient, elle a trouvé l'aide pour aller faire des recherches dans son coin de pays en vue de reconstituer son arbre généalogique. Elle a pu ainsi remonter jusqu'au premier de ses ancêtres qui s'est établi en Amérique. Pour ressentir l'impression d'agir concrètement sur son histoire de vie, elle souhaitait vivement mettre un nom sur chaque membre de sa lignée familiale en vue de procéder à un nettoyage de ses racines, sans pour autant avoir besoin d'être informée sur les secrets de famille. Une fois sa mission accomplie, elle s'est donné le droit de quitter le plan terrestre.

Elle a collaboré à la guérison des blessures de violence qui se vivent à plusieurs échelles et je le fais aussi en lui rendant hommage puisque j'ai eu le privilège de connaître cette grande âme qui m'a inspirée.

2. Les effets du pardon

Au fur et à mesure que vous vous sentirez libéré quant aux irritants qui jalonnent votre route, en pensant spontanément **à pardonner, vous serez engagé dans un processus d'amour qui conditionnera votre vision de la vie**. Une transformation s'opérera et attirera une forme de grâce en vous. Votre attitude par rapport aux réalités qui se présentent fera émerger des forces intérieures que vous ne soupçonniez pas. Vous serez en mesure d'accompagner des gens dans des expériences troublantes, sans vous affaiblir, en accueillant tout simplement ce qui se présente comme une belle occasion de croissance... et possiblement de nettoyage! On vous place toujours là où vous devez être, selon votre plan de vie. En étant présent, sans résistance, vous accueillerez l'inspiration qui guidera vos réactions, vos paroles et vos gestes. Votre canal sera ouvert à l'éveil, vous préparant ainsi à l'élévation.

Cinquième partie

LA COMMUNICATION AVEC VOS PLANS DE CONSCIENCE

Chapitre 11

Votre initiation à la radiesthésie, un apport personnel

J'en suis arrivée à utiliser un pendule comme moyen de communication avec mon subconscient à la suite de centaines d'heures de pratique en kinésiologie puisque j'en étais venue à tester dans les moindres détails toute la nourriture que je voulais ingérer. À l'époque où je souffrais encore d'un nombre inouï d'allergies alimentaires et d'hypoglycémie, je validais, la veille, la teneur des aliments, les quantités et les combinaisons qui me donneraient de l'énergie le lendemain. Je planifiais chaque soir les huit « collations » qui devaient ponctuer ma journée. Durant cette année où j'étais hebdomadairement suivie, ma vie était hypothéquée d'indigestions à raison de deux à trois fois par semaine. Ces épisodes survenaient à la suite de ma « négligence » à vérifier les composantes de chaque aliment acheté sur le marché.

L'utilisation de la kinésiologie consistait en un test musculaire qui reposait sur la participation de deux personnes. Mon mari testait sur un muscle de mon bras ma réaction aux aliments et aux composantes de leur préparation. Cette approche était très lourde et me maintenait dans un état de dépendance pour m'alimenter. Je voulais me faciliter la vie. Comme je savais que les réponses positives ou négatives m'étaient communiquées par mon subconscient, j'ai entrepris de trouver une autre solution en vue de l'interroger et d'être complètement autonome.

Je me suis procuré un pendule en vue d'explorer la radiesthésie. Afin de pouvoir me fier entièrement aux résultats trouvés à l'aide du pendule, j'ai utilisé pendant trois mois les deux approches. Chaque soir, j'ai continué de tester mes choix alimentaires en kinésiologie, puis je transcrivais les données sur des bouts de papier identiques. J'y avais inscrit le nom de l'aliment ou de la composante d'une préparation en vue de les valider une deuxième fois, à l'aide du pendule. Chaque information était cachée puisque je plaçais mes papiers à l'envers sur une table. J'évitais ainsi d'être influencée par les réponses antérieures que j'avais eues en kinésiologie. Je continuais à m'adresser de la même façon à mon subconscient en désignant avec mon index chacun des bouts de papier l'un après l'autre. Chaque fois, j'ai eu des réponses identiques, que ce soit en kinésiologie ou en radiesthésie. En fait, dans les deux cas, tout était basé sur la communication avec mon subconscient qui participait avec plaisir à ces séances qui portaient essentiellement sur des choix alimentaires.

Une fois guérie, comme j'avais établi une bonne communication avec mon subconscient, j'ai continué à utiliser un pendule pour l'interroger sur un large éventail de sujets. J'éprouvais un réel plaisir à échanger avec cette autre partie de moi qui détenait tellement d'informations. Mes réponses étaient confirmées parfois sur-le-champ, parfois à plus long terme. Peu importe, je pouvais m'y fier.

Comme la communication avec notre « Soi » divin dépend de la collaboration de notre subconscient, j'ai par la suite envisagé d'établir un code pour les réponses qui me viendraient de mon esprit supérieur. Ma joie fut à son comble quand j'ai découvert que je tenais entre les mains un outil qui me permettrait d'entretenir une conversation avec mon aumakua. Je pouvais désormais poser des questions qui feraient la lumière sur mon chemin de vie. Quelle ressource inestimable!

Je vous communique donc une procédure qui vous permettra de maîtriser cet outil en toute confiance. Étant donné que nous sommes un microcosme, une réplique de l'Univers qui renferme tout, vous avez accès à une infinité d'informations par votre réseau de fils aka.

Les facteurs de réussite

1. Respectez les étapes

Établissez le lien avec votre subconscient d'abord et avec votre Soi divin par la suite. Dans un premier temps, je vous invite à maîtriser l'outil qu'est le pendule, par étapes, pour communiquer avec votre subconscient. Vos succès répétés à chaque niveau vous indiqueront quand passer à des tests plus complexes pour finalement vous préparer à aborder les questions qui s'adressent à votre supraconscient.

2. Soyez énergique!

Avant de commencer à tester, chargez-vous d'énergie pour avoir les idées claires. Quelques minutes de respirations mana suffiront à remonter votre taux vibratoire.

3. Rappelez-vous la nature de vos plans de conscience

- **Unihipili, ce jeune enfant**

  Votre subconscient n'a que la maturité d'un jeune enfant; adaptez votre approche en conséquence. Comment motiver un enfant à communiquer à l'aide d'un nouveau code, comment l'amener à participer à un nouveau jeu? Comment réagir à ses premières tentatives? Comment l'encourager? Comment accepter son rythme d'apprentissage? **Soyez aussi pédagogue, patient et positif qu'un enseignant du préscolaire.** Privilégiez l'encouragement, l'amour inconditionnel, la compréhension, la patience et la persévérance.

L'une de mes amies a persévéré pendant trois mois à enseigner à son subconscient le nouveau mode de communication à l'aide du pendule, et ce, sans succès apparent. À chaque séance journalière, en l'initiant, elle n'avait de cesse de lui répéter : « Subconscient, je t'aime et j'adore travailler avec toi à l'aide du pendule. Nous avons de plus en plus de succès. Tout va de mieux en mieux. Nous formons une excellente équipe ensemble. Merci pour ta complicité et tes efforts. »

Comme chaque subconscient a une personnalité qui lui est propre, le sien se comportait comme un enfant auquel on enseigne le langage. Il captait toutes les consignes sans réagir et un beau matin il fut prêt à s'exprimer avec aisance. Sa persévérance était enfin récompensée!

- **Unihipili et ses émotions**

Votre subconscient pourrait teinter une réponse à cause des émotions qui s'y rattachent. Il vous faudra alors remettre en question sa réaction, le rassurer et lui offrir du mana de protection, au besoin.

Il peut également vous donner une réponse tout simplement pour vous faire plaisir. C'est une réaction normale d'enfant qui répond ce qu'il croit que vous voulez entendre. Avec compréhension, il vous appartient de l'éduquer à l'importance que vous accordez à la vérité. Interrogez-le à nouveau : « Est-ce là la vérité? » Voilà une vérification à faire après avoir reçu une réponse douteuse. « Donne-moi toujours des réponses justes plutôt que des réponses pour me faire plaisir. J'apprécie tellement la vérité. »

- **Unihipili et son réseau informatique**

  Votre unihipili emprunte plusieurs des caractéristiques propres à l'informatique. Les mémoires auxquelles il a accès sont illimitées. Toutefois, les critères de recherche se doivent d'être bien cernés et le vocabulaire, clair. Tout questionnement étant interprété au premier niveau, exprimez votre pensée par des phrases extrêmement simples. Chaque mot est considéré au pied de la lettre. Le subconscient n'a pas la capacité d'interpréter une question, de raisonner ou de porter un jugement sur une situation. **Aussi, la justesse de la réponse dépend de la précision de la question.** Ces considérations vous guideront dans la façon de faire des recherches.

- **Aumakua, votre guide spirituel**

  Une fois que vous sentirez que vous avez une excellente collaboration de votre subconscient, demandez-lui s'il accepte de vous « mettre en ligne » avec votre aumakua à propos de ______________(la situation ou la personne). S'il est d'accord, allez de l'avant pour clarifier le code déjà prévu pour le contact à ce niveau. La procédure vous est expliquée un peu plus loin. Le questionnement que vous avez quant à votre cheminement et au sens des expériences qui jalonnent votre parcours sera entendu par votre Soi divin qui confirmera ou infirmera l'expression de vos pensées. À la lumière de ce nouvel éclairage, vous aurez toujours le libre arbitre pour exercer vos choix. Il vous faudra parfois acheminer de l'énergie mana à votre supraconscient pour saisir plus clairement l'inspiration, décoder les messages et les valider.

- **Le trio en action**

  Acceptez toutes les étapes de cet apprentissage et restez ouvert. Une fois que la communication sera bien établie avec chacun des niveaux de votre trio, tenez votre pendule en position de départ, exprimez un point de vue et vous aurez la surprise de découvrir que c'est parfois votre unihipili et parfois votre aumakua qui vous signifient leur accord ou leur désaccord. Vous aurez là de bonnes indications pour saisir à quel niveau de conscience s'adressent vos interrogations et serez en mesure de formuler adéquatement les questions suivantes. Avec le temps, ces interactions se feront avec beaucoup de fluidité.

4. Engagez concrètement votre subconscient à collaborer

Avant les exercices d'apprentissage, faites ce qui suit :

- **Rehaussez votre énergie** par la respiration mana.
- **Faites le vide** et soyez présent à ce que vous faites. Si vous pensez à une chose et que vous en testez une autre à voix haute, vous semez la confusion. Recommencez votre question tout simplement.
- **Testez vis-à-vis du « vide ».** Par exemple, si vous tenez votre pendule au-dessus d'un texte, de votre corps ou encore d'un aliment, l'ambiguïté s'installe. Le pendule peut réagir à ceux-ci avant même que vous ayez formulé quoi que ce soit.
- **Programmez à nouveau le code** propre à votre subconscient, seulement en vue de le familiariser avec l'utilisation du pendule. Répétez cela une fois par séance jusqu'à ce que les consignes soient parfaitement acquises. Cette démarche est expliquée dans la section suivante.
- **Vérifiez la motivation** de votre subconscient avant chaque séance. Un enfant contrarié ne collabore pas : « **En ce moment**, veux-tu t'exercer à communiquer avec moi avec l'aide du pendule ? Sur tel sujet ? Sur tel autre ? Est-ce que tel jeu t'intéresse ? Et telle activité ? Tu vas voir, c'est emballant ! » Des suggestions vous seront proposées ultérieurement. « As-tu besoin d'une **protection** accrue ? » Si la réponse est positive, vous pouvez construire du mana de protection ou procéder à votre manière. Mon subconscient exige fréquemment un surplus de protection lorsque je valide des informations auprès du subconscient d'autres personnes.

- **Remerciez-le** chaleureusement après chacune des réponses. Peu importe que la manifestation vienne de votre aumakua ou de votre unihipili, elle passe toujours par votre subconscient. Pour ma part, dès que je le remercie, il s'immobilise sur-le-champ, prêt à collaborer pour la question suivante. Il a besoin de vos encouragements, comme un jeune enfant. « **Merci**, c'est un état d'âme qui dénote la gratitude, l'humilité et la reconnaissance de la participation de chacun » (Gagnon-Haslam, 2008, p. 132). C'est une vibration qui active le chakra du cœur.

5. Tenez un journal de bord

- En notant tout par écrit, vous serez apte à comprendre les différences qui relèvent du **vocabulair**e utilisé pour poser la « même » question d'une fois à l'autre.
- Analysez la portée des mots en ne laissant aucune place à de l'interprétation.
- Comme lors des requêtes, évitez l'emploi de négations.
- Prenez le temps de bien formuler vos questions en ce qui concerne la clarté, la précision, les nuances, la structure de phrases.
- Formulez des questions simples. Pour chaque variable, posez une nouvelle question.
- Si vous avez plusieurs critères, placez-les selon l'ordre d'importance que vous leur accordez et spécifiez-le clairement à votre subconscient.
- Notez vos réponses et comparez vos résultats d'une journée à l'autre.

6. Élucidez les facteurs de temps

Vous avez accès aux informations concernant le passé, le présent et la partie du **futur probable**, déjà programmé par **vos** formes-pensées. Le futur exprime la tendance prévue tant et aussi longtemps que vous engendrez les mêmes formes-pensées. Plus ce futur est proche, plus la pensée est installée. Comme vous détenez le pouvoir du libre arbitre sur votre vie, vous avez toujours le pouvoir de modifier la partie du futur déjà programmée par vos formes-pensées.

Attention ! S'il vous venait à l'esprit de tester la présence d'une maladie, soyez d'une vigilance extrême. Faute de connaissances et n'ayant pas les qualifications pour interpréter les données médicales, vous pourriez causer des dommages reliés aux erreurs d'interprétation. Par ailleurs, la maladie se manifeste dans le « terreau » de vos pensées, bien avant d'être vérifiable concrètement.

Le choix de votre pendule

1. La fabrication d'un pendule temporaire

Si vous êtes prêt dès maintenant à poursuivre votre lecture et à essayer de petites expériences en vue de voir bouger un pendule avant même d'avoir programmé votre subconscient à son utilisation, vous pourriez improviser un pendule temporaire.

- Procurez-vous une aiguille à enfiler, du fil et du papier d'aluminium. Enfilez votre aiguille, doublant le fil et prévoyant environ dix millimètres pour une loupe éventuelle. Coupez une longue bande de papier d'aluminium dont la largeur correspond à trois millimètres de moins que la longueur de votre aiguille. Enroulez cette bande sur l'aiguille en dégageant environ trois millimètres pour la pointe. Pressez le papier d'aluminium pour lui donner une forme équilibrée qui s'ajuste bien à l'aiguille. Ajoutez des couches supplémentaires pour en augmenter le poids, au besoin. Et vous avez votre pendule d'essai !
- Vous pouvez aussi, dans certaines circonstances, utiliser un pendule de fortune en récupérant une pesée pour poser la tapisserie de niveau, en utilisant un pendentif, un grelot, un cristal ou encore une pierre détachée d'un collier. Dès qu'il y a possibilité d'attacher une masse au bout d'un fil, vous créerez votre outil. Cela vous permettra également de vous familiariser en avance avec les critères à considérer pour l'achat de votre pendule.

2. L'achat de votre pendule

Avant de vous procurer un pendule, faites des essais pour évaluer ce qui vous sied le mieux. Lorsque vous serez prêt à procéder à un achat, considérez divers aspects en fonction de l'utilisation que vous souhaitez en faire à moins que vous ne soyez irrésistiblement attiré par un modèle. Dans ce dernier cas, suivez votre coup de cœur !

- **Le poids**

  Avec un pendule plus lourd, vous sentirez mieux le mouvement qui cherche à vous entraîner, sans même avoir à le regarder. C'est ce que j'appréciais le plus quand je souhaitais être plus discrète pour tester en public. Ainsi, au restaurant, je testais sous la table les différents menus offerts avec beaucoup de clarté dans les réponses. Toutefois, je trouvais incommodant d'étirer les poches de mes vêtements avec un pendule trop lourd.

- **La forme**

  C'est une question de goût. Toutefois, je vous recommande de privilégier les formes ayant une pointe pour cerner vos réponses avec plus de précision. En suivant le déplacement précis de la pointe, vous percevrez plus de nuances. En traçant des cercles concentriques à un centimètre de distance autour d'un point central, vous serez en mesure de saisir encore plus clairement toutes les subtilités du mouvement. Comme la pointe est susceptible de percer vos poches, prévoyez l'achat d'un étui protecteur.

- **Le matériau du fil**

  Personnellement, ayant été « hyperactive » avec mes pendules, tous ceux qui étaient dotés d'une chaîne métallique ont cédé sous l'effet de frictions répétées, à moins que les maillons n'aient été soudés. Les fils faits de petites billes de métal, comme ceux qui retiennent le bouchon d'un bain ou d'un lavabo, s'avèrent d'une résistance hors du commun. Les autres matériaux comme le nylon ou la corde offrent parfois la possibilité d'être changés aisément.

- **La longueur du fil**

  Plus le fil est long, plus il risque de s'emmêler. Avec un long fil, le mouvement est plus long à amorcer, mais il prend plus d'envergure, ce qui facilite la lecture. Pour déterminer la longueur idéale, considérez une posture confortable pour faire des tests en appuyant votre coude sur une table ou sur un appuie-bras puis évaluez la hauteur qui vous encombre le moins possible. Pour ma part, j'apprécie une longueur d'environ douze centimètres.

- **La préhension**

  C'est encore là une question de préférence. J'aime bien manipuler le pendule avec un anneau porte-clés, mais je m'accommode tout aussi bien d'une loupe ou d'une bille. Trouvez ce qui vous apparaît le plus confortable en le tenant avec votre main dominante, entre votre pouce et votre index ou encore entre votre pouce et votre majeur.

  Peu importe le modèle que vous utiliserez, **la réponse sera toujours la même**. Faites vos propres essais.

3. Des essais préliminaires

Vous êtes sûrement curieux de sentir le pendule bouger un peu ! Asseyez-vous confortablement en ayant des appuis pour vos coudes. Vous devrez toujours tester l'objet de votre intérêt au-dessus d'un endroit dégagé pour éviter la confusion. Présentez le « jeu » à votre unihipili en l'invitant à activer le pendule à sa façon : « Fais-le comme ça vient, laisse-toi aller ! Nous conviendrons d'un code plus tard. »

Sans songer à interpréter quoi que ce soit, **observez** simplement si des différences de mouvements se manifestent en comparant deux situations **sans poser de questions et en ne pensant à rien**. Voici des exemples :

- Appuyez votre coude du bras non dominant sur une surface en ouvrant la main, paume vers le haut ; tenez votre pendule au-dessus de la main ouverte et attendez que s'amorce un mouvement quelconque. Observez la forme, si petite soit-elle. En maintenant votre outil au même endroit, tournez votre main et notez si le mouvement est le même.

- Tenez votre pendule au-dessus de votre genou gauche et notez l'effet avant de répéter l'expérience du côté droit. S'est-il passé la même chose des deux côtés?
- Placez votre pendule au-dessus du vide et concentrez votre attention sur différents organes de votre corps, un à la fois pour voir la réaction.
- Prenez un aimant assez gros et vérifiez le mouvement du pendule au-dessus de chaque extrémité. Vous pouvez faire de même avec une pile.
- etc.

Avez-vous été témoin d'un petit déplacement? C'est un début! Sinon, la prochaine fois sera la bonne. La réponse observée n'est d'aucune importance pour le moment. Les différents organes tout comme certains points précis sur le corps répondent positivement ou négativement selon leur emplacement ou leur fonction, mais là n'est pas l'objet de l'expérience. L'exercice présenté visait essentiellement à vous faire plaisir en observant déjà des différences de mouvement sans questionnement ni interprétation. Votre subconscient s'apprête à collaborer graduellement avec vous, surtout si vous l'encouragez par votre enthousiasme et votre persévérance.

La programmation de votre code de communication

1. Le choix d'un code

Vous ne programmez pas un pendule. **Vous programmez votre subconscient** à l'utilisation d'un code de communication pour qu'il vous transmette son message ou celui de votre supraconscient. Comme vous vous souvenez que votre unihipili sert d'intermédiaire entre votre aumakua et vous, vous devez utiliser un code que votre subconscient maîtrisera parfaitement et qui prévoit une manifestation pour les messages émanant de votre Soi divin.

Les divers ouvrages traitant de radiesthésie que j'ai consultés proposaient des codes différents de celui que j'utilise. On pourrait en faire une analogie avec les différentes langues parlées dans le monde pour exprimer les mêmes concepts. Ce sont des codes de communication que l'on adopte pour se comprendre. Vous avez peut-être antérieurement initié votre subconscient à un autre code que celui que je présente. Vous pouvez le conserver si vous y êtes habitué, pour éviter toute confusion. En général, on a établi la correspondance du oui et du non seulement. Pour élargir l'éventail des réponses possibles, explorez d'autres mouvements de votre pendule. Dans ce cas, je vous invite quand même à faire une programmation de rappel avec les ajouts que vous souhaitez apporter en vous inspirant des indications qui suivent.

J'ai choisi mon propre code en greffant d'autres options que le oui et le non du subconscient afin de saisir davantage de nuances. J'ai pu ainsi accéder aux messages de mon aumakua, percevoir des hésitations comme des invitations à reformuler ma question, comprendre pourquoi il y avait des refus de réponse, etc. Enfin, les variations d'intensité et d'envergure du mouvement m'apparaissaient comme un atout fort intéressant pour interpréter toute réponse. Pour toutes ces considérations, j'ai choisi de développer ma propre expertise en radiesthésie.

Voici comment j'ai établi mes choix. Je tenais à ce que le mouvement du oui soit très différent de celui du non pour être en mesure de tester les menus sous la table au restaurant sans regarder mon pendule. Ainsi, j'ai opté pour un mouvement giratoire évoquant le « o » du mot *oui* et un mouvement linéaire rappelant le geste de la tête associé au *non* comme consignes de base. Ces deux codes se sont toujours manifestés de la même façon, à savoir que dans mon dialogue avec mon unihipili, la direction allait dans le sens antihoraire pour le oui et que l'aller-retour du non était perpendiculaire à mon bras. Cela m'a donné l'idée de prévoir qu'une fois bien maîtrisée sur le plan du subconscient, l'utilisation de la radiesthésie me permettrait de dialoguer avec mon supraconscient. J'ai planifié avec mon *uni* que lorsque mon aumakua voudrait intervenir, il n'aurait qu'à se manifester par un oui dans le sens horaire et par un non linéaire dans la direction de mon bras. Ce fut ma programmation de départ.

Avec des centaines d'heures de pratique en kinésiologie pour faire des choix alimentaires, j'avais certes établi une grande complicité avec mon subconscient, qui se prêta avec timidité toutefois au « nouveau jeu » qui consistait à s'exprimer autrement. Au début, l'intensité du mouvement du pendule était tellement faible que j'avais de la difficulté à différencier un déplacement linéaire d'un mouvement circulaire. J'ai dû tracer des cercles concentriques rapprochés sur un carton afin de bien saisir la direction du pendule. Puis, j'ai dû insister auprès de mon subconscient : « **Réponse claire**, s'il te plaît », ce qui a provoqué une nette amélioration sur le plan de la vitesse et de l'amplitude. Enfin ! Pendant trois mois, j'ai tout validé selon les deux modes de communication utilisant des informations écrites sur des papiers que je plaçais à l'envers pour éviter d'influencer les réponses. Je n'avais plus qu'à tenir mon pendule au-dessus de chaque papier en posant dans ma tête diverses questions. Celles-ci, quant à la nourriture testée, étaient toujours identiques.

Je découvrais toutes les possibilités que m'offrait l'utilisation du pendule et j'en vins à explorer d'autres sujets de communication pour le simple plaisir d'expérimenter.

2. L'exercice de programmation

L'exercice suivant est conçu pour valider l'intégration du code établi auprès de votre unihipili. Je vous recommande de répéter les phrases entre guillemets chaque jour, pendant quelques jours, jusqu'à ce que votre subconscient réponde correctement à chacune des consignes qui le concernent. Quant à la programmation planifiée en vue de communiquer avec votre Soi divin ultérieurement, tenez-vous-en simplement à l'informer de ce qui a été prévu.

En réalité, vous devez maîtriser parfaitement l'outil de communication avec l'intermédiaire qu'est votre subconscient, avant de pouvoir explorer le dialogue avec votre aumakua. Les confirmations tangibles sur-le-champ sont moins évidentes à ce niveau.

Les premiers temps, avant d'entreprendre une séance d'entraînement à la radiesthésie, je vous invite à commencer par: « Subconscient, **manifeste avec clarté** notre code **oui**, notre code **non**, notre code **indiscrétion** et notre code **sans réponse**. Merci. » Vous aurez ainsi la confirmation que le code est bien intégré.

La programmation du code

1. OUI

« Subconscient, à partir de maintenant, je vais communiquer avec toi, à l'aide du pendule. Je vais te poser des questions ou encore faire des affirmations. Quand tu veux me répondre par l'affirmative, soit oui, ou que tu es en accord avec mes affirmations, fais-le comme ceci » :

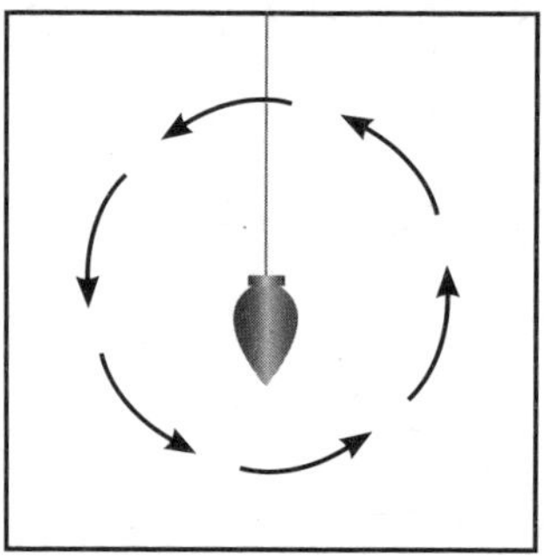

Le **OUI** de votre **subconscient**

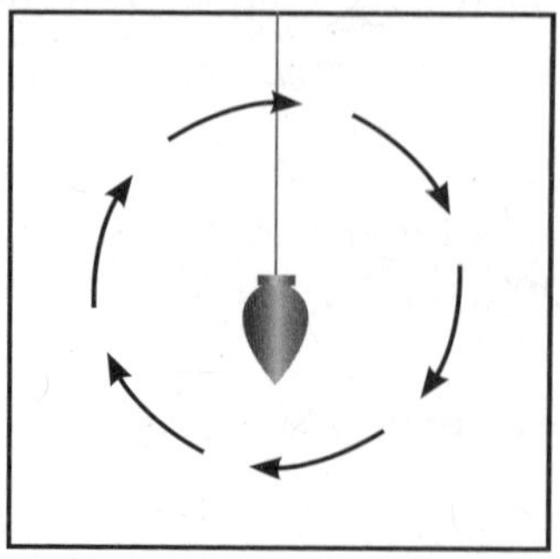

Le **OUI** de votre **Soi divin**

- Faites un geste exagéré, avec votre bras, comme dessiné.
- « Maintenant, manifeste notre code oui très clairement. »
- Attendez que votre subconscient l'illustre le plus clairement possible.
- « Merci. »

2. NON

« Subconscient, à partir de maintenant, je vais communiquer avec toi à l'aide du pendule. Je vais te poser des questions ou encore faire des affirmations. Quand tu veux me répondre par la négative, soit non, ou que tu es en désaccord avec mes affirmations, fais-le comme ceci » :

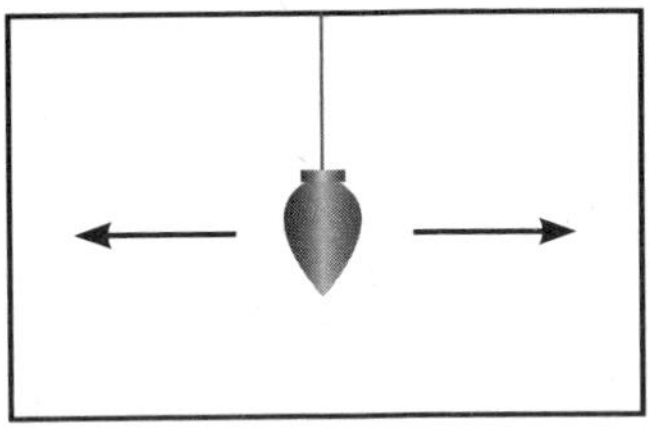

Le NON de votre subconscient
(perpendiculaire au bras)

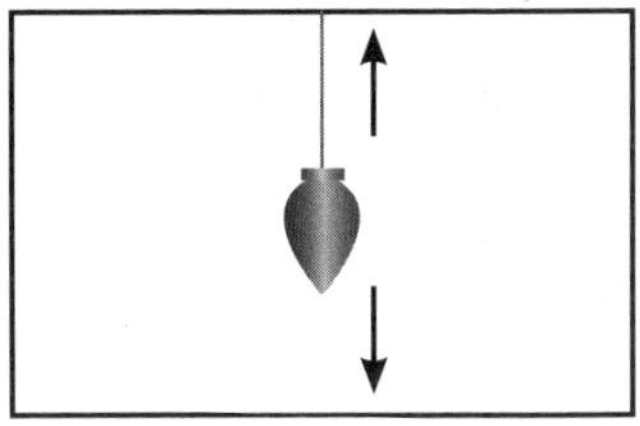

Le NON de votre Soi divin
(parallèle au bras)

- Faites un geste exagéré, avec votre bras, comme dessiné.
- « Maintenant, manifeste notre code non très clairement. »
- Attendez que votre subconscient l'illustre le plus clairement possible.
- « Merci. »

3. INDISCRÉTION

Ce code se réfère aux questions qui ne vous concernent pas. Par exemple, si vous posez des questions sur une tierce personne sans son accord conscient ou encore si vous désirez avoir une réponse qui pourrait nuire à votre cheminement, ce code se manifestera. Comme votre subconscient est inapte à porter des jugements, cette évaluation relève de votre Soi divin qui se manifestera en temps et lieu, du fait que le code a été prévu et annoncé.

« Subconscient, à partir de maintenant, je vais communiquer avec toi à l'aide du pendule. Je vais te poser des questions ou encore faire des affirmations. Subconscient, lorsque je demande des informations personnelles sur quelqu'un sans son accord conscient, permets à mon aumakua de manifester notre code INDISCRÉTION. Subconscient, lorsque mes questions ou mes affirmations relèvent de l'indiscrétion, selon mon aumakua, réponds-moi comme ceci :

- Faites un geste exagéré en forme d'étoile.
- « Maintenant, manifeste notre code INDISCRÉTION très clairement. »
- Attendez que votre subconscient l'illustre clairement.
- « Merci. »

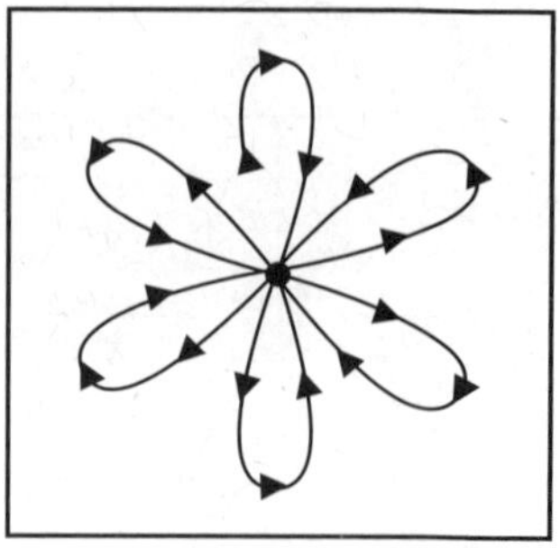

4. SANS RÉPONSE

« Subconscient, à partir de maintenant, je vais communiquer avec toi à l'aide du pendule. Je vais te poser des questions ou encore faire des affirmations. Subconscient, lorsque tu es dans l'incapacité de me répondre, soit parce que la formulation est inadéquate, soit parce que cela se réfère à des informations inexistantes ou pour toute autre raison, manifeste-le en restant IMMOBILE. »

- Placez votre pendule en position d'immobilité.
- « Merci. »

Dans certains cas, la réponse peut être ambiguë. C'est le cas des formes ovales. Quand l'ovale se rapproche plus d'une forme circulaire, il faut comprendre « oui, mais... ». Quand l'ovale est vraiment très allongé, il se rapproche d'un « non, mais... ». C'est une invitation à reformuler jusqu'à ce que la question, une fois précisée, amène une réponse vraiment claire.

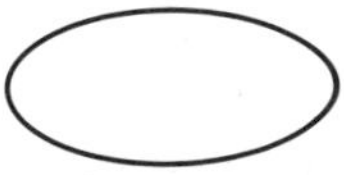

Oui, mais…

Non, mais…

- **Quelques outils pratiques**

Tout votre questionnement peut se faire mentalement sans outils. Vous n'avez qu'à formuler des questions simples, une à la fois, auxquelles votre *uni* répondra ou par un oui ou par un non. Vous pouvez également faire des affirmations tout en tenant votre pendule en position immobile et votre subconscient confirmera ou infirmera vos données au fur et à mesure. Lorsque vous exprimez une idée à voix haute, la réaction se fera sentir avant que vous émettiez celle-ci puisque la réponse est associée d'abord à la pensée qui circule dans votre esprit, d'où l'importance d'avoir l'esprit libre quand vous testez. Si, pendant que vous testez, une pensée parasite vient à circuler dans votre tête, vous aurez une réponse confuse. Recommencez tout simplement en vous concentrant sur ce que vous faites.

- **Les chartes**

L'utilisation de chartes facilite grandement les recherches. Par exemple, quand il est question d'évaluer une quantité ou un pourcentage, des chartes appropriées vous feront sauver beaucoup de temps.

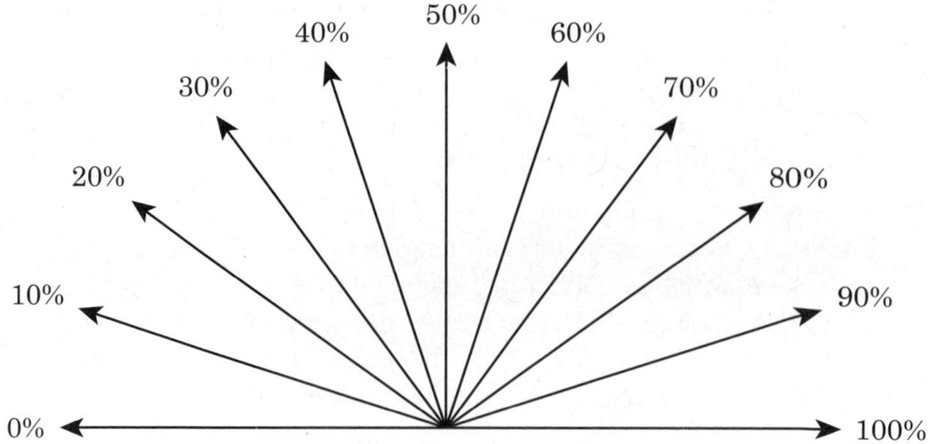

Charte avec pourcentages

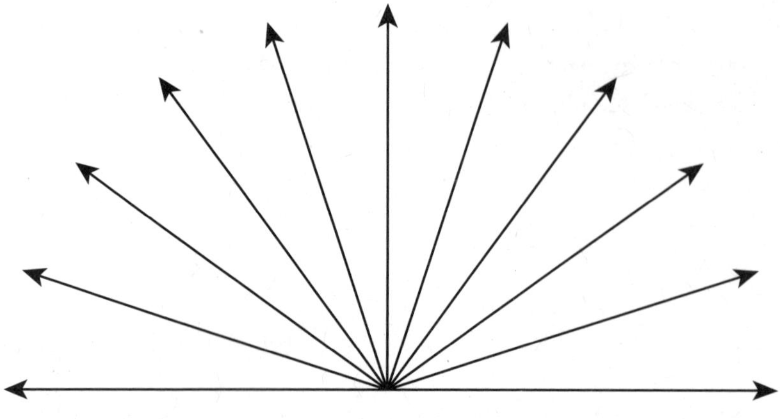

Charte vierge à compléter selon vos besoins

À l'aide de ce type de chartes, tout se vérifie en une fraction de seconde, pourvu que la question posée appelle le type de réponses inscrites. Placez votre pendule en position d'immobilité au centre, sur la ligne de base au-dessus du point où convergent tous les rayons, le point pivot. Après avoir posé votre question, le pendule se positionnera de lui-même sur le nombre, sur le pourcentage ou encore sur l'information que vous recherchez.

À l'aide d'un rapporteur d'angle, construisez les chartes qui répondent à vos besoins. Ajustez le nombre de cases disponibles selon l'utilisation que vous en faites. L'objet de vos recherches peut porter sur les sujets les plus diversifiés. On pourrait retrouver des données concernant :

1) des nombres ;
2) des pourcentages ;
3) des possibilités météorologiques ;
4) des occasions à saisir ;
5) des outils d'évolution ;
6) des causes probables ;
7) des variétés de fleurs ;
8) des numéros de modèles ;
9) des chakras ;
10) des heures.

À partir de votre questionnement, votre créativité guidera vos explorations.

Les tableaux

- **Entrées successives**

Les tableaux permettent de garder des traces de données susceptibles d'être utilisées à nouveau. Par exemple, pour éviter de m'astreindre à un ménage en profondeur partout et pour mettre en valeur ma maison auprès de futurs acheteurs, je me suis servie du type de tableau que voici. Cela m'a permis de déterminer dans l'ordre les priorités des acheteurs potentiels de ma maison. J'en témoigne plus loin au dix-septième exercice d'intégration de l'habileté à se servir d'un pendule.

Même si sur Internet plusieurs données sont disponibles concernant l'achat d'une résidence, vous pourriez tout aussi bien construire un tableau semblable relativement à une maison éventuelle, afin de savoir si tel membre de la famille ou vous-même allez apprécier tel critère, comme le temps de déplacement entre la maison et le travail, la facilité de déneigement, des données sur le groupe d'âge du quartier pour les enfants, sur le transport scolaire, etc. Plusieurs biens et services pourraient faire l'objet d'une recherche, dans un but honnête, il va sans dire ! Si l'intention est biaisée, il y aura confusion dans les réponses ou encore un signe en forme d'étoile associé à l'indiscrétion. **Une utilisation mal intentionnée vous amènera un retour d'énergie négative.**

Demandez toujours la permission à votre aumakua avant de vous engager à poser des questions qui impliquent d'autres personnes.

Tableau 14
Vente de maison

Critères prioritaires des acheteurs potentiels dans l'ordre / Date prévue de la visite, infos de l'agent des acheteurs annoncés	**6 janvier 2010, 17 h Re/max, M. Leblanc**	**8 janvier 2010, 10 h Sutton, Mme Ménard**	**15 janvier 2010, 14 h Mme Marie Raby**	**19 janvier 2010, 11 h La Capitale, M. Major VENDU**		
Acheteurs sérieux	oui	non	oui	oui		
ENVIRONNEMENT	**1**	---		**1**		
Ville, quartier, rue	1					
Transport en commun				1 Proximité		
Services				1 Proximité		
EXTÉRIEUR	**3**	---		**2**		
Dimension du terrain						
Aménagement (paysagement, piscine, aire de jeux, jardin, etc.)	3 Aire de jeux			2 Paysagement, jardin		
Stationnement						
Matériaux, toit						
INTÉRIEUR	**2**	---	**1 et 3**	**3**		
Chauffage			1			
Climatisation			1			
Ensoleillement			1			
Isolation						
Pièces les plus importantes (salon, salle à manger, cuisine, salle de lavage, chambres, bureau, salle familiale, garage, atelier, sous-sol, etc.)	2 Atelier		3	3 Salles à manger, cuisine		
Critères (dimensions, disposition, nombre, etc.)	2 Dispos		Nombre	3 Dimensions		
Rangement	2					
État général (année de construction, rénovations, etc.)			**2**			

1 étant le critère le plus important pour l'acheteur.

- **Double choix à mouvement latéral**

Sur le premier tableau à double choix, placez votre pendule immobile, au centre, à l'intérieur, entre les deux cases qui correspondent à une réponse possible. Il s'orientera plutôt vers la gauche ou plutôt vers la droite.

Tableau 15
Mouvement latéral

BIEN	**MAL**
POSITIF	**NÉGATIF**
FACILE	**DIFFICILE**
EN ACCORD	**EN DÉSACCORD**
OUI	**NON**
AVANT	**APRÈS**
PLUS	**MOINS**
BON	**NOCIF**
CLAIR	**CONFUS**

- **Choix multiples à mouvement angulaire**

Placez votre point de départ au centre, à l'extérieur des cases. Le positionnement de la réponse vers une seule case vous indiquera la réponse.

Tableau 16
Mouvement angulaire

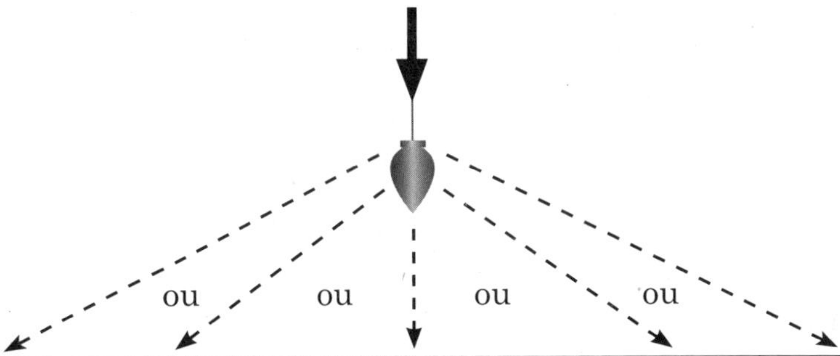

Toujours	Souvent	Occasionnellement	Rarement	Jamais

Le *scan*

Quand vous cherchez une réponse dans un texte de quelques pages, utilisez l'index de votre main non dominante comme *scan*. Sans avoir à lire quoi que ce soit, faites-le descendre lentement sur chaque page après avoir posé votre question. Demandez à votre subconscient de manifester avec vigueur votre code non jusqu'à ce que votre doigt soit placé au-dessus de l'information recherchée. Vous serez à même de voir la direction prête à se modifier un peu avant d'être positionné au bon endroit.

- **Votre entraînement en trois étapes**

Cela est un apprentissage auquel vous initiez votre subconscient pour l'amener à collaborer avec vous, conscient. Ne retenez que les expérimentations qui vous motivent. Si vous avez du plaisir, votre subconscient en aura. Personnellement, les heures que j'ai investies dans l'appropriation de la radiesthésie m'ont permis d'établir une bonne communication avec mon subconscient en lui accordant de l'importance, en étant à son écoute et en le gratifiant de mercis à chacune des réponses.

Les exercices proposés se présentent sous forme d'activités tantôt ludiques, tantôt pratiques conçues pour vous permettre d'en arriver à une maîtrise de l'**outil** qu'est le pendule. Pour passer d'une étape à une autre, vous devez atteindre une réussite à 100 % dans le type d'activités choisies afin de pouvoir vous fier à vos résultats. Dans chaque catégorie, je vous propose diverses possibilités. En tout temps, vous avez le loisir de modifier ou d'allonger cette liste au gré de votre inspiration, tant que les exercices retenus relèvent de la même catégorie d'expérimentation :

1. Exercices d'intégration du code établi

Objectif : vérifier des informations déjà connues pour vous assurer que le code est bien intégré par votre **subconscient**.

Immobilisez votre pendule en position de départ et faites des affirmations tantôt vraies, tantôt fausses simplement pour vérifier que le code convenu avec votre petit *uni* est bien assimilé. Observez le mouvement timide ou enjoué de votre pendule pendant votre énoncé. Patience ! Laissez-lui le temps de réagir. Souriez. Ça s'en vient ! Encouragez votre subconscient à s'exprimer en valorisant ses succès, même s'ils ne sont pas encore manifestes. Si un exercice vous déplaît, il est à parier qu'il aura le même effet sur votre subconscient. Changez ! Innovez en respectant l'objectif.

1. Le code proprement dit

   « Fais-moi un oui très clair, s'il te plaît. Maintenant, fais-moi un non très clair. Merci. »

2. La nationalité

   À partir d'une liste de noms connus ou selon votre inspiration, dites : « X est une personne de telle nationalité. Merci. »

3. La date de naissance

   À partir d'une liste de noms et d'une autre liste de leur date de naissance, faites des associations erronées ou véridiques : « L'âge ou la date de naissance de X est____________. Merci. »

4. La résidence

   À partir d'une liste d'adresses ou d'informations connues, dites : « La résidence de X est située à___________. Merci. »

5. La localisation

   Tenant compte de votre positionnement dans un lieu, dites : « Devant moi, je vois____________, à ma gauche se trouve____________. Merci. »

6. La préhension

   À la table, devant votre bureau, devant une armoire de cuisine ou de salle de bain, saisissez l'occasion pour vous amuser un peu : « Je tiens____________dans ma main. Merci. »

7. L'alphabet

   Choisissant une lettre de l'alphabet, dites : « Telle autre lettre la précède, la précède immédiatement, la suit, la suit immédiatement. Merci. »

8. Les nombres

   En faisant référence à des nombres, multipliez les possibilités de jeux en variant vos affirmations d'après une grande variété de critères très précis : précédent, suivant, plus grand, plus petit, divisible par, double, multiple, pair, impair, etc. « Merci. »

9. L'annuaire téléphonique

   En ouvrant l'annuaire téléphonique des entreprises et des services, regardez une information et affirmez: « Telle ressource est classée sous telle rubrique, tel commerce est identifié à la page X. Merci. »

10. L'atlas

    Avec une carte géographique, dites : « Il existe une ville de tel nom dans tel pays. Merci. » (Attention ! Il existe un Paris aux États-Unis.)

11. Pile ou face

    Avec des pièces de monnaie bien visibles, dites : « La pièce est posée côté pile, côté face. Merci. »

12. Le total

    Avec une somme d'argent au fond de vos poches, dites : « Il me reste moins de __ $, plus de __$. Merci. »

13. etc.

2. Exercices avec confirmation immédiate

> Objectif : vérifier des informations inconnues, mais vérifiables rapidement en vue de confirmer votre réponse sans influencer votre subconscient.

1. Le carnet d'adresses

   À partir de votre carnet d'adresses fermé, affirmez : « Le code postal de X contient tel chiffre, telle lettre. Merci. »

2. Le bottin téléphonique

   À l'aide de votre bottin téléphonique fermé, dites : « Le numéro de téléphone de X contient tel chiffre. » Et pour complexifier l'exercice, ajoutez: « Dans telle position. Merci. »

3. Pile ou face

   Pourquoi n'inviteriez-vous pas votre subconscient à jouer à pile ou face avec une pièce de monnaie pendant que le résultat est encore caché? Faites l'affirmation avant la vérification et inscrivez le compte de vos succès pour mesurer votre progression d'une fois à l'autre.

4. Le jeu de cartes

   Si vous êtes plutôt amateur de cartes, placez votre paquet à l'envers et devinez : « La couleur de cette carte est rouge ou noire et plus précisément de telle figure : pique, cœur, carreau ou trèfle. Merci. » Comparez vos pourcentages de réussite d'une fois à l'autre. Concentrez-vous.

5. Le dictionnaire

   Avec le dictionnaire fermé, validez l'orthographe d'un mot, son genre, etc.

6. L'atlas

   Munissez-vous d'une carte géographique pour associer des pays et des villes. Demandez à quelqu'un de vous poser des questions. Vous y répondrez en « pendulant ».

7. La chasse au trésor

   Si vous avez un collaborateur, demandez-lui de cacher un objet que vous avez préalablement bien identifié et allez à la chasse au trésor ! « L'objet recherché se trouve à tel étage, dans telle pièce, je dois aller dans telle direction, chercher près de telle chose, fouiller plus haut. Merci. »

8. Les étiquettes

   Les étiquettes sur les aliments sont une source intarissable d'exercices quant au prix de vente, à la date d'expiration, au contenu affiché, aux proportions des nutriments, aux calories, etc.

9. Les verres

   Les « kinesthésiques » auront du plaisir à remplir des verres avec des produits incolores différents, à les étiqueter en dessous et à les déplacer en vue de les identifier. Certains produits inodores et solubles dans l'eau feront l'affaire.

10. Les contenants

    En récupérant des plats de plastique de formes variées, estimez la capacité de chacun d'eux et validez vos réponses à l'aide d'une tasse à mesurer. Vous développerez une habileté à identifier rapidement des contenants pour ranger vos achats en vrac.

11. Les unités de mesure

    Explorez différentes unités de mesure à valider selon vos champs d'intérêt et vous verrez l'efficacité de ce précieux outil. Par exemple, en couture comme en menuiserie, vérifiez si vous avez la quantité suffisante de matériel pour tel projet précisé au préalable ou la façon de placer les pièces pour la coupe ou encore estimez les mesures de vos pièces à l'aide du pendule avant d'en faire la vérification, etc.

12. Les recettes

    Vous aimez préparer de bons petits plats ? Reconstituez une recette que vous avez appréciée au resto à partir des indices que vous avez retenus : validez avec votre subconscient le nombre d'ingrédients requis, demandez si vous les avez dans votre cuisine et devant chaque rangement, armoire ou réfrigérateur, vérifiez le nombre d'ingrédients requis dans votre recette qui s'y trouvent puis testez leur emplacement par tablette et, enfin, leur positionnement sur celle-ci. Vous les trouverez. Dans un deuxième temps, découvrez les quantités requises pour tant de personnes et enfin évaluez les opérations à faire (le type d'intervention, le déroulement dans l'ordre, etc.). Prenez des notes et lancez-vous ! Vous serez ravi d'avoir osé vous faire confiance.

13. Le panneau électrique

    Devant le panneau électrique de votre maison, en vue d'identifier les correspondances, dites : « Telle pièce de la maison, plus précisément celle-ci, est alimentée par tel fusible. Merci. » L'information est simple à valider par la suite.

14. Les vêtements

Faites vos achats de vêtements à l'aide de la radiesthésie et vous sauverez bien du temps. Par exemple, je sélectionne la dizaine de morceaux qui m'intéressent et je ne fais que deux tests, le premier pour la taille, ce qui entre dans cette catégorie de questionnement avec confirmation immédiate, tandis que le second se réfère à une projection qui se confirme toujours avec le temps : « Lequel vais-je porter le plus souvent? » Parfois, j'y ajoute des questions pour coordonner un achat avec ce que je possède déjà pour l'harmonie des tissus, des couleurs, de la coupe. Le résultat est étonnant! Au début, vous validerez vos résultats en faisant les essayages et, à la longue, vous vous libérerez de ce besoin.

15. Les jeux d'association

Procurez-vous des jeux d'association. Il en existe plusieurs pour les jeunes enfants. Votre subconscient devrait être motivé par l'approche ludique. Vous aurez ainsi le loisir d'associer deux images identiques à partir d'un ensemble de pièces tournées à l'envers. Notez vos progrès et félicitez votre petit *uni* pour ses résultats.

16. Les petits papiers

La technique des petits papiers en est une extension fort amusante. Elle repose sur le fait que le subconscient peut lire une information cachée. Munissez-vous de petits papiers identiques et vierges, jamais du papier de récupération aux formes inégales. Au dos, vous inscrivez une information en lettres carrées, ce qui correspond à l'écriture script; validez l'orthographe des mots pour éviter toute confusion du fait que votre subconscient traite l'information comme un ordinateur. Placez-les à l'envers pour faire des jeux d'association (par exemple, liste de personnes ou douze signes du zodiaque).

17. etc.

3. Exercices avec confirmation à court terme

> Objectif : explorer des informations inconnues plus ou moins vérifiables sur-le-champ.

Notez les questions ainsi que les résultats obtenus pour suivre l'évolution de votre maîtrise au pendule. **Soyez attentif au choix des mots, aux nuances, aux précisions et à l'ordre des critères exprimés au départ.** Posez une seule question à la fois et soyez clair !

1. Votre respiration Ha

   Après une série de respirations Ha, vous avez la possibilité de mesurer la puissance de celles-ci d'une journée à l'autre en vue de comprendre les variables qui influent sur votre accumulation d'énergie. Pour ce faire, référez-vous aux outils présentés précédemment. Vous pourriez utiliser une planche graduée de 1 à 10 en précisant que, sur cette échelle, le 10 correspond à une énergie très puissante tandis que le 1 est plutôt faible.

2. Vos croyances

   Vous pourriez également explorer les croyances hébergées dans votre esprit subconscient. Reformulez ce que vous percevez ; ajoutez-y certaines nuances jusqu'à ce que la confirmation soit très claire. Par exemple, « j'aime mon corps », « j'aime la vitalité de mon corps », « j'aime la force qu'exprime mon corps », « j'aime l'apparence de mon corps », « j'aime mon visage », « j'aime mon visage une fois maquillé », etc. Laissez-vous inspirer par les résultats que vous avez eus aux questionnaires suggérés en annexe.

3. Le résultat d'une requête

   Il est parfois difficile de percevoir si vous avez investi suffisamment d'énergie pour une requête, quand la manifestation du résultat s'étale sur une certaine période. Vérifiez quel pourcentage de l'énergie totale requise pour la soutenir est déjà atteint : « De 50, de 60, de 70 % ? De 60 à 70 % ? De 60 à 65 % ? Exactement 61 % ? Merci. » C'est la façon de faire quand vous n'avez pas une planche graduée en pourcentage.

4. Les biens et services

Faites des choix éclairés en annonçant vos critères dans l'ordre pour sélectionner ce qu'un proche ou vous, identifié clairement, allez apprécier le plus : spectacle, conférence, film, livre, cadeau, menu de resto, etc. Commencez par demander si le contact avec telle personne est bien établi. Ajoutez des données d'identification, au besoin. Votre subconscient se met en contact avec le subconscient de cette personne. Vérifiez d'abord si vous avez la permission de connaître ses préférences et amorcez la recherche dans le respect de la vie privée de X. En remettant en question, selon de nouveaux critères, toutes les réponses ambiguës, vous pourriez découvrir par exemple que votre ami apprécierait tel spectacle, mais que la date choisie ne lui convient pas. N'acceptez que des réponses claires.

5. Le GPS

Avec un pendule, vous avez un GPS qui tient compte de la circulation, des travaux et des bouchons ! Pour planifier un trajet, votre subconscient utilise ses « données informatisées » ; il se met en contact avec l'ensemble des personnes qui ont l'intention de se rendre dans le même coin, vers la même heure. Étant donné qu'il s'agit d'une projection très proche dans le temps, les probabilités de réussite sont très grandes. On pourrait comparer cette prédiction à çelles de la météo. Si la tendance se maintient, l'estimation à court terme est assez fiable. En général, quand je veux traverser Montréal vers la rive sud du fleuve à l'heure de pointe, je commence par préciser mes points de départ et d'arrivée ainsi que l'heure de mon départ. Puis, je « pose » la question suivante : « Compte tenu de la circulation, quel pont devrais-je emprunter? Champlain? Jacques-Cartier? Mercier? Merci. » Ensuite, je « pose » la question quant aux grands axes et, au fur et à mesure, je m'informe des sorties à prendre, des directions et d'autres détails. Je suis déjà engagée vers le bon trajet sans avoir à attendre l'information du bulletin de circulation à la radio.

6. Une recherche d'information

   Vous pouvez trouver une information bien ciblée dans une librairie à l'aide du pendule. Après avoir précisé votre besoin à votre subconscient, interrogez-le dans votre tête: « Y a-t-il une ressource sur ce sujet ici? Dans un livre? À ma droite? Tout droit? Dans cette étagère? Dans celle-là? Sur la tablette du haut? Sur celle juste en dessous? » Et en fixant un livre tout simplement : « À la gauche de ce volume? À la droite de cet autre? » jusqu'à ce que vous trouviez ce que vous cherchiez puisque votre subconscient sait lire. Cette procédure pourrait être transposée dans plusieurs autres contextes de recherche d'information.

7. La compatibilité de personnes

   Pourquoi ne pas vérifier la compatibilité de quelqu'un avec qui vous êtes appelé à partager une expérience, celle d'un compagnon de voyage, par exemple. « Vais-je apprécier la compagnie de X à telle période, dans tel contexte, selon tels critères? »

8. Votre gestion du temps

   Gérez votre temps efficacement. Comparez les services offerts dans les pages jaunes du bottin téléphonique ou sur Internet après avoir établi l'ordre de vos critères avec précision. Par exemple, au lieu de circuler d'une bijouterie à une autre pour trouver une pile très spéciale pour ma montre, j'ai utilisé mon pendule pour repérer, dans la liste des commerces des environs, deux d'entre eux susceptibles de répondre à mon besoin. Mon deuxième critère de recherche m'a permis de comparer les prix et le tour fut joué en quelques instants.

9. La compatibilité de produits

La radiesthésie est d'un précieux secours pour identifier des produits adaptés aux besoins de votre corps. Comme votre subconscient joue un rôle primordial dans le maintien de votre santé, il est bien placé pour sélectionner un savon, un shampoing, un colorant ou un déodorant approprié. Ça ne relève pas du jugement, mais d'une association faisant appel à une recherche où il fonctionne comme un ordinateur.

10. La disponibilité

Avant de téléphoner à quelqu'un, identifiez clairement la personne à atteindre à votre unihipili et assurez-vous qu'il capte l'énergie de la personne. Ensuite, validez le meilleur moment pour lui parler directement : « Tel jour, en avant-midi, en après-midi, de telle heure à telle heure, etc. Merci. »

11. La créativité culinaire

Chef cuisinier, vous pouvez également mettre votre créativité de l'avant. Innovez ! Faites-le à partir de critères précis, préalablement établis et notés selon l'ordre d'importance que vous leur accordez : goût recherché, aliments de remplacement, allergies, préférences des convives dans l'ensemble puis individuellement, régime alimentaire, santé, nombre de convives, temps de préparation, utilisation de restes, etc. Votre subconscient se branchera à sa base de données et collaborera avec plaisir selon l'enthousiasme et la foi que vous dégagez.

12. Le choix d'aliments

À l'époque où je souffrais d'allergies multiples, je vérifiais toujours les aliments les plus appropriés pour moi. Je précisais « en ce moment » ou « en général ». J'annonçais les critères les plus importants pour moi dans l'ordre: « La fraîcheur des aliments, l'énergie qu'ils me procurent, mes préférences quant aux saveurs, etc. Merci. » Pour faire de tels tests, je nommais ou je portais mon attention sur l'aliment.

13. Le jardinage

    Pour répondre adéquatement aux besoins de vos plantes, sortez votre pendule et prenez des notes. Encore une fois, nommez ou désignez chaque plante en la regardant et vérifiez la fréquence et la quantité d'arrosage requis, l'emplacement idéal, la pertinence d'engrais ou de tout autre produit, le compagnonnage qui lui convient dans le jardin selon tels ou tels critères, les distances de plantation, etc.

14. L'identification de problèmes mécaniques

    Mon amie Joyce était tombée en panne sur l'autoroute reliant Montréal à Ottawa. Une fois sa voiture remorquée d'urgence dans un garage, elle décida pour le plaisir de faire une recherche des causes de bris à l'aide de son pendule. Ses connaissances en mécanique étaient nulles. Elle se mit donc à nommer mentalement tous les termes de mécanique qui lui venaient en tête en demandant à son subconscient s'il y avait un lien avec la panne. Le mouvement d'aller-retour indiquait avec constance qu'elle faisait fausse route jusqu'à ce qu'elle dise le mot *alternateur* puis qu'elle précise *courroie d'alternateur*, ce qui a changé le mouvement pour un oui très clair. Elle alla donc voir le garagiste en l'invitant à vérifier la courroie d'alternateur... qui était justement brisée. À partir de ce moment, elle s'est fait confiance pour se servir de son pendule.

15. La préparation d'une valise

    Le plaisir que j'ai à préparer une valise, avec l'aide de mon subconscient, n'a de cesse de m'étonner. Je n'ai plus besoin de surcharger mes bagages au cas où. Je commence par lui montrer le format de l'unique valise disponible. Je lui indique la date du voyage, le circuit, le type d'activités prévues, etc. Il connaît mes goûts et je veux que les vêtements choisis s'harmonisent.

Je passe en revue ma garde-robe avec l'affirmation « je vais apprécier cela dans mes bagages. Merci. » Puis, j'amorce la recherche tandis que le pendule exprime un non jusqu'à ce que je m'approche d'un élément intéressant. Soudain, un début de giration commence à prendre forme et quand le oui forme un cercle parfait, c'est parce que mon attention porte sur un morceau à sélectionner.

16. Le mûrissement des fruits

Estimer le temps de mûrissement des fruits frais représentait souvent un problème jusqu'à ce que je me serve de mon pendule. Quand j'arrive de faire mes emplettes au marché, je mets l'ensemble de mes fruits de côté. Puis, faisant l'affirmation : « Ce fruit a besoin de passer une journée à la température de la pièce », je tiens mon pendule au-dessus de chacun. Une réponse affirmative me permet de regrouper tous les fruits ayant le même temps de maturation. Ensuite, je refais le même exercice pour repérer ceux qui ont besoin de deux jours, de trois jours, etc., et je les place au « frigo » quand vient leur tour. J'ai pu ainsi apprécier les fruits à leur meilleur et apprendre à mieux les observer avec la pratique. Maintenant, je les jauge plus spontanément.

17. La vente et l'achat d'un bien immobilier

Il m'est arrivé plus d'une fois de déménager. Dans le contexte d'une vente de maison, je voulais éviter de m'investir dans un ménage intensif de fond en comble de ma maison à chacune des visites de clients potentiels. Avant de procéder au questionnement, j'ai commencé par demander à mon aumakua si le but visé était respectueux et me permettait d'aller chercher les informations que j'avais préparées dans l'exemple du tableau au début de ce chapitre. L'accord m'a été donné. Les résultats m'ont indiqué à quel point et à quel endroit investir mon temps et mon énergie pour la mise en valeur de ma propriété.

18. L'évaluation d'un service (santé, loi, etc.)

    En vue d'adopter une approche efficace et bien ciblée, j'utilise parfois un tableau pour comparer des services professionnels à titre personnel : « Quel est le temps d'attente ? Offre-t-on telle ressource particulière ? Merci. »

19. etc.

La maîtrise

Les succès répétés dans cette troisième catégorie d'exercices viennent confirmer votre habileté à utiliser le pendule comme mode de communication et vous invitent à vous faire confiance pour **interroger votre supraconscient**. Auparavant, rappelez simplement à votre subconscient le code de communication prévu pour les échanges avec votre Soi divin.

Les entretiens avec votre aumakua porteront sur tous les aspects de votre évolution en ce qui concerne la guidance éclairée.

Le pendule se présentant comme un **outil de communication**, il est fort intéressant de vous en servir pour mieux vous connaître afin de saisir les différences de perception de chacun de vos plans de conscience. Avec le temps, vous sentirez que l'énergie passe en direct et que vous avez de moins en moins besoin de confirmations. Vous allez ressentir les réponses intérieurement avant même qu'elles se manifestent à travers le pendule. Cette fluidité apparaît en l'absence de tout doute, lorsque vous êtes bien centré, et cela vous permet de vous libérer de la dépendance à l'outil.

Cet état s'installe graduellement, au fur et à mesure que la confiance naît. Peut-être abordez-vous certains aspects de votre vie avec détachement tandis que quelques volets de votre quotidien sèment encore la confusion en vous. Dès lors, vous appréciez l'utilisation du pendule pour faire la lumière sur ces zones de perturbation.

Par ailleurs, quand une charge émotive ombrage vos perceptions ou vous tire vers l'occultation d'une leçon de vie, le pendule joue bien son rôle d'outil en vous permettant d'interroger les motivations de votre subconscient et de saisir les messages de votre Soi supérieur à travers l'expérience qui se présente... Vous validerez ainsi vos croyances comme vos intuitions.

Pour ma part, j'éprouve tellement de plaisir à observer les élans de mon subconscient quand je m'entretiens avec lui, à l'aide du pendule, que je me réserve toujours quelques activités où je demande sa participation, ce qui le motive énormément. C'est le cas quand il est question de magasinage, activité où je préfère investir le moins de temps possible ; quand il est question de traitements, domaine où j'ai peu d'expertise ; ou quand j'entre en contact avec le subconscient ou le Soi supérieur d'une autre personne. Dans le contexte d'un échange demandé et accordé consciemment par quelqu'un, la conversation que j'entretiens avec l'un ou l'autre de ses propres plans de conscience se fait toujours à voix haute et de visu. Ainsi, la personne concernée est en mesure de faire une lecture visuelle des réponses apportées, ce qui lui permet d'intervenir pour demander des éclaircissements.

Quel bel outil pour ouvrir les portes de la conscience !

Conclusion

« Qui ne continue pas d'apprendre est indigne d'enseigner » (Bachelard 2011).

Après vous avoir communiqué un certain éventail des ressources qui ont permis à la magie de ponctuer ma vie, je continue toujours d'expérimenter des passages de l'ombre vers la lumière, puisque l'Univers ne cesse de me faire cadeau d'occasions d'évolution. Mon objectif comme celui de tous est **d'élever mes fréquences vibratoires chaque jour et surtout de les maintenir élevées**. Je suis donc appelée à ajuster régulièrement ma perspective pour relever les défis qui me sont présentés.

Je bénis toutes ces occasions qui ont créé de l'ouverture et m'ont permis de faire émerger des forces. Je me suis équipée pour poursuivre ma route à travers chacune d'elles. Si une seule des ressources que j'ai expérimentées vous est utile, la communication de mes expériences prendra du sens. Il existe une force active en vous ; utilisez-la et participez à votre destin. À notre destin !

Vous pouvez me rejoindre au : www.sylviedore.ca.

ANNEXE 1

Ho'oponopono de groupe

Les vibrations conjointes d'un groupe consciemment mobilisé vers une même finalité contribuent puissamment à transformer toute expérience. C'est ce qui motive les gens à se réunir pour faire du nettoyage.

Lors de rencontres de Ho'oponopono, j'achemine toujours un texte proposant une issue de nettoyage. Cela facilite l'introspection individuelle comme étape préparatoire. Cette réflexion préalable réactive la conscience des mémoires que vous avez entretenues. La décision de prendre les moyens pour les déloger au fur et à mesure qu'elles se manifestent vous appartient désormais.

Voici trois exemples de thématiques déjà proposées :

1. De la vulnérabilité à la présence

La vulnérabilité est une perception qui produit la peur. Nos pensées sombres créent notre réalité. Déterminez vos peurs pour aller chercher un antidote. De quoi avez-vous peur? Avez-vous peur d'être blessé (PROTECTION)? De vous affirmer (AUTHENTICITÉ et VÉRITÉ)? D'être rejeté (ACCUEIL)? De faire face à l'échec (CONFIANCE)? D'être critiqué (TOLÉRANCE)? De changer (LÂCHER-PRISE)? De choisir (UNITÉ)? De perdre (ABONDANCE)? D'avancer (COURAGE)? De l'avenir (FOI)?

L'illusion de fragilité est maintenue par l'ego qui vit des angoisses d'anticipation et qui est appelé à se rassurer lui-même. **Chacun doit engendrer sa propre force protectrice en nettoyant ses vibrations malsaines et en choisissant des vibrations qui lui font grand bien.** Investissez du temps pour vous-même, vous goûterez au bien-être du moment présent.

La présence

> La vulnérabilité est en étroite relation avec la présence. Quand votre conscience est présente à 100 %, ici et maintenant, à ce qui est, la vigilance de l'âme est activée automatiquement et assure votre protection totale.

Cela s'explique par le fait que vous ne laissez pas votre subconscient vagabonder et vous piéger. Ainsi, l'attention de tous vos plans de conscience est en ligne vers le haut. Dans l'instant présent, vous êtes en mesure de comprendre vos leçons de vie sans avoir à prendre contact avec le passé et vous êtes prêt à vous ouvrir aux nouveaux schèmes de pensée proposés par votre âme. Vous arriverez à élever vos fréquences vibratoires quand vous sentirez que vous êtes à la bonne place, au bon moment, quand vous créerez un climat intérieur de détente. Vous aborderez ce qui se présente avec l'énergie du cœur et de la confiance. Vous cultiverez l'état de pleine conscience. Toutefois, rappelez-vous que l'accent de la lumière n'exclut pas l'ombre, mais vous rend plus fort pour combattre les vibrations de basse fréquence.

Le défi actuel est de **maintenir l'élévation** en étant entièrement présents à ce que nous pensons, à ce que nous choisissons, à ce que nous faisons, à ce que nous recevons, à ce que nous émettons. Vous aurez maintes occasions de mesurer vos progrès dans la période d'évolution actuelle qui tend à perturber l'attention. Soyez zen. Restez stable dans un monde instable, restez centré dans le tourbillon, ressentez votre force dans un monde menacé, soyez pleinement vivant dans un aspect du monde qui se meurt. Puis, vous contribuerez à un revirement des forces.

Exercez-vous à la présence. Déterminez toutes les occasions de **vous centrer pendant l'action**. Graduellement, vous trouverez un état d'âme qui vous apporte la sérénité, la paix, l'équilibre et des réponses. Vous allez vivre dans le moment présent en apprenant à apprécier pleinement ce qui le constitue. Votre attitude dans le chaos témoigne du maintien de vos vibrations.

- **Des exemples du quotidien pour intégrer LA PRÉSENCE**

Ce sont nos cinq sens qui nous mettent en contact avec notre environnement. Explorons des situations courantes susceptibles d'activer notre conscience.

Par exemple, quand vous mangez, appréciez la nourriture, son goût, sa texture, sa couleur, sa transformation à l'intérieur de votre bouche, appréciez le **plaisir de manger**, visualisez l'apport des aliments pour votre bien-être, bénissez ces instants et **remerciez. La gratitude en continu active la présence et relie l'être à l'énergie du cœur.** C'est à ce niveau que vous êtes protégé.

Quand vous écoutez de la musique, soyez attentif aux paroles, aux modulations de la voix, à chacun des instruments de musique, aux émotions qui montent, appréciez ce qui est bon et amplifiez le plaisir avec la gratitude!

Quand vous regardez la télévision, faites un **choix conscient, éclairé**. Soyez attentif à la qualité de l'image proposée. Attardez-vous à l'atmosphère, aux valeurs véhiculées, aux réflexions suscitées, au vocabulaire utilisé, à la qualité de la communication, aux effets recherchés, à l'influence ponctuelle ou cumulative de cette « proposition » sur vous. Tout ce qui est diffusé sous-tend une intention. L'avez-vous repérée? Est-elle efficace, positive ou destructive en regard de votre énergie?

Quand vous regardez le ciel, portez votre regard au-delà de ce qui est visible et laissez-vous imprégner par la puissance et la beauté de l'Univers.

Quand vous vous préparez à dormir, aérez la pièce, humez l'odeur de l'air frais, appréciez sa fraîcheur. Sentez l'énergie que ça vous apporte et prenez le temps de vous écouter respirer. Écoutez et ressentez l'accumulation de l'air, son déplacement dans votre corps, la puissance ou la douceur de votre souffle; visualisez les bienfaits de l'énergie que vous en retirez et entretenez de la gratitude pour chaque souffle de vie qui vous relie à votre âme.

Toutes les fois que vous vous lavez, vous rendez hommage à votre corps en l'assainissant avec attention; accordez-vous de bons soins avec la conscience du nettoyage qui se fait simultanément en vous. Bénissez chaque partie de votre corps, la remerciant pour ses capacités, sa vitalité, sa souplesse, sa force, sa réparation en cours, les messages qu'elle vous envoie. Considérez que tout est parfait sur le plan de votre vie. Ressentez le contact avec l'eau, la vivification de l'essuyage, la douceur de tout produit qui nourrit votre peau et enfin la sensation de bien-être quand vous vous sentez propre. Merci!

2. L'estime de soi

L'estime de soi renvoie à la valeur que l'on s'accorde. Souvent, les gens s'en remettent aux autres pour se faire « évaluer » et croient au verdict qui a été prononcé.

À qui ont-ils accordé ce pouvoir? À des gens aimants, sages et équilibrés? À des gens eux-mêmes blessés qui cherchent à se valoriser en écrasant les autres?

Pourquoi, dans certains cas, s'attirent-ils de telles situations et des gens qui refusent de leur accorder une valeur? Le problème est en eux-mêmes, et la solution aussi. Tout cela est le résultat de croyances captées par le passé. Les croyances vous font agir pour attirer ce que vous **croyez mériter**.

Les croyances les plus ancrées se sont logées à partir du moment où l'embryon que vous étiez a commencé à se former. Dans l'utérus de votre mère, vous avez capté sans les comprendre les vibrations qui ont présidé à vos débuts dans la vie: les paroles, les pensées, les émotions et les croyances qui ont circulé autour de votre mère vous ont été transmises ainsi que ses propres réactions par rapport à tout ce avec quoi elle a été en contact.

Il en a été de même au moment de votre entrée dans le monde avec les réactions de votre entourage à votre naissance. Les débuts de votre développement ont également été imprégnés des pensées et des croyances de votre milieu.

Tout cela a contribué à construire la « valeur initiale » que vous avez adoptée. Depuis ce temps, vous avez attiré les bonnes personnes et les circonstances parfaites pour nourrir vos croyances.

Si ce nettoyage ne semble pas faire partie de votre défi personnel d'incarnation, votre apport au Ho'oponopono de groupe peut aider à purifier des énergies transmises d'une génération à l'autre dans votre famille comme celles qui président au destin de peuples et de groupes d'appartenance dont vous faites partie.

Qui êtes-vous vraiment?

Vous êtes une étincelle de lumière qui demande à prendre de l'expansion. En dégageant les zones d'ombre qui vous recouvrent, vous retrouverez votre essence divine et vous serez à l'aise de briller intensément pour éclairer notre monde. Chaque personne qui met à jour le meilleur d'elle-même pour le partager contribue à la beauté du monde. Dégagez-vous de vos chaînes et revivez votre naissance dans la lumière! Impressionnez votre subconscient à votre façon pour le faire adhérer à votre nouvelle croyance : « Libre et dégagé, je renais dans l'amour et dans la joie! »

3. L'opulence

L'opulence se présente dans nos vies quand nous reconnaissons notre propre valeur, quand nous nous sentons dignes de recevoir abondamment. L'opulence se manifeste concrètement par l'argent disponible.

L'introspection

Quelle relation entretenez-vous avec l'argent? Comment réagissez-vous devant les signes du dollar ($)?

1. Faites une introspection, centrez-vous sur vous-même pendant plusieurs minutes par la respiration profonde qui conduit au vide par la raréfaction graduelle des pensées parasites. En étant présent à 100 % à vous-même, à votre souffle de vie, refusant tout vagabondage, vous atteignez un état vibratoire de pleine conscience. « Vivre le moment présent est la voie pour entrer en contact avec l'âme » (Gagnon-Haslam, 2008, p. 125).

2. Puis, laissez monter l'inspiration pour sonder les croyances enfouies profondément dans vos mémoires personnelles, ancestrales et collectives. Allez voir ce qu'en pensait votre père, votre mère, chacun de vos grands-parents, les gens de votre communauté. Accueillez ce qui fut et ce qui subsiste. Pour alimenter votre réflexion, allez voir en vous-même l'effet suscité par la lecture des mots propres à vous faire réagir, et ce, en toute franchise (p. 276).

3. Prenez note de tout ce qui monte sans filtre. Une pensée en entraîne une autre. Écrivez tout avec les mots qui se présentent à votre esprit sans jugement ni critique. Faites l'exercice aussi longtemps que vous le pouvez. Au début, votre conscient cherche à juger ce qui est acceptable et, en persistant, il laisse progressivement votre subconscient s'exprimer.

4. Ces traces vous révèlent des pensées et des croyances que votre subconscient a hébergées concernant l'argent.

5. La conscience de vos schémas de pensée répétitifs est le premier pas vers la transformation… et éventuellement la transmutation de vos croyances limitatives.

6. Cessez dès maintenant de mettre une attention répétitive sur l'ancienne croyance que vous êtes déterminé à transformer et identifiez son opposé. La forme-pensée désuète s'affaiblira en n'étant plus entretenue et vous allez soutenir la polarité opposée.

7. Investissez désormais votre énergie à transformer consciemment vos attitudes, vos comportements et vos

convictions en assainissant à travers l'expérience vos schèmes de pensée dépassés. Vous êtes en démarche.

8. Faites chaque jour des respirations dirigées vers la polarité positive que vous voulez intégrer et demandez à votre subconscient de mettre cette énergie en réserve jusqu'au ______________ (date), entre ______________ (heure) et ______________ (heure), moment où vous partagerez cette accumulation d'énergie en l'amplifiant au contact du groupe de personnes consciemment orientées vers le même objectif par le Ho'oponopono.

La motivation

Pour manifester concrètement des résultats, explorez votre motivation. Quel est le ressort qui vous pousse à l'action pour goûter la liberté financière ? Une peur ou un désir de création ? **Soyez présent à vos pensées.** Comment les transformer ? Comment les amplifier ? Le pouvoir est en vous et grandit avec la puissance de vos pensées consciemment orientées. Faites l'exercice d'annuler toute pensée erronée (SUPPRIMER) au fur et à mesure pour installer (ENTRER) celles que vous choisissez.

La gratitude

La gratitude crée l'abondance. Cultivez la gratitude. Soyez conscient de la valeur de toute chose, appréciez avec reconnaissance et enthousiasme tout, mais absolument tout ce que la vie vous offre et acheminez ce sentiment à la Source. C'est une excellente façon de vivre dans votre chakra du cœur.

« Le mot *merci* est une porte d'entrée et de connexion entre le chakra du cœur, l'âme et la Source » (Gagnon-Haslam, 2008, p. 132). Répétez-le maintes fois par jour avec reconnaissance. C'est une fréquence qui élève. En appréciant ce qui est, sans condition, sans dépendance, vous vous libérez pour attirer MIEUX ENCORE.

L'impact

En respirant les vibrations d'opulence dans un partage juste et équilibré, vous participez activement à la cause des « indignés » qui recherchent la restitution des biens à l'échelle planétaire selon l'ordre divin. Vous transformez les croyances héritées de votre lignée ancestrale et rétablissez graduellement une relation saine avec l'argent en contribuant à le faire circuler abondamment dans votre vie.

> Ma relation avec l'argent : quelles combinaisons aviez-vous imprimées? Quelles croyances montent spontanément à partir de ces mots?

Abondance
Abus
Accomplissement
Accord
Accumulation
Action
Aide
Aisance
Ambition
Aplomb
Argumentation
Assurance
Attraction
Audace
Augmentation
Autonomie
Baisse
Balance
Banque
Besoin
Bienfait
Bonheur
Budget
Cadeau
Calcul
Cauchemar
Chance
Changement
Chiffre
Circulation
Collaboration
Comparaison
Compte
Concentration
Confiance
Connaissance
Contrôle
Corruption
Courage
Création
Créativité
Critique
Croissance
Cycle
Déception
Démarrage
Déménagement
Démesure
Dépendance
Dépense
Dépôt
Dépouillement
Dérapage
Désastre

Désir
Détachement
Détermination
Dette
Difficulté
Dignité
Dissension
Division
Dommage
Don
Échec
Échelon
Économie
Effort
Énergie
Engagement
Enrichissement
Entente
Entraide
Envie
Épanouissement
Équilibre
Équité
Erreur
Étalage
Excès
Expérience
Exploitation
Facilité
Facture
Faillite
Fierté
Fonds
Fortune
Fraude
Gain
Gaspillage
Générosité
Gestion
Habitude
Héritage
Honnêteté
Illusion
Image
Impasse
Impôt
Impunité
Indignation
Inégalité
Inquiétude
Intérêt
Investissement
Jouissance
Jugement
Justice
Liberté
Limite
Liquidation
Loi
Loisir
Lucidité
Magasinage
Magouille
Manipulation
Manque
Menace
Mobilisation
Morale
Nécessité
Objectif
Obligation
Opportunité
Opulence
Otage
Paiement
Paix
Partage
Participation
Passion
Pauvreté
Perte
Peur
Placement
Plaisir
Poison
Portefeuille
Possibilité
Poste
Pouvoir
Pression
Prestige
Preuve
Prix
Problème
Productivité
Profit
Projet
Protection
Rapprochement

Réalisation
Recette
Recherche
Reconnaissance
Reddition
Redevance
Règlement
Rentabilité
Répartition
Réserve
Respect
Ressource
Restitution
Retenue
Retrait
Réussite
Rêve
Richesse
Risque
Roulement
Sacrifice
Saleté
Satisfaction
Secours
Sécurité
Service
Sort
Stabilité
Statut
Stress
Succès
Succession
Sueur
Tâche
Talent
Tirage
Tiraillement
Travail
Trésor
Troc
Utopie
Vacances
Valeur
Vol
Volonté
Voyage
Vulnérabilité

ANNEXE 2

Questionnaires comparatifs de votre uhane et de votre unihipili

Voici un outil qui pourra être adapté selon la réalité que vous vivez. Inspirez-vous de ces questionnaires pour cerner les différences de pensées qui créent des blocages dans votre énergie. Laissez-vous inspirer pour ajouter d'autres éléments qui rejoignent plus spécifiquement votre questionnement. **Les questions que vous posez doivent essentiellement viser votre esprit subconscient pour accéder à ses croyances ou pour saisir les émotions qui l'habitent.** Vous pouvez modifier et reproduire ces documents à volonté.

Uhane

Dans un premier temps, dès maintenant, remplissez chaque questionnaire **spontanément** pour vous-même en considérant chaque énoncé dans un contexte général. Quand vous hésitez ou s'il y a des nuances selon les situations, placez votre réponse dans un espace intermédiaire et nuancez-la sous les commentaires. C'est votre uhane, votre esprit conscient qui livre sa perception selon le regard qu'il porte sur votre vécu.

Unihipili

Dans un deuxième temps, quand vous maîtriserez bien l'utilisation du pendule, reprenez les mêmes questions ou affirmations pour explorer ce qu'en pense votre subconscient, unihipili. Même si vous êtes certain de vous connaître, vous pouvez tout de même constater un écart entre la perception de votre conscient et celle de votre subconscient. C'est une clé extraordinaire pour comprendre les résistances de votre petit *uni*, les tiraillements qui vous habitent, etc.

La question de départ étant générale, vous aurez le loisir de l'approfondir pour cerner le contexte, l'ampleur ou la source des réactions qui vous interpellent. Par exemple, à la question « ai-je peur? », on pourrait ajouter « ai-je peur d'être rejeté, de recevoir des reproches, d'engraisser, de parler, de connaître la nouveauté, de voyager, de mourir, etc. » Assurez-vous d'éviter les questions doubles. Cernez un seul aspect à la fois.

Notez la date du jour à des fins de comparaison puisque les mêmes questions peuvent être posées à différentes étapes de votre vie.

Premier questionnaire

Date : ____________________

Cochez :

❒ **Uhane, mon conscient**

ou

❒ **Unihipili, mon subconscient**

A : Toujours

B : La plupart du temps

C : Parfois

D : Rarement

E : Jamais

		A	B	C	D	E	COMMENTAIRE
	Est-ce que je me sens compris ?						
	Est-ce que je me sens vivant ?						
	Est-ce que je me sens aimé ?						
	Est-ce que je me pardonne ?						
	Est-ce que je me critique ?						
	Est-ce que je me sens coupable ?						
	Est-ce que je contrôle ?						
	Est-ce que j'ai honte ?						
	Est-ce que j'ai de la colère ?						

	Est-ce que j'ai de la tristesse ?						
	Est-ce que j'ai peur ?						
	Est-ce que je me sens heureux ?						
	Est-ce que j'ai confiance ?						
	Est-ce que je suis un bon parent, ami, etc. ?						
	Est-ce que je suis équilibré ?						
	Est-ce que je mange sainement ?						
	Est-ce que je suis beau ?						
	Est-ce que j'ai des talents ?						
	Est-ce que je suis fait pour être riche ?						
	Est-ce que j'ai ce qu'il faut pour réussir ?						

Deuxième questionnaire

Date : ____________________

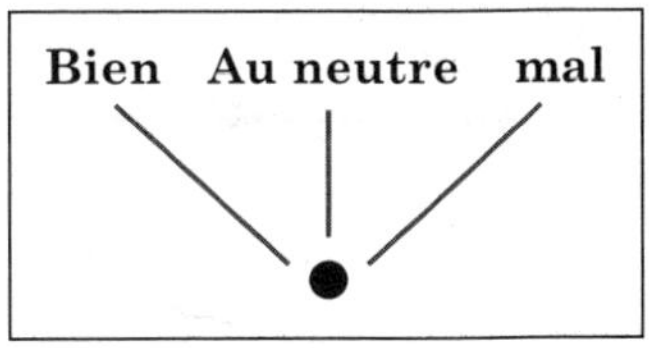

Cochez :

❐ **Uhane, mon conscient**
ou
❐ **Unihipili, mon subconscient**

	Comment est-ce que je me sens lorsque :	**Bien**	**Au neutre**	**Mal**	**Commentaires**
1.	Je suis 24 à 48 heures dans la solitude et le silence ?				
2.	On me donne des conseils ?				
3.	Je pleure ?				
4.	Je refuse de rendre service ?				
5.	On me démontre de l'affection ?				
6.	Un étranger m'aborde ?				
7.	Je reçois une critique ?				
8.	J'ai du pouvoir ?				
9.	Je perds mon temps ?				
10.	Je dépense de l'argent ?				
11.	X ne me donne pas de nouvelles ?				

12.	Je vis un changement important?				
13.	Je laisse un travail sans le terminer?				
14.	J'affirme mes choix?				
15.	Je vis ma sexualité?				
16.	Je postule un emploi?				
17.	Je n'ai pas de contrôle?				
18.	Je mange un vrai bon dessert?				
19.	Je reçois un compliment?				
20.	Je consulte mes finances?				
21.					
22.					
23.					
24.					
25.					
26.					
27.					
28.					
29.					
30.					

Un pas vers l'unité

Maintenant, vous êtes en mesure de vous prendre en mains pour amener votre subconscient à ajuster ses pensées et ses réactions.

Quand j'ai rempli ce type de questionnaires adressés à deux niveaux de conscience, la première fois, quelle ne fut pas ma surprise de découvrir que mon subconscient avait le goût de pleurer et de crier ! Afin de comprendre sa réaction, j'ai fait quelques respirations Ha pour me détendre et être inspirée avant de poser les questions plus précises qui m'aideraient à cerner les raisons inattendues de sa réaction.

J'ai découvert que mon attitude à l'égard de mon subconscient devait changer. Jusqu'à ce jour, j'étais très fière de ses performances en radiesthésie. Je lui donnais des commandes sous forme d'ordres et je croyais avoir une belle collaboration. Cela n'aurait peut-être pas duré puisqu'il obéissait par la peur ! En lui donnant de l'amour et de la reconnaissance pour sa participation, en le calmant, en le motivant, la dynamique entre mon conscient et mon subconscient s'est transformée et a permis une meilleure collaboration entre mes plans de conscience en vue d'atteindre l'unité.

La vie étant en changement perpétuel, un entretien soutenu avec votre subconscient afin de connaître ses perceptions ou de saisir ce qui le motive devrait être intégré à la démarche d'avancement dans laquelle vous êtes engagé.

Bibliographie

ALLEN, Helena G. (1982). *The Betrayal of Liliuokalani : Last Queen of Hawaï 1838-1917,* Glendale, CA, The Arthur H. Clark Company.

AVERY, Kevin Quinn, *Métaphysique Huna*, Shawinigan-Sud, Qc, Association des chercheurs en sciences cosmiques du Québec Inc., tiré de la conférence : *La guérison* (cassette 800A, tome 3).

BACHELARD, Gaston (6 sept. 2011). Citation secrète. *La Presse*, Cahier Sports p. 7.

BERNEY, Charlotte (2000). *Fundamentals of Hawaiian Mysticism.* Freedom, CA, Crossing Press.

CHARRON, Marie-Pier (17 oct. 2011). *Deux panneaux,* Matin Magique: http://matinmagique.com/oc17.html.

CHOPRA, Deepak (2005). *Le livre des secrets,* Paris, Guy Trédaniel, p. 250.

CHOPRA, Deepak (2008). *Le troisième Jésus*, Paris, Guy Trédaniel.

CORNEAU, Guy (2010). *Revivre!*, Québec, Éditions de l'Homme.

DALAÏ-LAMA, Howard Cutler (1998). *L'art du bonheur : sagesse et sérénité au quotidien,* Paris, Robert Laffont.

EGLI, René (2002). *Le principe LOL²A : la perfection du monde*, Québec, Le Dauphin Blanc.

GAGNON-HASLAM, Suzanne (2008). *Révélations métaphysiques.* Québec, Sainte-Marthe-sur-le-lac, Qc.

GLOVER, William (1983). *Huna: The Ancient Religion of Positive Thinking*, Cape Girardeau, MO, Huna Press.

GRABOWSKI, Loretta (1987). *Huna and Related Metaphysical Laws and Concepts.*

GUILY, R. E. (1991). *Encyclopedia of Mystical & Paranormal Experience,* San Francisco, CA, Harper's.

HOFFMAN, Enid (1976). *Huna : A Beginner's Guide,* West Chester, PA, Whitford Press.

KING, Serge Kahili (1983). *Kahuna Healing : Holistic Health and Healing Practices of Polynesia,* Wheaton, IL, Theosophical Publishing House.

KING, Serge Kahili (1990). *Urban Shaman : A Handbook for Personal and Planetary Transformation Based on the Hawaiian Way of the Adventurer*, New York, NY, Fireside.

KING, Serge Kahili (2011). *Huna : les secrets hawaïens ancestraux pour les temps modernes*, Québec, Le Dauphin Blanc.

LEWIS, Allen P. (1984). *Living in Harmony Through Kahuna Wisdom*, Las Vegas, NV, Homana Publications.

LIEKENS, Paul (1995). *Reprogrammer l'inconscient,* Genève, Vivez Soleil, chapitre 10.

LONG, Max Freedom (1948). *The Secret Science Behind Miracles: Unveiling the Huna Tradition of the Ancient Polynesians*, Marina Del Ray, CA, De Vorss Publications.

LONG, Max Freedom (1953). *The Secret Science at Work : the Huna Method as a Way of Life,* Marina del Ray, CA, De Vorss Publications.

LONG, Max Freedom (1958). *Self-Suggestion*, De Vorss Publications, Marina Del Ray, CA.

LONG, Max Freedom (1965). *The Huna Code in Religions: The Influence of Huna Tradition on Modern Faith*, Marina Del Ray, CA, De Vorss Publications.

LONG, Max Freedom (15 juin 1949). *A little prayer for HRA'S*, HRA Bulletin XI, Huna Vista's News Letter, n° 10, p. 12.

MARA, Gill (2010). *Les clés de l'évolution de l'âme*, Outremont, Qc, Ariane.

MARQUIER, Annie (1998). *La liberté d'être*, Knowlton, Qc, Éd. Universelles du Verseau.

MORGAN, Michèle (2006). *Pourquoi pas le bonheur?*, Québec, Le Dauphin Blanc, p. 195.

MULLER, Christiane, et André GROBÉTY (1997). *Vivre l'angéologie au quotidien,* Montréal, Éditions du Roseau.

NAU, Erika S. (1992). *Huna, Self-Awareness : The Wisdom of the Ancient Hawaiians.* York Beach, ME, Red Wheel/Weiser.

PUKUI, Mary Kawena, E.W. HAERTIG, M.D. et Catherine A. LEE (1972). *Nana I Ke Kumu* (*Look to the Source*) vol. I, Honolulu, HI, Hui Hanai.

RAJNEESH, Osho (1995). *Tarot Zen*, Montpellier, France, Éditions du Gange.

SERVAN-SCHREIBER, David (2011). *On peut se dire au revoir plusieurs fois*, Paris, Robert Laffont.

STEIGER, Brad (1971). *Kahuna Magic*, West Chester, PA, Whitford Press.

STRELECKY, John P. (2011). *Les 5 grands rêves de vie,* Québec, Le Dauphin Blanc.

TALBOT, Michael (1994). *L'univers est un hologramme: comment les scientifiques d'aujourd'hui confirment les dires mystiques de toujours*, Paris, Pocket.

TREMBLAY, Nicole (2009). *Le Tao des émotions,* Montréal, Quebecor.

VITALE, Joe (2011). *Le cours en éveil*, Québec, Le Dauphin Blanc.

VITALE, Joe et Ihaleakala HEW LEN (2008). *Zéro limite : le programme secret hawaïen pour l›abondance, la santé, la paix et plus encore,* Québec, Le Dauphin Blanc.

RECYCLÉ
Papier fait à partir
de matériaux recyclés
FSC® C103567
FSC
www.fsc.org

MARQUIS
Marquis imprimeur inc.

Québec, Canada
2012

Imprimé sur du papier Silva Enviro 100% postconsommation
traité sans chlore, accrédité ÉcoLogo et fait à partir de biogaz.

100% PERMANENT BIO GAZ ÉNERGIE